统计学与数据科学系列教材

U0964215

宏观经济统计

陈全润　刘思明　刘亚文　编著
王　妍　牛　华　张俊荣

对外经济贸易大学出版社
中国・北京

图书在版编目（CIP）数据

宏观经济统计 / 陈全润等编著. -- 北京 : 对外经济贸易大学出版社, 2024. 8. --（统计学与数据科学系列教材）. -- ISBN 978-7-5663-2628-7

Ⅰ. F222.33

中国国家版本馆 CIP 数据核字第 202470T7Z1 号

宏观经济统计

HONGGUAN JINGJI TONGJI

陈全润等　**编著**

责任编辑：刘晟男

出版发行：对外经济贸易大学出版社
社　　址：北京市朝阳区惠新东街 10 号
网　　址：www.uibep.com
资源网址：www.uibepresources.com
邮政编码：100029
邮购电话：010－64492338
发行部电话：010－64492342
E-mail：uibep@126.com

成品尺寸：185mm×260mm
印　　张：14.5
字　　数：335 千字
ISBN 978-7-5663-2628-7
印　　刷：北京九州迅驰传媒文化有限公司
版　　次：2024 年 8 月北京第 1 版
印　　次：2024 年 8 月第 1 次印刷
定　　价：56.00 元

统计学与数据科学系列教材指导委员会

顾问 施建军

主任 刘立新

成员（按姓氏笔画排序）

陈全润　邵志超　周　珂　秦　磊

郭　伟　唐晓彬　熊　巍

总　　序

伴随知识经济和数据时代的到来，统计学科经历了日新月异的变化。如今数字经济、人工智能、大数据的蓬勃发展，对深化统计改革、完善统计体系、创新统计方法提出了新的要求，统计学与数据科学、生命科学、信息技术、经济、金融、保险、管理和人文科学等众多学科的融合，推衍出许多新的学科分支，如生物统计、风险管理、数量金融、保险精算、大数据技术，等等。信息技术的快速发展，云计算、物联网高科技的高速革新也使得统计学科面临更多机遇与挑战，大数据时代改变了传统数据的意义，传统统计学的结构化数据的局限性已逐渐显现。在此背景下，我们一直在思考如何设置课程、编制教材、创新教学模式使学生更好地适应社会发展需要。在不断尝试与教学科研实践中，我们深感统计教育必须要改革教材才能适应高速发展的社会趋势。

对外经济贸易大学统计学院自 2012 年 10 月建院以来，始终坚持统计理论与应用相结合的办学方向，以培养具有全球视野的统计精英为己任，以国际化、信息化、前沿化的人才培养模式为导向，学院具有统计学本科、硕士研究生和博士研究生培养体系，借鉴国内外统计学人才培养经验，建立和完善符合学术型和应用型人才成长规律的良性培养机制，在经济统计学、数据科学、数量金融与风险管理等领域为各级政府部门、金融机构和企业、高校及研究机构培养高素质复合型人才。

中国特色社会主义进入新时代，为了适应经济发展新常态，推动统计学、数据科学等相关学科的发展，统计学院决定编写一套面向高校本科生，特别是财经类院校本科生的统计学与数据科学系列教材，不仅要夯实教学内容的基础，更要体现现代统计学和数据科学的思想和原理；不仅要强调提高学生运用统计和大数据软件的动手能力，更要体现其针对财经类问题突出统计方法的灵活应用；不仅要广泛吸收国内外优秀教材成果，引用符合时代特征的前沿案例，更要体现服务于提高本科生的应用统计及数据科学素质教育水平，适应数据时代发展的高要求。

感谢参与这套教材编写的统计学院的教师们，感谢对外经济贸易大学出版社的同志们。经过反复修改论证，这套教材终于得以出版。编写统计学与数据科学系列教材是建院以来的首次尝试，恳请兄弟院校专家、使用这套教材的师生和读者多提宝贵意见，使教材不断完善。

统计学与数据科学系列教材指导委员会

2019 年 5 月 1 日于惠园

前　言

宏观经济分析离不开描述国民经济运行的相关经济指标与数据的辅助。深入理解这些指标的测度方法以及相关统计准则，对于正确使用宏观经济统计指标做出科学的分析大有裨益。宏观经济统计指标的重要来源为国民经济账户体系。它全面记录了国民经济系统中从生产到收入分配，再到消费与资本积累环节所发生的复杂经济活动以及各经济部门之间的互动与关联。本书将围绕国民经济账户体系，对经济运行所涉及的各个环节的统计测度与分析方法进行介绍。

本书的编写受到了宏观经济统计领域众多经典教材的重要影响。例如：高敏雪教授等编著的《国民经济核算原理与中国实践》，邱东教授主编的《国民经济统计学》，蒋萍教授等编著的《国民经济核算初级教程》，陈锡康教授和杨翠红教授编写的《投入产出技术》等。应该说，今天经济统计学领域的青年学者都是在这些经典教材的培养下成长起来的。经典教材的优秀程度往往难以超越。我们编写本书，主要有两个方面的原因。一是知识的传承与发展需要一代又一代的经济统计人接力奋斗，愿本书的编写能够成为一个好的开端。在介绍传统知识点的基础上，我们结合对外经济贸易大学经济统计学专业的特色，在本书中增加了贸易增加值核算、货币供应量统计等内容。预期能够帮助学生更好地理解和分析全球价值链以及央行的货币政策。二是对于一些章节的撰写，我们尝试了写作风格上的变化，希望能为稍显枯燥的知识点增添一丝清新的气息。作为经济统计学教材领域的一棵幼苗，本书定有很多不足之处，敬请读者斧正，我们也将不断完善和提高。

本书是对外经济贸易大学统计学院宏观经济统计教学团队成员陈全润、刘思明、刘亚文、王妍、牛华及张俊荣等集体智慧的结晶。他们长期从事宏观经济统计、货币与金融统计、贸易统计分析、投入产出分析等课程的教学工作，为本书的编写与出版付出了大量心血。其中，陈全润负责编写本书的第一章（国民经济账户体系）、第二章（国内生产总值核算）、第三章（投入产出分析）；刘思明负责编写本书的第七章（资产负债核算）、第九章（国民经济动态比较）、第十章（经济水平的国际比较）；刘亚文负责编写本书的第四章（非金融交易资金流量核算）、第十一章（经济景气指数分析）；王妍负责编写本书的第五章（金融交易资金流量核算）、第六章（货币供应量统计分析）；牛华负责编写本书的第八章（国际收支统计与分析）。张俊荣与陈全润承担了书稿的审读与修订工作。另外，在本书出版的过程中，在读研究生万晓敏、李尚烨、杨冠群、梁可炜、李旭航等为本书做了细致的编排工作。同时，对外经济贸易大学出版社也为本书提出了众多宝贵的修订意见。在此，为他们的辛苦付出表示衷心的感谢！

最后（也是最重要的），感谢对外经济贸易大学统计学院对教材编制与出版工作的大力支持，感谢学院对宏观经济统计教学团队的培育！

陈全润

对外经济贸易大学统计学院

2022 年 10 月

目　　录

第 1 章　国民经济账户体系

宏观经济统计分析离不开描述国民经济运行的相关经济指标与数据。这些指标数据的重要来源便是国民经济账户体系（System of National Accounts，SNA）。国民经济账户体系由一组描述经济运行的环环相扣的账户组成，全面记录了国民经济中从生产到收入分配，再到消费与资本积累过程中所发生的复杂的经济活动以及各经济部门之间的交互与关联。国民经济账户体系的出现使得生产成果可以被测度，宏观经济运行状况可以被监测，企业的经营决策和国家的经济治理可以有所参考。

本章将对记录国民经济运行过程的国民经济账户体系进行介绍，并以中国国民经济账户数据为例对其进行解读，最后对国民经济账户体系的分析功能进行介绍。部分读者在学习该章时，对一些专业名词可能会有疑惑。对于这种情况，大家无须纠结，后面具体的章节中还会做详细说明。该章的主要目的是让读者对国民经济运行及国民经济账户体系有一个整体的初步感受。

1.1　国民经济账户体系的起源与发展

1.1.1　国际发展历程

国民经济账户体系的起源可追溯到 17 世纪下叶 Petty 和 King 对英国国民收入进行的首次估算。之后，Boisguillebert 和 Vauban 对法国的国民收入进行了估算。进入 18 世纪，Quesnay 提出了对国民经济核算影响深远的“经济表”。“经济表”所展现的经济账户被用作早期的增长与一般均衡模型的研究。“经济表”也被视作后来 Leontief 所提出的投入产出表的先驱。紧随其后，Young 提出了当今耳熟能详的增加值的概念。进入 19 世纪，俄国、荷兰、德国、美国等国家陆续对本国的国民收入进行了估算。

1930—1950 年为国民经济核算体系产生革命性变革的阶段。谈到这一段历史，就不得不提及 20 世纪 30 年代那场发生在资本主义国家的经济危机。当时，美国等主要国家正在经受大萧条的煎熬，经济、政治和社会秩序受到严重冲击。但在当时尚没有国内生产总值（Gross Domestic Product，GDP）等经济统计指标体系来监测宏观经济的运行和进行生产成果的统计。政府仅知道几百万人失业、铁路运输骤减、钢产量下降等零星信息，缺乏刻画经济运行全貌的关键指标。政府只能通过观察一段时间内通过某段公路的卡车数量或者股票价格的变动等办法间接地判断经济的复苏情况。政府对社会经济的治理如同在黑暗中摸索，异常艰难。在此背景下，以 Richard Stone 和 Simon Kuznets 为代表的经济学家开始对测度一国生产活动的指标体系展开研究。它就是我们今天在各大新闻媒体、政府工作报告中频繁看到的以 GDP 指标为代表的国民经济核算体系。

伴随着国民经济核算工作在 1930—1950 年这段时期发生的巨变，国民经济核算也出现了大量新的应用。例如，Leontief（1936）发明了投入产出分析方法，并将该工具应用到产业关联、就业、环境、贸易等诸多问题的研究。Tinbergen 在 1936 年建立了第一个宏观计量经济模型，并对荷兰的经济周期问题进行了研究。Clark（1937）引进了购买力平价（Purchasing Power Parity，PPP）与国际比较方法。Kuznets（1941）使用国民经济核算时间序列数据对长期经济增长问题开展了系统性研究。Meade（1951）在宏观经济框架下对国际收支问题进行了研究。

从 SNA－1953 诞生以来，经过几十年的发展，国民经济账户的编制已不再局限于 GDP 等总量指标的计算，而是更专注于体现不同经济部门在经济运行过程中的相互影响，为宏观经济管理提供更系统更详尽的数据参考。至今，分别经历了 SNA－1968、SNA－1993 和 SNA－2008 三个版本的修订。每一次修订都会根据社会经济的最新发展情况，以及宏观经济管理的需要，对核算体系进行更新和扩展。例如，SNA－1968 中引入了后面章节即将介绍的投入产出表、资金流量表、资产负债表和国际收支平衡表，是对 SNA 的重大扩展。为反映服务业在国民经济中越来越重要的状况，SNA－1993 加强了对服务生产活动的关注和核算。SNA－2008 将研究与开发（R&D）支出作为资本形成核算进 GDP，而在之前版本中却作为中间消耗不计入 GDP。另外，SNA－2008 基于所有权是否改变来记录对外贸易，在这一规则下，来料加工出口不再计入一国的货物出口（因为货物的所有权仍属于国外，未发生变化），而是将加工过程中发生的加工费计入服务贸易。

1.1.2 中国发展历程

中国国民经济核算相关工作最早可追溯到 20 世纪 30 年代。20 世纪 30 年代末，以巫宝三为代表的研究人员对中国的国民收入进行了估算，并于 1945 年完成了中国第一部国民经济核算方面的著作《中国国民所得（一九三三年）》（巫宝三，2011）。之后，中国国民经济核算体系的发展主要经历了三个阶段。

第一阶段（20 世纪 50 年代—20 世纪 70 年代）：计划经济时代的物质产品平衡表体系（Material Product Balance System，MPS）阶段。MPS 与我们今天使用的 SNA 是两套完全不同的核算体系。MPS 只统计物质产品及附着在物质产品上的服务活动（运输和商品贸易），并且以国民收入为主要总量指标。MPS 体系为当时的国民经济计划与安排提供了重要参考依据。

第二阶段（20 世纪 80 年代—20 世纪 90 年代）：从 MPS 模式向 SNA 模式的转换阶段，MPS 与 SNA 并存。随着我国向社会主义市场经济体制转型，MPS 体系已无法满足服务于市场经济管理的需要。我国的国民经济核算逐步向 SNA 模式转变。一些重要的时间节点为：1985 年开始核算国民生产总值；1987 年开始编制 SNA 体系下的投入产出表；1992 年开始编制资金流量表；1993 年取消 MPS 体系，中国国民经济核算正式进入 SNA 模式时代。

第三阶段（2000 年至今）：SNA 模式的发展阶段。参照 SNA－1993 国际标准，国家统计局对我国的核算体系进行了修订，于 2003 年发布了《中国国民经济核算体系（2002）》。

SNA－2008 发布后，国家统计局针对国际标准的重大变化，对我国的核算体系做了进一步修订和发展，于 2017 年发布了《中国国民经济核算体系（2016）》。

1.2　国民经济账户体系概貌

1.2.1　国民经济运行过程

国民经济系统遵循自身的内在机制而运行。从一个核算期来看，国民经济中的各部门利用期初的劳动力和资本存量进行生产，生产成果首先在劳动力和资本等生产要素之间进行分配，形成劳动者报酬和营业盈余等各种要素收入。之后，各要素收入通过初始收入分配流向其所有者，得到各机构部门的初始收入。初始收入进一步在各机构部门之间进行再分配（例如，企业部门和住户部门向政府部门缴纳所得税，政府部门向住户部门支付社会保障福利等），形成各机构部门的可支配收入。接下来，各部门基于可支配收入在消费和储蓄之间做出决策，对收入进行使用。可支配收入扣除最终消费剩余的部分即为储蓄，储蓄将用于投资，为下一期扩大生产规模进行积累。在投资的过程中，各机构部门将面临资金的不同余缺状况。例如，企业部门的投资量可能大于储蓄量从而出现缺口，而住户部门的投资量可能小于储蓄量从而出现盈余。此时金融市场将发挥资金融通作用，通过各种形式的金融资产交易使住户部门盈余的资金到达有资金缺口的企业部门，帮助企业完成投资，金融服务实体经济的功能得以发挥。投资过程完成之后，国民经济期末的资本存量将发生变化，成为下一期的期初存量，进一步与下一期的生产相衔接，形成经济循环。

在开放经济条件下，一国经济与国外部门在生产、分配、消费、投资等诸多环节存在联系。一国生产的货物和服务会通过国际贸易出口到国外，同时该国会通过国际贸易从国外进口货物和服务用于生产、消费和投资。劳动力和资本等生产要素会在全球流动，一国生产中使用的生产要素可能来自国外。例如，国外附属机构通过在东道国进行直接投资参与东道国的生产。作为生产要素的所有者，国外部门将从该国初始收入分配环节获得一部分收入。同时，该国的生产要素也会参与国外生产，从而在国外初始收入分配环节中获得收入。在金融交易中，一国机构部门可通过国外金融市场进行投资和融资。

1.2.2　经济主体：部门分类

1. 机构部门

为了反映国民经济中各经济主体所从事的生产、分配、消费和资本积累等经济活动及其行为表现，需要记录各经济主体之间发生的各种交易。为实现这一目的，需基于国民经济中的机构单位将经济主体划分为不同的机构部门。机构单位（institutional unit）是指独立拥有资产、承担负债、从事经济活动并与其他单位进行经济交易的经济实体。机构单位是进行经济决策的基本单元，能够编制包括资产负债表在内的完整账户。从定义看，机构单位与企事业法人单位类似，但范围更广。除法人单位以外，住户也属于机构单位的范畴。国民经济中的常住单位可划分为以下五大机构部门。

（1）非金融企业部门：指以生产市场性货物或非金融服务为主要活动的企业，为国民经济中从事生产活动并提供产品的主要部门。包括国有非金融企业、私营非金融企业以及外资非金融企业。一些非金融企业即便从事一些次要的金融活动，由于其主要从事非金融活动，因此应整体归入非金融企业部门。

（2）金融机构部门：指所有主要从事金融服务活动的常住企业，在整个国民经济资金流动过程中发挥着重要的中介作用。包括中央银行、商业银行、证券公司、保险公司、投资公司、财务公司等非银行性金融机构。

（3）政府部门：指通过政治程序设立，能在给定区域内对其他机构单位行使立法、司法和行政权力的行政单位以及由政府提供财政资金资助的非营利性单位。在国民经济中，政府部门的主要功能包括两方面：一是从事非市场性生产活动为社会提供公共服务；二是通过转移支付手段对收入和财富进行再分配。此处的政府部门为广义政府部门，除了包括狭义上的中央政府和地方政府的行政机关、军队、警察以外，还包括政府控制的非营利机构，如医院、学校、广播电视、科研机构、社团等。

（4）住户部门：指成员共享生活设施、收入或财产，共同消费某些货物和服务（如食品和住房）的居民户。对于影响消费或其他经济活动的决定必须由住户全体成员做出。住户是国民经济中进行最终消费的主要单位，同时也从事生产活动，但规模通常较小（如个体经营户）。住户与家庭通常是一致的，但同一住户的成员不一定属于同一家庭，因为住户只要求在资源和消费上存在共享。

（5）为住户服务的非营利机构部门（NPISH）：该部门与政府部门同属于非营利机构部门，但不受政府部门控制，其免费或以没有显著经济意义的价格为住户提供货物和服务。NPISH 机构部门可分为三大类。第一类 NPISH 机构部门为满足成员需求而建立，优先为成员提供服务，资金来源于会员费或交款，如专业或学术团体、政党、工会、教会、社会文体俱乐部等。第二类 NPISH 机构部门为出于慈善目的而成立的慈善、救济或援助机构。资金主要来源于社会捐赠的现金或实物。第三类 NPISH 机构部门涉及为社会提供公共服务的机构，如环保组织等，较为少见。

2. 产业部门

生产活动中，各生产单位投入不同原材料，以不同技术生产出不同产品。根据生产的异质性，可以将国民经济中的生产单位划分为不同的产业（industry）。位于同一产业内的生产单位具有同质性，具有近似或相同的生产投入结构与产出。而属于不同产业的生产单位具有异质性，具有显著不同的生产投入结构与产出，如生产汽车的“汽车制造业”与提供金融服务的“金融业”。ISIC（International Standard Industrial Classification）是联合国制定并推荐各国使用的产业分类标准，目前的版本为 ISIC Rev.4。该分类根据经济活动的主要产品性质，结合产品的用途及生产投入和工艺，对全部经济活动采用门类、大类、中类和小类四级分类标准，共有 21 个门类、88 个大类、238 个中类、419 个小类。基于国际标准，中国制定了自己的分类标准《国民经济行业分类与代码》，目前的版本为 2017 年发布的《国民经济行业分类》（GB/T 4754—2017）。[①] 表 1.1 给出了 GB/T 4754—2017 中 20 个门类的分类情况。

表 1.1　　**中国国民经济行业分类（门类）**

代码	行业	代码	行业
A	农、林、牧、渔业	K	房地产业
B	采矿业	L	租赁和商务服务业
C	制造业	M	科学研究和技术服务业
D	电力、热力、燃气及水生产和供应业	N	水利、环境和公共设施管理业
E	建筑业	O	居民服务、修理和其他服务业
F	批发和零售业	P	教育
G	交通运输、仓储和邮政业	Q	卫生和社会工作
H	住宿和餐饮业	R	文化、体育和娱乐业
I	信息传输、软件和信息技术服务业	S	公共管理、社会保障和社会组织
J	金融业	T	国际组织

从三次产业分类来看，A 为第一产业部门，B—E 组成第二产业部门，F—T 组成第三产业部门。工业部门包括 B、C、D。因此，工业部门与建筑业部门共同组成第二产业部门。

机构单位可能会同时从事不同产业类别的生产活动。例如，作为非金融企业部门，中国石油天然气集团公司的生产活动涉及“石油和天然气开采业”“建筑业”“专用设备制造业”“金融业”等多个产业，基于机构单位并不能很好地实现产业分类，这就需要将机构单位拆分为更小的单元，每个单元从事一种或主要从事一种类型的生产活动。这样的单元称为基层单位（establishment）或产业活动单位。基层单位是进行产业分类的理想出发点。从基层单位出发，中国石油天然气集团公司各基层单位的生产活动及成果将分别归属到“石油和天然气开采业”“建筑业”“专用设备制造业”“金融业”等多个产业。

1.2.3　国民经济账户体系

以上描述的国民经济运行过程可由一系列环环相扣的账户来记录，这些相互关联的账户组成了国民经济账户体系。国民经济账户体系具有全面性、一致性和整体性的特征。它涵盖了经济中的所有经济活动以及所有经济主体参与经济活动所产生的结果，体现出全面性。对于每项特定的经济活动，它使用相同的核算准则与相同数值来记录该活动对参与交易的各方所产生的结果，从而保证体系的一致性。某项特定的经济活动对各经济主体所产生的所有结果在所涉及的账户中都要得到反映，从而建立起各账户之间的关联，体现出牵一发而动全身的整体性与系统性。

---

① 详见国家统计局网站：http://www.stats.gov.cn/。

以下将逐一介绍以 2017 年中国国民经济核算数据为基础（包括国内生产总值、投入产出表、实物交易资金流量表、金融交易资金流量表），通过平衡调整得到的国民经济账户体系。其中，资本与金融账户以及与国外部门的往来项目调整较大，因此账户数据主要供教学参考。由于中国尚未公布资产负债表数据，账户体系中略去了资产负债账户部分。账户体系中可按照机构部门分类，展示各机构部门在经济运行中的表现以及各机构部门之间的交易情况。简化起见，此处将各机构部门合并，将国内部门作为整体对账户体系的概貌进行介绍。

1. 生产

表 1.2 所展示的生产账户记录了国民经济生产活动的产出情况。生产部门利用劳动力和资本以及原材料、零部件等中间投入品进行生产得到总产出。总产出记录在来源一列，为 228.3 万亿元。从价值构成来看，总产出的价值由劳动力和资本创造的价值以及生产过程中所消耗的中间投入品的价值构成。其中劳动力和资本创造的价值为增加值，所消耗的中间投入品的价值为中间消耗，记录在运用一列中。中间消耗和增加值分别为 145.1 万亿元和 83.2 万亿元。生产账户中的平衡关系式为

$$增加值=总产出-中间消耗$$

$$83.2\ 万亿元=228.3\ 万亿元-145.1\ 万亿元$$

注：在本书表示平衡关系的等式中，数据带单位，在后文计算过程中，数据省略单位。

由于中间投入品已在生产过程中被消耗用于生产其他产品，其价值已经以成本的形式隐含在其他产品之中，直接使用总产出来测度一国生产成果将产生重复计算，从而高估生产成果。总产出扣除中间消耗得到的增加值才是一国生产成果的合适度量。增加值合计即为生产法核算得到的一国国内生产总值。

表 1.2　生产账户　（单位：万亿元）

运用		来源	
中间消耗	145.1	总产出	228.3
增加值	83.2		
合计	228.3	合计	228.3

2. 收入形成

通过生产账户核算得到以增加值测度的一国生产成果之后，将进入以增加值为起点的收入分配环节。增加值是由劳动力和资本等生产要素通过生产活动创造的。根据各生产要素在生产过程中的贡献，可将增加值分配至各要素，形成要素收入。表 1.3 的收入形成账户记录了以增加值为起点的要素收入形成情况。其中来源一列记录增加值，为 83.2 万亿元。运用一列记录所形成的各种要素收入。以劳动者报酬体现的劳动力要素收入为 42.8 万亿元，政府通过为生产活动提供公共服务所获得的收入以生产税净额体现，为 9.6 万亿元。资本要素收入体现为固定资本消耗 11.1 万亿元和营业盈余 19.7 万亿元。收入形成账户中的平衡关系为

增加值＝劳动者报酬＋生产税净额＋固定资本消耗＋营业盈余

83.2 万亿元＝42.8 万亿元＋9.6 万亿元＋11.1 万亿元＋19.7 万亿元

表 1.3　　　　**收入形成账户**　　　　（单位：万亿元）

运用		来源	
劳动者报酬	42.8	增加值	83.2
生产税净额	9.6		
固定资本消耗	11.1		
营业盈余	19.7		
合计	83.2	合计	83.2

3. 初始收入分配

要素收入形成之后，下一环节为要素收入向其所有者的分配，此过程称为初始收入分配。住户部门是劳动力的所有者，因此劳动者报酬将分配给住户部门。需要注意的是，劳动力要素具有国际流动性，一国经济中会有国外劳动力参与生产，因此其中一部分劳动报酬将分配给国外部门。同样，一国的劳动力会参与国外的生产活动，从而会从国外部门获得劳动者报酬。表 1.4 的初始收入分配账户来源一列所记录的劳动者报酬为一国生产中所形成的劳动者报酬加上来自国外的劳动者报酬净额（从国外获得的劳动者报酬－支付给国外的劳动者报酬），为 42.9 万亿元。可以看出，此处的劳动者报酬数额与收入形成账户中的劳动者报酬数额（42.8 万亿元）不等，二者之差为一国从国外获得的劳动者报酬净额，算式为

从国外获得的劳动者报酬净额＝42.9－42.8＝0.1（万亿元）

生产单位在生产过程中，除了使用本单位的资本以外，还会从其他单位借入金融资产（如以贷款、发行股票的方式）、土地等资本。因此，营业盈余中的一部分将支付给让渡资产使用权的所有者，形成资产所有者的财产收入。初始收入分配账户来源一列中的财产收入记录了一国经济中各机构部门通过让渡资产所有权从其他部门（包括国外部门）营业盈余中获得的财产收入，为 13.6 万亿元。运用一列中的财产收入为一国经济中各机构部门向资产所有者（包括国外部门）支付的财产收入，为 13.8 万亿元。来源一列中的财产收入与运用一列中的财产收入之差为来自国外的财产收入净额，算式为

来自国外的财产收入净额＝13.6－13.8＝－0.2（万亿元）

初始收入分配之后得到的总收入称为国民总收入（Gross National Income，GNI），为 83.1 万亿元。GNI 是宏观经济分析中的另外一个重要指标。初始收入分配账户中存在以下平衡关系：

国民总收入＝（营业盈余＋固定资本消耗）＋（劳动者报酬＋来自国外的劳动者报酬净额）
　　＋生产税净额＋（财产收入＋来自国外的财产收入）
　　－（财产收入支出＋支付给国外的财产收入）

由于国内生产总值＝营业盈余＋固定资本消耗＋劳动者报酬＋生产税净额，并且国内部门之间的财产收入与支出相等，因此可以得到如下平衡关系：

国民总收入（GNI）

＝国内生产总值＋来自国外的劳动者报酬净额＋来自国外的财产收入净额

＝国内生产总值＋来自国外的要素净收入

83.1 万亿元＝83.2 万亿元＋0.1 万亿元－0.2 万亿元

表 1.4　　初始收入分配账户　　（单位：万亿元）

运用		来源	
财产收入支出（含向国外的支出）	13.8	营业盈余（含固定资本消耗）	30.8
国民总收入（GNI）	83.1	劳动者报酬（含国外净额）	42.9
		生产税净额	9.6
		财产收入（含来自国外的收入）	13.6
合计	96.9	合计	96.9

4. 收入再分配

初始收入分配的下一环节为收入再分配。表 1.5 的收入再分配账户记录了以国民总收入为起点，发生在国内部门之间以及一国与国外部门之间的转移支付情况。政府部门在收入再分配中发挥着重要角色，通过税收、社会交款、社会保险、社会福利等经常转移项目，调节收入分配，使收入分配更加公平、更加均衡。收入再分配账户来源一列记录了转移收入的来源。其中，“所得税、财产税等经常税”项目记录了政府部门所征收的经常税，为 4.4 万亿元。“经常转移”项目记录了各机构部门所获得的转移收入（包括从国外获得的转移收入），为 18.1 万亿元。运用一列记录了转移支出的去向。其中，“所得税、财产税等经常税”项目记录了各机构部门向政府缴纳的经常税，为 4.4 万亿元，与政府部门获得的经常税数额相等。“经常转移”项目记录了各机构部门的转移支出（包括向国外部门的转移支出），为 18.2 万亿元。由于国内部门之间的转移收入与转移支出相等，因此来源一列中的经常转移收入与运用一列中的经常转移支出之差为来自国外的转移收入净额：

来自国外的转移收入净额＝18.1－18.2＝－0.1（万亿元）

收入再分配之后将得到各机构部门的可支配收入，各机构部门的可支配收入之和称为国民可支配收入。收入再分配账户满足如下平衡关系：

国民可支配收入

＝国民总收入＋经常税收入＋经常转移收入（含来自国外的转移收入）

－经常税支出－经常转移支出（含向国外的转移支出）

＝国民总收入＋来自国外的转移收入净额

83.0 万亿元＝83.1 万亿元－0.1 万亿元

表 1.5　　收入再分配账户　　（单位：万亿元）

运用		来源	
所得税、财产税等经常税	4.4	国民总收入	83.1
经常转移（含向国外的转移）	18.2	所得税、财产税等经常税	4.4
国民可支配收入	83.0	经常转移（含来自国外的转移）	18.1
合计	105.6	合计	105.6

5. 收入使用

各部门获得可支配收入之后将在消费和储蓄之间做出决策。收入使用反映了核算期国民经济中的最终消费量，包括居民消费和政府消费。国民可支配收入与最终消费之差称为储蓄。表 1.6 所示的收入使用账户中存在以下平衡关系：

储蓄＝国民可支配收入－最终消费

39.3 万亿元＝83.0 万亿元－43.7 万亿元

表 1.6　　收入使用账户　　（单位：万亿元）

运用		来源	
最终消费	43.7	国民可支配收入	83.0
储蓄	39.3		
合计	83.0	合计	83.0

6. 积累

满足消费需求后结余的储蓄将进一步用于非金融投资，如购买生产设备、建设厂房等，为将来扩大生产规模做准备。表 1.7 所示的资本账户中的“负债和净值变化”一列记录了国民经济中用于非金融投资的资金来源。资金来源中，除储蓄（39.3 万亿元）以外还包括资本转移净额（0.0 万亿元）。资金来源总量为 39.3 万亿元。与收入再分配账户中提到的经常转移不同的是，资本转移的对象为资产。将国民经济看作整体之后，此处的资本转移净额为一国与国外之间的资本转移净额。“资产变化”一列记录了一国非金融资产投资的规模，其中资本形成总额为 36.4 万亿元。其他非金融资产减处置主要为土地和矿藏等非生产资产。从一国经济整体来看，一个部门（如企业部门）购买了土地等非生产资产，必然有另外一个部门（如政府部门）卖出了土地等非生产资产，因此一国整体的“其他非金融资产减处置”数量为 0。另外，“资产变化”一列还记录了完成投资需求在资金上存在的盈余/缺口，以正值记录的净贷出表示资金有盈余，以负值记录的净借入表示资金有缺口。由于资金来源总量大于资本形成总额，二者之间的结余为 39.3 万亿元－36.4 万亿元＝2.9 万亿元，记录为净贷出 2.9 万亿元。这说明一国积累的数量除满足国内的非金融投资需求以外，还可结余一部分贷给国外使用。若二者之差为负值，则说明一国的非金融投资存在资金缺口，需从国外借入。对于一国经济整体，资本账户中存在以下平衡关系：

净贷出（+）/净借入（−）= 储蓄 + 资本转移净额 − 资本形成总额

2.9 万亿元 = 39.3 万亿元 + 0.0 万亿元 − 36.4 万亿元

表 1.7　　资本账户　　（单位：万亿元）

资产变化		负债和净值变化	
资本形成总额	36.4	储蓄	39.3
其他非金融资产减处置	0.0	资本转移净额	0.0
净贷出（+）/净借入（−）	2.9		
合计	39.3	合计	39.3

一国经济在非金融投资过程中产生的资金余缺将通过金融市场进行调节，使得资金从有余的部门到达有缺的部门，从而形成双方的金融资产与负债。表 1.8 所示的金融账户记录了通过金融资产和负债调节资金余缺的过程，从而回答了资本账户中产生的资金余缺是如何通过金融市场调节的问题。对于一国经济整体，金融账户中存在以下平衡关系：

净贷出（+）/净借入（−）= 一国资产净增加 − 一国负债净增加

2.9 万亿元 = 63.7 万亿元 − 60.8 万亿元

在一段核算期内，一国在形成新的金融资产的同时也可能会处置已有的金融资产，如在购买国外债券的同时也会抛售国外债券。同样，在形成新的负债的同时也可能会处置已有的负债，如在向国外贷款的同时也会偿还已有的贷款。因此，金融账户中记录的金融资产和负债为净增加量。

表 1.8　　金融账户　　（单位：万亿元）

资产变化		负债变化	
资产净增加	63.7	净贷出（+）/净借入（−）	2.9
		金融负债净增加	60.8
合计	63.7	合计	63.7

7. 货物和服务账户

表 1.9 所示的货物和服务账户描述了国民经济中产品的供给和使用去向。来源一列（位于表的左侧一栏）记录了产品的供给，包括以总产出度量的国内供给量，为 228.3 万亿元，以及以进口度量的国外供给量，为 13.2 万亿元。运用一列（位于表的右侧一栏）记录了供给产品的使用去向。其中一部分产品在生产过程中作为中间品被消耗，体现为中间消耗 145.1 万亿元；一部分产品用于最终消费，为 43.7 万亿元；一部分产品用于积累形成资本，体现为资本形成总额 36.4 万亿元；一部分产品出口至国外满足国外需求，为 16.3 万亿元。货物和服务账户中的项目与前面介绍的很多账户存在联系。例如，“总产出”与“中间消耗”也被记录在生产账户中，“最终消费”也被记录在收入使用账户中，“资本形成总额”也被记录在资本账户中。

货物和服务账户中存在以下平衡关系：

总产出＋进口＝中间消耗＋最终消费＋资本形成＋出口

228.3 万亿元＋13.2 万亿元＝145.1 万亿元＋43.7 万亿元＋36.4 万亿元＋16.3 万亿元

进一步整理后可得

总产出－中间消耗＝最终消费＋资本形成＋出口－进口

由于总产出扣除生产过程中被消耗的中间产品即为最终产品，因此上式右侧展示了生产得到的最终产品的使用去向。

表 1.9　　**货物和服务账户**　　（单位：万亿元）

来源		运用	
总产出	228.3	中间消耗	145.1
进口	13.2	最终消费	43.7
		资本形成总额	36.4
		出口	16.3
合计	241.5	合计	241.5

8. 国外

前面介绍的账户中很多项目涉及了与国外的交易，因此有必要针对国外部门编制相应的账户，从国外的视角反映一国经济整体与国外部门之间的往来。

表 1.10 所示的国外部门的货物和服务账户主要描述了国外部门与国内部门之间的国际贸易情况。来源一列记录了国外向国内的出口量，为 13.2 万亿元，相应地体现为国内的进口量，与前面介绍的国内货物和服务账户中的进口量一致。运用一列记录了国外从国内的进口量，为 16.3 万亿元，相应地体现为国内的出口量，与国内货物和服务账户中的出口量一致。国外部门与国内的贸易差额为国外（对国内）货物和服务出口与国外（从国内）货物和服务进口之差，为 13.2－16.3＝－3.1（万亿元）。

表 1.10　　**国外部门：货物和服务账户**　　（单位：万亿元）

运用		来源	
（从国内）货物和服务进口	16.3	（对国内）货物和服务出口	13.2
（与国内）货物和服务贸易差额	－3.1		
合计	13.2	合计	13.2

表 1.11 所示的初始收入与经常转移账户汇总了国外部门与国内建立在经常项目上的往来。来源一列分别记录了国外部门与国内在货物和服务贸易上的收益，以（对国内）货物和服务贸易差额体现，为－3.1 万亿元；国外部门从国内获得的劳动者报酬，为 0.1 万亿元；国外部门从国内获得的财产收入（例如外资企业获得的直接投资收益），为 2.0 万亿元；国外部门从国内获得的经常转移收入（如国际捐赠等），为 0.3 万亿元。运用一

列分别记录了国外部门向国内支付的劳动者报酬，为0.2万亿元；国外部门向国内支付的财产收入（例如位于国外的一国所属企业所获得的直接投资收益），为1.8万亿元；国外部门向国内的经常转移支付，为0.2万亿元。国外部门的各种经常项目来源与运用的差额合计为经常交易差额，满足

经常交易差额=（对国内）货物和服务贸易差额+劳动者报酬差额+财产收入差额+经常转移差额

−2.9万亿元=−3.1万亿元+（0.1−0.2）万亿元+（2.0−1.8）万亿元+（0.3−0.2）万亿元

另外，国内与国外账户在相关项目上的核算结果互为镜像。可以验证国外部门与国内的劳动者报酬差额等于国内收入形成账户中的劳动者报酬与初始收入分配账户中的劳动者报酬之差：0.1万亿元−0.2万亿元=42.8万亿元−42.9万亿元。国外部门与国内的财产收入差额等于国内初始收入分配账户中的财产收入运用与财产收入来源之差：2.0万亿元−1.8万亿元=13.8万亿元−13.6万亿元。国外部门与国内的经常转移差额等于国内收入再分配账户中的经常转移运用与经常转移来源之差：0.3万亿元−0.2万亿元=18.2万亿元−18.1万亿元。

表1.11　　国外部门：初始收入与经常转移账户　　（单位：万亿元）

运用		来源	
劳动者报酬	0.2	（对国内）货物和服务贸易差额	−3.1
生产税净额		劳动者报酬	0.1
财产收入	1.8	生产税净额	
所得税、财产税等经常税		财产收入	2.0
经常转移	0.2	所得税、财产税等经常税	
经常交易差额	−2.9	经常转移	0.3
合计	−0.7	合计	−0.7

表1.12所示的国外部门资本账户记录了国外部门与国内通过实体经济中的实物交易所产生的借贷。实际上为站在国外部门的角度从反向记录了国内资本账户中所体现的对国外的净贷出（+）/净借入（−）。从平衡关系上可以证明（见本章1.3节），一国储蓄和投资（资本形成）之差等于一国与国外的经常交易差额。因此，从国外的角度来看，国外资本账户中的经常交易差额（−2.9万亿元）等于一国的投资与储蓄之差。国外经常交易差额（−2.9万亿元）加上与国内的资本转移净额（0.0万亿元）之后，即为一国投资减储蓄减与国外的资本转移净额。该值为一国资本账户中净贷出（+）/净借入（−）的相反数，为−2.9万亿元。从国外资本账户角度看，表示国外从一国借入盈余的资金2.9万亿元。从国内资本账户的角度看，表示一国在完成非金融投资之后仍有资金盈余2.9万亿元贷出给国外。

表 1.13 所示的国外部门金融账户进一步解释了资本账户中的净贷出(+)/净借入(-)是如何通过金融交易实现的。国外部门与国内通过金融交易所产生的资产净增加量与金融负债净增加量之差即为国外部门从国内的净贷出（+）/净借入（-）量，即 0.1 万亿元 - 3.0 万亿元 = -2.9 万亿元。

表 1.12　　**国外部门：资本账户**　　（单位：万亿元）

资产变化		负债和净值变化	
净贷出（+）/净借入（-）	-2.9	经常交易差额	-2.9
		资本转移净额	0.0
合计	-2.9	合计	-2.9

表 1.13　　**国外部门：金融账户**　　（单位：万亿元）

资产变化		负债和净值变化	
资产净增加	0.1	净贷出（+）/净借入（-）	-2.9
		金融负债净增加	3.0
合计	0.1	合计	0.1

以上账户体系以一国国民经济为整体，描绘了整个国民经济运行的过程。实际中，可进一步在各个账户中将国民经济按不同部门进行细化，以体现各个部门之间的交易和关联。按部门细化后，将引申出国民账户体系中的几张重要核算表。例如，将“生产账户”和“货物和服务账户”相结合，按照产业部门和产品部门进行分类可编制出“供给使用表”与“投入产出表”。将“收入形成账户”“初始收入分配账户”“收入再分配账户”和“资本账户”相结合，按照机构部门进行分类可编制出“资金流量表（实物交易）”。将“金融账户”按照机构部门进行分类可编制出“资金流量表（金融交易）”。整合各账户中与国外部门的交易情况，可进一步编制出“国际收支平衡表”。

1.3　国民经济账户体系分析

1.3.1　国民经济账户体系中的重要关系式

从本章 1.2 节的介绍可以看出，国民经济账户体系由一系列环环相扣的账户组成，各账户之间紧密相连，一个账户发生变化会随着国民经济的运行传导到其他账户。下面基于国民经济账户体系介绍几个宏观经济分析中经常用到的关系式。

1. 生产法 GDP 与支出法 GDP

由生产账户平衡关系式可得

$$\text{总产出} - \text{中间消耗} = \text{增加值} \tag{1.1}$$

由货物和服务账户平衡关系式可得

$$总产出+进口=中间消耗+最终消费+资本形成+出口$$

即

$$总产出-中间消耗=最终消费+资本形成+出口-进口 \tag{1.2}$$

因此，由式（1.1）和式（1.2）可得

$$增加值=最终消费+资本形成+出口-进口 \tag{1.3}$$

由本章第二节中的“生产账户”与“货物和服务账户”数据可以验证：

83.2 万亿元=43.7 万亿元+36.4 万亿元+16.3 万亿元−13.2 万亿元

式（1.3）给出了 GDP 两种核算方法的等价性，左侧为以增加值测度的生产法 GDP，右侧为追踪最终产品使用去向的支出法 GDP。通过式（1.3）可知，若最终消费、资本形成、出口等最终需求发生变化，一国创造的增加值也将发生变化，从而进一步影响后续的收入分配等环节。例如，在经济下行期，政府通过加大基础设施建设投资来拉动经济增长，使得资本形成增加 1 单位。在最终消费、出口和进口不变的情况下，根据关系式（1.3），该项措施将拉动 1 单位的增加值。然而，实际中消费、出口和进口往往受到政府投资支出的影响。例如，投资中购买的设备可能来自国外，因此会带来进口的上升。再如，投资需求的上升会带动各部门的生产，进而带动就业和收入增长，进一步带来消费的上升。因此，综合来看，1 单位投资带来的增加值往往不是 1 单位。具体的数值取决于投资在短期和长期对其他最终需求的影响程度。

2. 储蓄投资差额与经常账户差额

由货物和服务账户平衡关系可得

$$国内生产总值=总产出-中间消耗=最终消费+资本形成+出口-进口 \tag{1.4}$$

由初始收入分配账户平衡关系可得

$$国民总收入=国内生产总值+来自国外的要素净收入 \tag{1.5}$$

由收入再分配账户平衡关系可得

$$国民可支配收入=国民总收入+来自国外的转移收入净额 \tag{1.6}$$

由收入使用账户平衡关系式可得

$$国民可支配收入=最终消费+储蓄 \tag{1.7}$$

由式（1.4）、式（1.5）和式（1.6）可得

$$\begin{aligned}国民可支配收入=&最终消费+资本形成+出口-进口+来自国外的要素净收入\\&+来自国外的转移收入净额\end{aligned} \tag{1.8}$$

由式（1.7）和式（1.8）可得

$$储蓄-资本形成=出口-进口+来自国外的要素净收入+来自国外的转移收入净额 \tag{1.9}$$

净出口（出口−进口）、来自国外的要素净收入以及来自国外的转移收入净额之和称为经常账户差额，其与“国外部门：初始收入与经常转移账户”中的“经常交易差额”互为相反数。式（1.9）可进一步写为

储蓄 − 资本形成（投资）= 经常账户差额　　(1.10)

该关系式可通过本章 1.2 节的国民经济账户数据得到验证：

39.3 万亿元（储蓄）− 36.4 万亿元（资本形成总额）

= 16.3 万亿元（出口）− 13.2 万亿元（进口）+0.1 万亿元（来自国外的劳动报酬净收入）

−0.2 万亿元（来自国外的财产净收入）− 0.1 万亿元（来自国外的转移收入净额）

储蓄投资差额与经常账户差额的关系说明，若一国的储蓄额高于投资额，则该国的经常账户差额将呈现顺差。这说明，一国通过储蓄积累的成果在满足本国的投资需求以外，还可以通过对外贸易往来借给国外使用。储蓄率高的国家（如中国）通常会伴随着较高的经常账户顺差。

1.3.2 从国民经济账户体系看国民经济运行

国民经济账户体系记录了整个国民经济的运行过程。通过国民经济账户体系可以对国民经济的运行状况进行整体的把握和分析。下面结合本章 1.2 节中各个账户的数据对 2017 年中国国民经济的运行状况进行解读和分析。

生产账户记录了 2017 年中国的生产成果。数据显示，2017 年中国的生产法 GDP（增加值）为 83.2 万亿元。增加值率（增加值与总产出之比）为 0.364，表明中国每生产价值 1 单位的产品，创造的增加值为 0.364 个单位。另外 0.636 个单位为生产过程中所消耗的中间品的价值。收入形成账户进一步展示了增加值中的要素收入构成。其中，以劳动者报酬衡量的劳动力要素收入占比（劳动者报酬与增加值之比）最高，达 51.4%。货物和服务账户展示了支出法 GDP 的具体构成。其中，最终消费、资本形成和净出口占 GDP 的比重分别为 52.5%、43.8%和 3.7%。以上份额又分别称为消费率、投资率和净出口率，政府统计部门通常使用这些指标衡量支出法 GDP 各组成部分对 GDP 的贡献。可以看出，对 2017 年中国 GDP 贡献最大的最终需求类别为最终消费。

初始收入分配账户与收入再分配账户展示了生产成果的分配过程。从一国整体来看，该国的生产成果（GDP）中需拿出一部分分配给国外部门，作为生产过程中使用的国外生产要素的回报。同时，该国也可从国外分得一部分生产成果，作为该国生产要素参与国外生产的回报。另外，一国与国外部门相互之间还会发生捐赠等收入再分配活动。从收入分配账户数据可以看出，伴随着初始收入分配和再分配的完成，中国获得的国民总收入和国民可支配收入分别为 83.1 万亿元和 83.0 万亿元。从数值来看，国内生产总值＞国民总收入＞国民可支配收入。国内生产总值大于国民总收入说明中国支付给国外的要素收入大于中国从国外获得的要素收入，这与中国本土有大量的外商直接投资企业直接相关。国民总收入大于国民可支配收入说明中国向国外的经常转移支付大于中国接受来自国外的经常转移。

基于国民可支配收入，一国需要在消费和储蓄之间做出决策。若当期消费量少，则储蓄量高。积累下来的成果可用于投资，扩大未来的生产规模，从而生产出更多的产品供未来消费使用。反之则不同。从收入使用账户和资本账户数据可以看出，2017 年中国的储蓄为 39.3 万亿元，储蓄率（储蓄与可支配收入之比）为 47.4%，接近一半的收入用于积累。积累的成果除满足国内投资需求以外，尚有 2.9 万亿元的结余，通过金融市场贷给了国外部门使用。中国的高储蓄率不仅是中国经济增长的重要动力，还为国外的经济发展提供了资金支持。

金融账户数据显示，2017 年中国在金融市场上购买的金融资产净额为 63.7 万亿元，形成的金融负债净额为 60.8 万亿元，二者之差为 2.9 万亿元。这说明，中国通过金融资产交易向国外部门净提供了 2.9 万亿元的资金，恰好为中国实体经济在满足投资需求之后所产生的结余资金。可见，金融市场的主要功能为调节实体经济发展中所产生的资金余缺。

最后需要指出的是，国民经济是一个由不同机构部门和不同经济活动组成的一般均衡系统，各种交易活动无时无刻不在发生。尽管以上账户按照一定顺序组织在一起，但这并不意味着每个账户所记录的经济活动在实际中按照以上顺序依次进行。例如，生产、收入分配和消费等活动往往同时进行，并非等所有生产活动完毕之后再依次进行收入分配活动和消费活动。以上账户仅提供了一个年度的数据，并不能够展现国民经济系统的动态变化过程。而时间序列账户数据则可以为宏观经济监测提供更多的信息，包括物量的变化和价格的变化、总量的变化和结构的变化。另外，国民经济账户体系除了能够辅助宏观经济监测以外，还在宏观经济分析的其他方面发挥着重要作用。例如，国民经济账户体系将众多宏观经济变量数据协调一致，可为定量研究宏观变量之间的因果机制提供重要的核算框架。再如，若世界各国都按照统一的国民经济核算标准编制账户体系，国民经济账户数据可以为国际比较提供重要的数据基础。

习　题

1. 以自己的家庭为单位，尝试将你的家庭在本年度参与国民经济活动的相关交易对应到本章介绍的国民经济账户体系中。

2. 结合前期学习的宏观经济学相关知识，思考国民经济账户体系在宏观经济分析中可发挥哪些作用。

参考文献

[1] CLARK C. National Income and Outlay [M]. London: MacMillan and Co., Ltd, 1937.

[2] FRITS B. The National Accounts as a Tool for Analysis and Policy: History, Economic Theory and Data Compilation Issues [R]. MPRA Paper No. 23582, 2009.

[3] KUZNETS S. National Income and Its Composition, 1919－1938 [M]. New York: National Bureau of Economic Research, 1941.

[4] LEONTIEF W W. Quantitative Input and Output Relations in the Economic System of the United States [J]. Review of Economic Statistics, 1936, 18: 105－125.

[5] MEADE J A. The Balance of Payments [M]. London: Oxford University Press, 1951.

[6] 高敏雪，李静萍，许健．国民经济核算原理与中国实践（第 4 版）[M]．北京：中国人民大学出版社，2018．
[7] 蒋萍，徐强，杨仲山．国民经济核算初级教程 [M]．北京：中国统计出版社，2015．
[8] 联合国，欧盟委员会，经济合作与发展组织，等．2008 年国民账户体系 [M]．北京：中国统计出版社，2012．
[9] 邱东．国民经济统计学 [M]．北京：高等教育出版社，2016．
[10] 巫宝三．巫宝三经济文选 [M]．北京：中国时代经济出版社，2011．

第 2 章　国内生产总值核算

如果让你来评选 20 世纪最伟大的发明，你会把票投给哪项成果？本章即将介绍的这项伟大发明来自经济学研究领域。它是一个只有六个字母组成的公式。该公式为 $Y=C+G+I+X-M$。写到这里，学过宏观经济学的读者马上会脱口而出——没错，它就是 GDP[①]。

GDP 指标的出现使得整个社会经济发展状况得以测量，使得监测国民经济运行状况成为可能。2020 年，在新冠疫情的不利影响下，中国 GDP 突破 100 万亿元，达到 101.36 万亿元，成为世界主要经济体中唯一实现正增长的国家。这场新冠疫情对世界经济的大考充分彰显了中国特色社会主义制度的优越性。

应该说 GDP 是众多经济指标中最为流行、最为引人关注的指标。全球 GDP 排行榜备受各国重要人物关注，GDP 增长情况被放在政府工作报告的重要位置。同时，很多政府部门（如掌管国家货币政策的央行）、国际组织（如经济合作与发展组织、国际货币基金组织）以及个人（如财经评论员、通过预测 GDP 数值进行投资活动的投资者）也在密切关注 GDP。同时，社会各界对 GDP 的批评声不断，认为 GDP 忽略了经济发展中的很多重要方面，如环境、健康、收入分配状况等。GDP 上升并不一定说明国民及其资产一切皆好，GDP 下滑也未必说明所有社会经济状况变差。

本章将对 GDP 及其核算方法进行介绍，预期完成本章学习后读者能够对 GDP 有全面的认识以及能够正确地解读 GDP 数据，并利用 GDP 核算数据进行宏观经济统计分析。

2.1　一国生产成果的测度

让我们变换场景，一起穿越回 20 世纪 30 年代的那场大萧条。当时尚没有 GDP 等统计指标体系来监测宏观经济的运行和进行生产成果的统计。政府对经济的治理如同在黑暗中摸索，异常艰难。如果对一国的生产成果进行统计测度，你会怎么做？

马上能够想到的一个办法是对一国生产的产品数量进行盘点。对于经济结构单一的国家，这是一个简单有效的方法。例如，对于以放牧为主的国家，完全可以通过“数羊”的方式来统计该国的生产成果。一只羊、两只羊、三只羊……羊数完了，该国的生产成果也就统计完了。但是对于经济结构复杂的国家，产品成千上万，通过罗列各种产品的数量来反映一国的生产成果就显得烦琐了。你在向政府汇报工作的时候，可能需要带上一叠厚厚的资料，甚至要花上一天的时间。

---

① J. 史蒂文・兰德菲尔德．GDP：20 世纪的一大发明．当代商业纵览，经济分析局，2000－01－06．

能否把所有产品的数量压缩成一个指标来衡量一国的生产成果？例如，可否把各个产品的产量相加汇总成总产量？进一步思考会发现，这一思路根本行不通。由于各个产品的单位不同，因此各个产品的产量根本不能相加。例如，30 吨原煤+20 辆汽车等于什么？这时需要借助于价格媒介，将各个产品的产量乘以价格计算得到产值，将各个产品的产值相加可以汇总得到总产出（gross output）。那么，能否使用总产出指标来测度一国的生产成果？通过下面的例子，马上会发现这一处理方法将把我们引向“重复计算”的陷阱！

2.1.1 重复计算

考虑如下生产活动。煤炭开采部门利用本部门的劳动力和资本生产了价值 10 亿元的煤炭。钢材部门使用该 10 亿元的煤炭同时附加了本部门创造的 40 亿元的价值生产出价值 50 亿元的钢材。发动机部门利用该 50 亿元的钢材以及本部门附加上的 450 亿元的价值生产出价值 500 亿元的发动机。汽车制造部门利用该 500 亿元的发动机以及本部门附加上的 1 000 亿元的价值生产出价值 1 500 亿元的汽车。最终，该 1 500 亿元的汽车用于居民消费。以上生产活动的总产出为多少？

回答类似问题的最好方式是绘制流程图。将生产过程中涉及的交易与产出数据按照顺序进行清晰地刻画，可得到如图 2.1 所示的生产链。

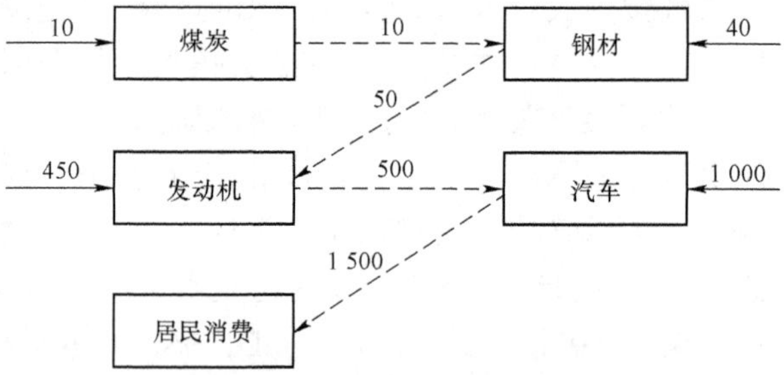

图 2.1 简化的生产链（单位：亿元）

总产出为各生产部门产值的合计。因此，该例中的总产出为煤炭部门、钢材部门、发动机部门和汽车部门生产的产品价值的合计。即为图 2.1 虚线箭头上各个数值的和：10+50+500+1 500=2 060（亿元）。

总产出已计算得到，但重复计算在哪里？要想看到重复计算的发生，需要把总产出打开，展现里面的具体构成。接下来，根据各个部门产品价值的形成过程，将各生产部门的产出用增加值（value added）来表示。增加值是指生产单位利用劳动力和资本在本单位的生产环节中创造的价值。从成本的构成来看，生产单位产出的价值由两部分组成。一部分来自其他生产部门转移过来的价值，表现为中间投入的价值；另一部分为本部门利用劳动力和资本创造的价值，体现为增加值。在计算方法上，增加值等于生产单位的总产出与中间投入之差。例如，钢材部门的总产出为 50 亿元，中间投入为 10 亿元（来自煤炭部门），因此钢材部门生产过程中创造的增加值为 50－10=40（亿元）。

在此例中，由于假定煤炭部门的生产没有使用任何原材料和零配件（可以想象成原始的采矿方式，通过劳动力将煤炭从地下开采到地上），因此该部门的总产出即为本部门创造的增加值：10 亿元＝10 亿元。

由于钢材部门的总产出是在煤炭部门 10 亿元产值的基础上附加了本部门创造的 40 亿元的增加值，因此钢材部门的总产出可以分解为 50 亿元＝10 亿元＋40 亿元。

发动机部门的总产出是在钢材部门 50 亿元产值基础上附加了本部门创造的 450 亿元的增加值，因此发动机部门的总产出可分解为 500 亿元＝10 亿元＋40 亿元＋450 亿元。

同理，汽车部门的总产出可分解为 1 500 亿元＝10 亿元＋40 亿元＋450 亿元＋1 000 亿元。

将各个部门的总产出用增加值表示后，所有生产活动的总产出 2 060 亿元可分解为

2 060 亿元＝10 亿元
＋10 亿元＋40 亿元
＋10 亿元＋40 亿元＋450 亿元
＋10 亿元＋40 亿元＋450 亿元＋1 000 亿元

从以上分解结果可以很清楚地看到，在总产出 2 060 亿元中，煤炭部门创造的增加值 10 亿元被重复计算了 3 次，钢材部门创造的增加值 40 亿元被重复计算了 2 次，发动机部门创造的增加值 450 亿元被重复计算了 1 次。被重复计算的价值总计为

$$10\times3+40\times2+450=560\text{（亿元）}$$

重复计算率高达 27%（＝560/2 060）。可见，由于重复计算问题的存在，如果使用总产出来衡量一国的生产成果，统计结果将产生很大程度的高估。

2.1.2　重复计算产生的原因

从上面的例子可以看到，一些产品生产出来之后又在下一个环节被其他部门的生产消耗掉了。例如，煤炭生产出来之后进一步被钢材部门的生产所消耗。这些产品事实上已经不再单独存在，其价值已经转移到消耗该产品的其他产品的价值之中。例如，煤炭的价值已经转移到钢材的价值之中。如果将这些产品的价值也统计在生产成果之内便会产生重复计算。这些在生产过程中被消耗掉的产品称为中间产品，与之对应的另外一类产品称为最终产品。

根据产品在国民经济范围内的使用性质，可将产品分为中间产品和最终产品。

中间产品是指在一个生产过程生产出来又在另一个生产过程中被完全消耗或形态被改变的产品。它可以是货物，如前面例子中的煤炭、钢材、发动机都是中间产品；也可以是服务，如企业生产使用的金融服务、技术服务、广告服务、会计和法律咨询服务等。最终产品是指离开生产系统，未被其他生产过程消耗的产品。离开一国生产系统的最终产品的去向包括：第一，用作最终消费，满足国内消费需求，如家庭和个人消费者购买的食品、服装、电器、文化娱乐服务等，政府对公共服务的支出等；第二，用作资本形成，增加了使用者的资产，如企业购买的生产设备、新建的厂房等；第三，出口到国外，满足国外需求，包括各种货物出口和服务出口。

中间产品与最终产品的划分对于解决重复计算问题至关重要。在正式进入重复计算问题的解决方法之前，不妨先做一个测验：

粉笔作为教师传授知识的工具，属于中间产品还是最终产品？

很多读者可能会认为粉笔是最终产品，因为它已经制造完成。很抱歉，给出以上答案的读者再次掉进了“重复计算”的陷阱。作为教师传授知识的工具，粉笔在教师进行教育服务的生产过程中被消耗掉了，因此应属于中间产品。但是，如果粉笔被住户买走用于居民消费（例如小朋友在家画画用掉了）而不是用于生产活动，那么这部分粉笔属于最终产品。因此，一件产品属于中间产品还是最终产品并不是绝对的，这取决于该产品在国民经济中的具体用途。

让我们回过头来审视中间产品对生产成果统计造成的干扰。首先，以钢材部门的生产为例。钢材部门在生产过程中使用了煤炭部门10亿元的产品，附加上本部门创造的40亿元的价值，生产出价值50亿元的钢材。这50亿元的价值并非全部都是钢材部门的贡献。因为有10亿元的价值来自煤炭部门，钢材部门的真正贡献为40亿元。在生产成果统计时，总产出的价值会夸大一个部门的实际贡献。另外，从汽车的整个生产过程来看，煤炭、钢材、发动机作为中间产品已被消耗，其价值已经以生产成本的形式转移到最终产品汽车的价值中。因此对于中间产品的价值无须再做统计，只统计最终产品的价值即可。

2.1.3 国内生产总值核算的基本原理

找到重复计算的原因之后，测度一国生产成果的思路也已清晰。我们的目标是在生产成果的汇总过程中去除由中间产品导致的重复计算，只核算增加值或最终产品的价值。由此得到的指标便是广为人知的GDP。国内生产总值的核算具体可以从以下两个大的方向着手。

方法1：从各部门生产的产品的价值中扣掉中间投入品的价值，只计算本部门创造的增加值。该方法称为GDP核算的生产法。另外，增加值还可从要素收入的角度核算，劳动力和资本要素收入的合计即为增加值，该核算方法称为GDP核算的收入法。GDP核算的生产法与收入法是等价的，因为二者核算的对象都为增加值。

方法2：从各部门产品使用去向中扣除用于中间产品的部分，只计算离开生产系统的最终产品。该方法称为GDP核算的支出法。

让我们再次回到前面的例子，分别使用生产法和支出法对GDP进行核算。生产法要求将生产过程中使用的中间投入品的价值从总产出中扣除，只计算增加值。因此生产法统计的GDP即为图2.2虚线方框内各生产部门创造的增加值的合计为

$$10+40+450+1\,000=1\,500\text{（亿元）}$$

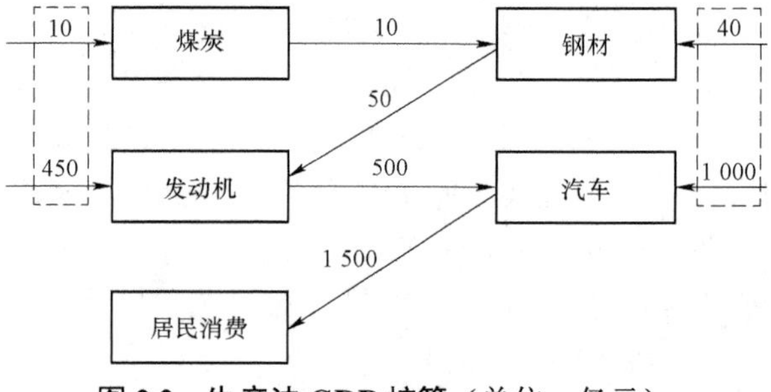

图2.2 生产法GDP核算（单位：亿元）

支出法只计算生产系统中最终产品的价值，因此支出法统计的 GDP 即为图 2.3 虚线方框所示的最终产品（汽车）的价值为 1 500 亿元。可以看出，支出法与生产法两种方法的核算结果完全相等，均为 1 500 亿元。GDP 的生产法与支出法两种核算方法等价。①

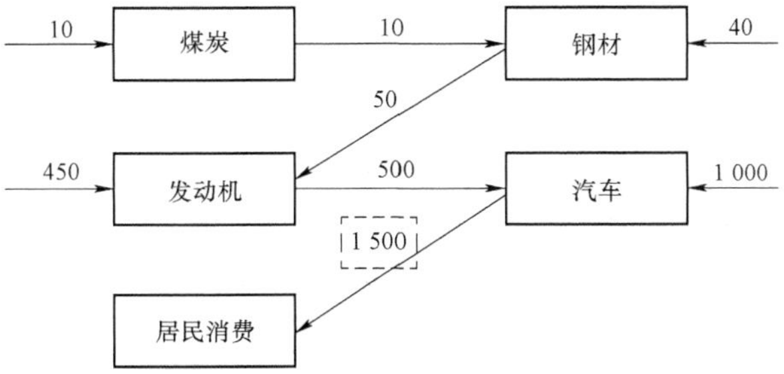

图 2.3　支出法 GDP 核算（单位：亿元）

另外可以看到（见图 2.4），在 GDP 核算过程中，没有使用任何有关中间产品的数据。并且，进入生产系统的价值（增加值）与从生产系统中最终输出的价值（最终产品的价值）完全相等。这是一个完美的 GDP 核算框架。

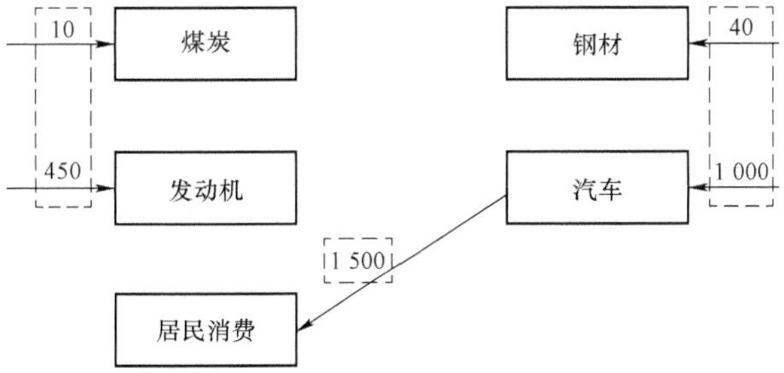

图 2.4　GDP 生产法与支出法核算方法的统一（单位：亿元）

2.2　国内生产总值的相关概念

要全面理解国内生产总值的含义，还需对“国内”“生产”以及“产出类别”等概念进行介绍。

2.2.1　国内的定义

正确理解国内生产总值首先要明确国内的概念，即一国经济的范围。国民经济由该国经济领土上的常住单位的活动组成。一国的经济领土是指该国政府实行有效经济控制的地理领土和管辖区，在该区域内，该国公民、货物、资本可以自由流动，不受国界限制。一国经济领土的基础是地理疆域，但并不等同于地理疆域。一国在国外的“飞地”（位

① 实际上，GDP 还有第三种核算方法，称为收入法。其本质上也是对增加值的核算。该方法直接对增加值的构成细项（劳动者报酬、生产税净额、营业盈余、固定资产折旧）进行核算。在后文将具体讲解。

于其他国家或地区，但通过正式协议为一国政府所拥有或租借、用于外交等目的、有明确边界的地域）也属于该国的经济领土。例如，驻外的使馆、科研站、军事基地、新闻办事处及援助机构等虽然不在一国的地理疆域范围内，但属于本国经济领土。因此，中国驻国外大使馆的经济活动是中国国内生产总值核算的对象，而国外驻中国大使馆的经济活动则不是中国国内生产总值的核算对象。

一国经济领土上常住单位的经济活动构成一国的国民经济。非常住单位的经济活动则不包括在内。如果一个单位在一国经济领土上拥有一定的活动场所，从事一定规模的经济活动，并超过一定的时期（通常以一年为标准），那么可认为该单位在此国具有经济利益中心，是该国的一个常住单位。因此，中国短期到国外旅游的人员仍属于中国的常住单位，而中国到国外投资建厂的企业则不再是中国的常住单位，尽管财产所有权属于中国。相反，中国的外资企业则属于中国的常住单位。

2.2.2 生产的定义

正确理解国内生产总值还需要定义什么是生产。国民经济核算关注的生产为经济生产，是在人类参与之下为获得产出而进行的生产，是在特定的机构单位负责或控制下投入货物和服务以及劳动力和资本获得产出的过程。因此，没有人类参与和管理的自然生产过程不能称为经济生产。例如，自然水域中鱼类的生长活动不是生产活动，而人工养殖鱼类活动或者捕捞鱼类活动则为生产活动。

经济生产覆盖的范围很广泛，从食品、汽车、计算机等货物的生产到运输、娱乐、教育等服务的提供都属于经济生产。生产又可进一步分为市场化生产和非市场化生产。在市场经济体系中，通过市场销售将生产成果提供给其他单位使用的生产活动为市场化生产。以免费或无经济意义的价格向使用者提供产出（如政府及为住户服务的非营利机构）的生产活动，以及自产自用的生产活动为非市场化生产。要全面测度国民经济的生产情况，市场化生产与非市场化生产都需考虑在内；但由于国民经济核算的主要目的是服务于宏观经济管理，而宏观经济管理的主要对象为市场经济，加入过多的非市场经济活动可能会对宏观经济管理产生误导。另外，很多自产自用的服务生产（如家务活动）很难进行核算。因此，受核算目的和核算手段的限制，实际中并非所有的生产活动都能够进入核算范围之内。

实际中确定的生产核算的范围为：① 所有的货物生产，既包括市场化生产又包括非市场化生产；② 市场化服务生产，除住户内部自给性服务生产以外的非市场化服务生产，以及住户自有住房服务。换句话说，生产核算的范围为所有市场化生产＋非市场化货物生产＋除住户内部自给性服务生产以外的非市场化服务生产＋住户自有住房服务。需要说明的是，以上为理想的核算范围，实际中受核算手段的限制，可能很难对其中的一些生产进行核算，例如住户为自身消费所进行的服装、家具等货物制造活动。如果实际中数量很小，将这些难以核算的活动排除在外不会对总量产生实质性影响。

2.2.3 产出类别

产出（output）是生产的成果，可称为产品（products）。根据产品外在形态上的差异分为货物和服务（goods and service）；根据产品的使用性质可分为中间产品（intermediate products）和最终产品（final products）。

1. 货物和服务

（1）货物是有形产品，可以被存储和运输，因此货物的生产过程和交换过程可以分离，生产过程与使用过程也可以分离。根据可以被存储和运输的有形特性，很容易判断一个产品是否为货物，如粮食、石油、服装、电视机等都属于货物。

（2）服务是无形产品，通常来说服务不能被存储和运输，因此服务的生产过程和交换过程不能分离，生产过程与使用过程也不能分离。当生产完成时，消费者同时完成了对服务的消费。运输、餐饮住宿、教育、娱乐、社会保障等都属于服务产品。

需要说明的是，随着科技的发展，货物与服务的界限变得越来越模糊。一些服务具备了货物的特性，例如光盘等移动存储设备的发明使得娱乐、教育等服务可以被存储和运输。SNA－2008 对服务的性质做了进一步的区分[①]：

变化促成服务（change-effecting service）：生产者按照消费者需求进行的活动，以实现消费单位状况的改变。例如，按照消费者需求对消费者的货物进行的维修等服务；按照消费者需求对消费者本身提供的运输、医疗、餐饮等服务（改变消费者的身体状况）以及教育、咨询、娱乐等服务（改变消费者的精神状况）；国家对社会成员提供的治安、国防等服务。

增值服务（margin service）：一个机构单位为另外两个机构单位之间的产品或金融资产所有权变更提供的便利，称为增值服务。通过增值服务，产品或金融资产的原有价值产生了增值。增值服务的主要提供者为批发零售商、房地产中介、金融机构。

知识载体产品（knowledge-capturing products）：这类服务可以为消费者重复提供知识，其产出存储于纸质介质或电子介质之中。生产这类服务的产业涉及提供、存储、交流和发布各类信息、咨询和娱乐的产业。产品涉及专业信息、咨询报告、新闻、电脑程序、电影、音乐等产业。

2. 中间产品与最终产品

中间产品与最终产品的概念已在前面有关重复计算的部分进行了介绍，此处再做一些总结。一件产品由某个部门生产出来以后会有不同的使用去向。一方面可能进入另一个生产部门作为原材料继续被加工和制造，这种使用去向的产品称为中间产品；另一方面一件产品可能彻底离开本国的生产部门，不再用作生产部门的原材料，而是被消费、形成资本或出口，这种使用去向的产品称为最终产品。例如，钢铁企业生产的钢铁如果销售给国内的发动机制造企业用于制造汽车发动机，则这部分钢铁产品称为中间产品。如果钢铁企业生产的钢铁没有销售给任何国内的企业用于进一步的生产而是出口到国外，则这部分钢铁产品对于本国的生产系统来讲是最终产品。但放到全球生产核算的视野中，出口的钢材将在其他国家的生产过程中被消耗，这部分钢材为中间产品。

2.2.4 时间限定

除了从空间上对国内生产总值的核算范围给出边界以外，还需对所核算的生产活动

① 联合国，欧盟委员会，经济合作与发展组织，等. 2008 年国民账户体系［M］. 北京：中国统计出版社，2012.

的起止时间进行限定。国内生产总值的核算一般为年度核算，为适应宏观经济管理的需求，还有季度和月度核算。中国只对国内生产总值进行年度核算和季度核算。核算期内的成品、半成品以及在制品中的当期完成部分都应核算在内。

2.2.5 价格

由于国民经济中各种产品的量纲不同（例如，粮食产量使用吨计量，汽车产量使用辆计量），在对各生产单位的产出进行汇总时首先需要借助价格将各生产单位的产出换算为货币价值量，然后加总得到生产总值。在对产出和投入进行估价时可以选择不同的价格。国民经济核算中经常涉及的价格包括基本价格（basic price）、生产者价格（producer price）、购买者价格（purchaser price）。三者的不同主要体现在对产品税及补贴、生产税及补贴、运输费用以及贸易费用的记录方式不同。以下给出 SNA－2008 对基本价格、生产者价格和购买者价格的定义。

基本价格是指生产者就其生产的每单位货物或服务产出从购买者那里所获得的金额。这里的金额扣除了生产或销售时应付的所有税加上所获得的所有补贴，并且不包括生产者在发票上单列的任何运输费用。从定义可以看出，基本价格是归生产者所有的部分，基本价格与生产者的决策密切相关。目前大部分国家的做法是，生产者在他们开出的发票中分别注明各项税款，购买者可从发票中了解他们向生产者支付了多少、向政府交了多少税。

生产者价格是指生产者就其生产的每单位货物或服务产出从购买者那里所获得的金额。这里的金额扣除了向购买者开列的所有增值税（Value Added Tax，VAT）或类似的可抵扣税，并且不包括生产者在发票上单列的任何运输费用。可见，生产者价格和基本价格中都不包括在销售发票上单列的增值税，但与基本价格不同的是，生产者价格中包括了其他产品税净额（产品税减产品税补贴）。因此，不包括任何产品税的基本价格的概念更加清晰。基本价格是生产者产出估价的首选方法。

购买者价格是指购买者在指定时间和地点获得每单位货物或服务所支付的金额。该金额中不包括任何可抵扣的增值税或类似的可抵扣税。购买者价格中包括了按购买者要求在指定时间运送货物到指定地点而另行支付的运输费用，如果产品从批发零售商处购得，则购买者价格中还包括批发零售商的贸易加价。

基本价格、生产者价格、购买者价格三者之间的关系可总结为

基本价格
＋产品税（不包括发票中单列的增值税）
－产品补贴
＝**生产者价格**
＋购买者的不可抵扣增值税
＋另行支付的运输费用
＋批发商和零售商的商业毛利
＝**购买者价格**

实际中，如果具备从生产到消费的各个环节所产生的费用和税金方面的数据，则可

以实现三种价格之间的相互转化。例如，电脑制造企业从批发商处购买了一块价值 200 元的电池，作为生产的中间投入。此笔交易是以购买者价格体现的，可进一步转化为基本价格。假设在这块 200 元的电池的成本构成中：运费为 10 元，批发商的贸易加价为 30 元，其中的增值税全部可抵扣，产品税净额为 20 元。则以基本价格衡量的电池的价值为 200－10－30－20＝140（元）。即以购买者价格衡量的这块价值 200 元的电池中，归电池制造企业所有的价值为 140 元。其他的价值分别归运输企业（10 元）、批发商（30 元）和政府（20 元）所有。

在国内生产总值核算工作中，因为基本价格更能体现生产单位在生产过程中产生的成本，因此生产法 GDP 核算推荐使用基本价格。难以获得基本价格数据的国家也可采用生产者价格进行核算，中国的生产法 GDP 核算采用的价格为生产者价格。支出法 GDP 核算主要调查各个部门对最终产品的购买情况，因此推荐使用购买者价格进行核算。

2.3　GDP 核算方法

SNA－2008 对 GDP 的定义如下：GDP 是由增加值这个概念得来的。增加值是指总产出与中间消耗之差。GDP 就是（以基本价格核算的）所有常住生产单位的增加值之和加上没有包含在总产出价值中的产品税净额。此为生产法 GDP。其次，GDP 也等于用购买者价格度量的货物服务最终使用（从所有使用总计中扣除中间消耗）的总和减去货物服务进口的价值。此为支出法 GDP。下面将对以增加值核算为核心的生产法与收入法 GDP 核算以及支出法 GDP 核算进行介绍。

2.3.1　生产法与收入法（增加值核算）

增加值衡量了各生产单位在生产过程中所创造的价值。从生产的角度看，生产单位所创造的价值即增加值等于该生产单位的总产出（gross output）减掉中间投入（intermediate input）。例如，汽车生产企业生产了价值 1 000 万元的汽车，然而这 1 000 万元的总产出并非全部都是汽车生产企业所创造的价值。因为汽车生产过程中需要从其他企业外购零配件等中间产品（假定价值 700 万元），这些中间产品的价值并非由汽车生产企业创造，汽车生产企业创造的增加值为 1 000 万元（总产出）－700 万元（中间投入）＝300 万元。将所有生产单位的增加值加总便可得到一国的 GDP（若以基本价格核算，还需加上产品税净额）。

从核算方法来看，生产法 GDP 的核算涉及总产出核算和中间投入核算。总产出是指各生产单位在一定时期内所生产的全部货物和服务的总价值。中间投入是指生产过程中所消耗的货物与服务的价值，即所使用的中间产品的价值。从总产出的定义出发，可得到核算公式为

$$总产出 = \Sigma（产量 \times 价格）$$

从公式来看，总产出的核算方法非常简单，用生产单位在核算年度中生产的产品的产量乘以相应的价格（SNA-2008 推荐使用基本价格）即可得到各生产单位的总产出。但实践中会遇到很多细节问题，例如生产单位自产自用产品的产出是否进行统计，半成品和在制品的价值如何核算，服务业生产单位的总产出如何衡量等。具体的处理方法读者可参考国民经济核算相关文献[①]。此处对服务业生产单位总产出的核算方法做进一步说明。服务产出的核算需要对市场性服务活动（营利性服务部门所提供的服务）与非市场性服务活动（如政府行政事业单位所提供的公共服务）分别处理。对于市场性服务活动，其营业收入即为总产出。对于非市场性服务活动，由于不以营利为主要生产目的，因此不能将营业收入指标作为服务活动的总产出。另外，作为公共服务，很难找到相应的市场价格来衡量其提供的服务价值。实际中的做法是将提供服务所花费的总费用作为非市场性服务活动的总产出，具体的核算公式为

非市场性服务总产出＝非营利性单位的经常性费用支出＋固定资产折旧

其中，非营利性单位的经常性费用支出包括业务费、公务费、修缮费、劳动者报酬、职工福利以及其他费用。以政府行政事业单位为代表的非市场性服务部门总产出的核算方法很容易让人产生政府部门花费越多则产出越多的荒谬想法。因此，实际中不应将政府部门的总产出数据用来衡量政府部门的效率。但这已是目前能够想到的最好的衡量方法。

另外，再对一些提供增值服务的部门（如批发零售部门）的总产出核算方法做特别说明。批发零售部门所提供的服务为商品流通服务，其实质为增值服务。即为企业生产的产品的所有权变更为居民所有提供便利。因此，不能将批发零售部门的商品销售收入作为批发零售部门所提供服务的总产出。商品销售收入中既包含了从生产商处购进的产品的价值，也包含了批发零售部门所提供的增值服务价值。只有增值服务价值才是批发零售部门所提供服务的产出。实际中，在核算批发零售部门总产出时应从商品销售收入中扣除商品的购进价值，使用营业收入作为总产出。

下面从收入法的角度对增加值进行核算。总产出的价值由两部分组成，一是中间投入的价值，二是初始投入的价值（劳动力、资本等生产要素的投入）。从总产出价值中扣除中间投入的价值得到的增加值即为初始投入的价值。因此，从要素收入的角度看，增加值可看作生产过程中生产要素投入的回报，由劳动者报酬、生产税净额、固定资产折旧、营业盈余四部分组成。其定义如下：

（1）劳动者报酬是劳动者通过提供劳动而获得的工资及其他形式的报酬，是劳动生产要素从产值中获得的收入。劳动者报酬既包括货币形式的收入也包括实物形式的收入。除工资收入外，劳动者报酬还包括奖金、福利费、补助、补贴，以及所在单位为劳动者缴纳的社会保险金、住房公积金，行政事业单位职工的离退休金，单位为员工提供的雇员股票期权以及其他各种形式的报酬和福利。核算劳动者报酬时，应注意区分生产单位实物形式的劳动者报酬与中间消耗。生产单位为了生产正常进行而为劳动者提供的货物和服务属于中间投入，如工作服、工作餐等。如果生产单位向从事生产活动的劳动者提

① 例如：高敏雪，李静萍，许健．国民经济核算原理与中国实践（第三版）．北京：中国人民大学出版社，2015；联合国，欧盟委员会，经济合作与发展组织，等．2008 年国民账户体系［M］．北京：中国统计出版社，2012．

供的货物和服务可以满足劳动者在工作之外的需要，则这部分货物与服务属于劳动者的实物报酬，例如生产单位作为福利发给职工的食品与电影票。

（2）生产税净额是生产单位缴纳给政府的生产税与政府给生产单位的生产补贴的差额，是政府参与生产单位的要素收入分配所获得的收入。生产税是指生产单位参与生产销售等经营活动，以及因从事生产活动使用某些生产要素（如固定资产和土地等）而向国家缴纳的税费。生产税分为产品税和其他生产税。产品税主要包括增值税、消费税、进口关税、出口税等；其他生产税主要包括房产税、车船使用税、城镇土地使用税等。生产补贴是指国家因货物和服务的生产或进口而对生产单位做的补贴，包括农业生产补贴、政策亏损补贴、进口补贴等。生产补贴作为负生产税处理。

（3）固定资产折旧是指生产单位为补偿生产活动中所耗用的固定资产而提取的价值，为固定资产在生产过程中磨损的价值，用以代表固定资产通过生产过程被转移到其产出中的价值。各类企业和执行企业会计准则的事业单位的固定资产折旧，一般按当期计提的折旧费核算；不计提折旧的单位，如政府机关、不执行企业会计准则的事业单位以及居民住房的固定资产折旧，应按照统一规定虚拟计算。

（4）营业盈余是生产单位的总产出扣除中间投入、劳动者报酬、生产税净额、固定资产折旧之后的余额，类似于营业利润。营业盈余是资本生产要素从生产单位所创造的价值中分得的收入。

2.3.2　生产法与收入法 GDP 在宏观经济分析中的应用

1. 产业结构的测度

在国民经济中，可将一个产业部门的增加值看作该产业部门对 GDP 的贡献。各产业部门增加值占 GDP 的比重可用来测度一国的产业结构。图 2.5 给出了中国历年三大产业增加值占 GDP 的比重。可以看出，改革开放以来，中国的产业结构发生了显著的变化。与世界各国的经济发展历程类似，中国三大产业结构的变化大致呈现以下模式：首先随着第一产业比重的下降，第二、第三产业比重上升，随后第一、第二产业比重下降，第三产业比重持续上升。2012 年，中国第三产业增加值占 GDP 的比重超过第二产业成为占比最高的产业类型。2021 年，中国第一、第二、第三产业占 GDP 的比重分别为 7.3%、39.4%和 53.3%。与 1978 年相比，第一产业比重下降了 20.4 个百分点，第二产业比重下降了 8.3 个百分点，第三产业比重则上升了 28.7 个百分点。第三产业在国民经济中的贡献越来越大。

2. 要素收入分配

表 2.1 给出了 2007 年、2012 年、2017 年和 2020 年中国收入法 GDP 构成。可以看出，中国收入法 GDP 中占比最高的是劳动者报酬，其次为营业盈余。随着政府收入分配改革力度的加大，以及中国劳动力成本的快速上升，劳动者报酬占 GDP 的比重由 2007 年的 41.4%上升为 2020 年的 52.1%，同时营业盈余占 GDP 的比重下降明显，由 2007 年的 30.2%下降为 2017 年的 23.6%，2020 年有所回升。在政府减税让利的背景下，生产税净额占 GDP 的比重由 2007 年的 14.5%下降到 2020 年的 8.8%。

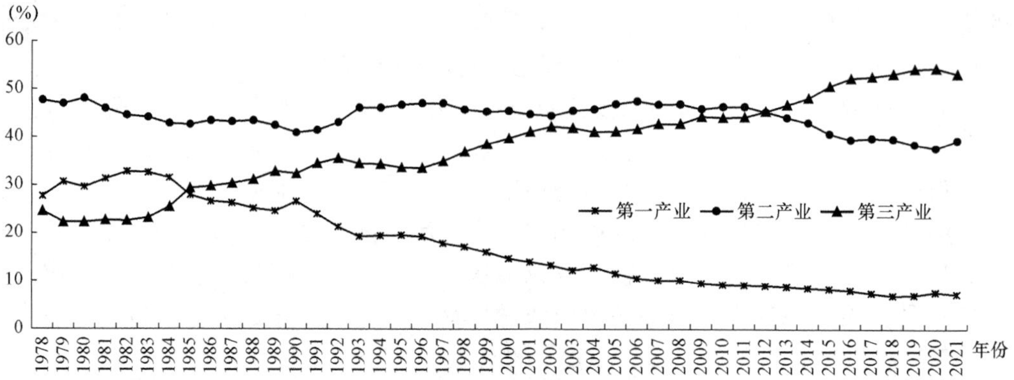

图 2.5　1978—2021 年中国三大产业结构

数据来源：国家统计局，https://data.stats.gov.cn/。

表 2.1　　中国收入法 GDP 构成　　（单位：%）

	2007 年	2012 年	2017 年	2020 年
劳动者报酬	41.4	49.2	51.4	52.1
生产税净额	14.5	13.7	11.5	8.8
固定资产折旧	14.0	13.4	13.4	14.8
营业盈余	30.2	23.7	23.6	24.3

数据来源：根据 2007 年、2012 年、2017 年、2020 年中国投入产出表计算得到。

2.3.3　支出法

GDP 还可从支出法的角度进行定义。一国所有常住单位所生产的最终产品的总和即为支出法 GDP。最终产品的使用去向主要有最终消费支出（包括居民消费支出与政府消费支出）、资本形成（为形成生产设备、建筑物等非金融资产而进行的支出，包括固定资本形成和库存变动）、出口（满足国外需求）。尽管最终产品的使用去向为以上三个方面，但如果直接将核算期的最终消费支出、资本形成和出口进行加总得到的结果并非全部为本国的 GDP。因为这些使用去向中可能包含进口品。例如，居民消费的家用电脑可能是从其他国家进口的电脑，或者国产的家用电脑生产过程中使用了进口的零配件等来自国外的中间产品。进口品并非本国的产出，因此需要从以上使用去向中将进口品的价值扣除才能得到本国的 GDP。于是得到支出法 GDP 核算公式为

$$Y=C+G+I+X-M$$

式中，Y 代表 GDP，C 代表居民消费支出，G 代表政府消费支出，居民消费支出与政府消费支出统称为最终消费支出，I 代表资本形成（投资），X 代表货物和服务出口，M 代表货物和服务进口，$X-M$ 称为净出口。这便是本章引言中提到的被称为 20 世纪伟大发明的公式。

下面结合国家统计局给出的主要统计指标解释，对支出法 GDP 的各个构成部分进行简要介绍。

1. 居民消费支出（household consumption expenditure）

居民消费支出指常住住户在一定时期内对于货物和服务的全部最终消费支出。居民消费支出除了直接以货币形式购买的货物和服务的消费支出外，还包括以其他方式获得的货物和服务的消费支出，后者称为虚拟消费支出。居民虚拟消费支出主要包括：单位以实物报酬及实物转移的形式提供给劳动者的货物和服务；住户生产用于自身消费的货物（如自产自用的农产品），以及纳入生产核算范围并用于自身消费的服务（如住户的自有住房服务）；银行和保险机构提供的间接计算的金融服务。居民消费支出主要分为以下几类：食品；衣着；生活用品及服务；医疗保健；交通通信；教育文化娱乐；金融中介服务；住房服务（房屋租赁、维修、水电燃气、住户自住虚拟租金，不包括购房支出）；其他。图 2.6 基于住户调查数据展示了中国居民人均消费支出的结构。由于金融中介服务需要基于银行和保险机构的数据进行间接计算，未涵盖在住户调查数据范围之内。可以看出，目前中国居民的消费支出一半以上用于食品和居住，2021 年二者占中国居民人均消费支出的比重分别为 29.8%和 23.4%。

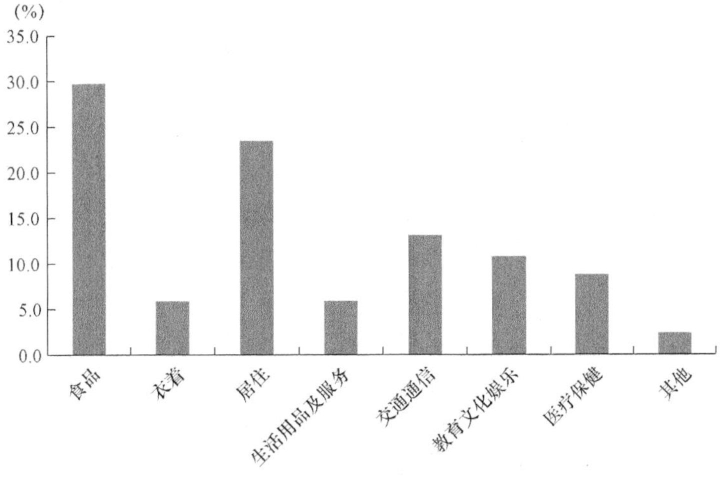

图 2.6 2021 年中国居民人均消费支出构成（住户调查数据）

数据来源：国家统计局，https://data.stats.gov.cn/。

在宏观经济统计指标中，一个容易与居民消费支出混淆的指标为“社会消费品零售总额”。“社会消费品零售总额”是季度和月度宏观经济运行分析中经常使用的统计指标，指企业（单位、个体户）通过交易直接销售给个人、社会集团非生产、非经营用的实物商品金额，以及提供餐饮服务所取得的收入金额。个人包括城乡居民和入境人员，社会集团包括机关、社会团体、部队、学校、企事业单位、居委会或村委会等。从指标解释可以看出，该指标与居民消费支出的涵盖范围有所交叉，但二者有很大区别。主要体现在：

第一，社会消费品零售总额不是最终消费指标。例如，社会消费品零售总额中包括了城乡居民自己建房购买的建筑材料，该项支出属于投资，不属于消费。另外，销售给社会集团的零售额，从销售环节很难区分销售出去的商品是否用于最终消费支出，有些商品可能用于中间消耗（如办公用品）。

第二，社会消费品零售总额不包括服务型消费，如教育、医疗、文化、娱乐，但居民消费支出包括服务型消费。社会消费品零售总额不包括农民自产自用的农牧产品，但居民消费支出包括。

可见，社会消费品零售总额是反映国内消费品市场总体规模以及国内消费品市场景气状况的一个较好的指标，但不能用于测度居民消费支出规模。从中国目前的情况来看，社会消费品零售总额高于居民消费支出总额，2020 年中国社会消费品零售总额为 391 980.6 亿元，同期的居民消费支出为 387 185.8 亿元。

2. 政府消费支出（government consumption expenditure）

SNA－2008 中使用了范围更广的公共消费的概念，主要部分为政府消费支出，此外还包括为住户服务的其他非营利组织的最终消费支出，这部分的数值相对较小，中国未单独公布核算数据。

政府消费支出指政府部门为全社会提供的公共服务的消费支出和免费或以较低的价格向居民住户提供的货物和服务的净支出。前者等于政府服务的产出价值减去政府单位所获得的经营收入的价值，后者等于政府部门免费或以较低价格向居民住户提供的货物和服务的市场价值减去向住户收取的价值。由此核算得到的结果便是政府在最终消费方面为公共服务和居民住户所埋的单。

具体来说，政府消费支出的方式包括：第一，政府补贴某些部门，使其免费或以低于成本的价格向住户提供货物和服务。例如，政府会通过报销医疗费的方式为住户承担一部分医疗服务支出。住户自己支付的医疗费计入居民消费支出，政府报销的医疗费计入政府消费支出。再如，在国内接受高等教育的学费支出远低于留学费用。其中一个重要原因是政府通过财政拨款的方式使得国内高等教育部门以较低的学费来提供教育服务，而国外政府部门很少会对留学生进行学费补助。在该例中，学生缴纳的学费计入居民对教育部门的最终消费支出，政府财政支持部分计入政府对教育部门的最终消费支出。第二，直接免费向社会公众提供服务，如政府的行政管理服务。此时政府对行政管理服务的最终消费支出核算为政府提供这些服务的花费扣除所获得的经营收入。这便引申出了前文提到的政府产出核算悖论：政府花费越多代表政府产出越多。目前，非市场性服务产出核算方法仍是一个没有得到很好解决的问题。由于是非市场性服务，很难为公共服务找到市场价格来度量其产出价值，无奈之下只能以提供这些服务所花费的成本来度量产出价值。

通过对政府消费支出指标的解释可以看出，尽管政府是很多最终消费项目的支出者，但并非这些项目的受益者。例如，政府对医疗服务和教育服务的最终支出，体现了政府对居民的实物社会转移，其最终受益者为居民。反过来讲，居民消费支出指标并不能全面反映居民的实际消费水平。要全面反映居民的实际消费水平，需要进一步考虑以上提到的实物社会转移，对居民消费支出与政府消费支出进行以下调整，得到实际居民消费和实际政府消费为

$$实际居民消费=居民消费支出+实物社会转移$$

$$实际政府消费=政府消费支出-实物社会转移$$

3. 资本形成总额（capital formation）

资本形成是指为了将来生产更多的产品所购买的货物和服务，这些货物和服务被称为生产资产（produced asset），是经济资产中非金融资产的组成部分（后面章节中将对非金融资产进行详细介绍）。之所以称之为生产资产是因为这些资产是在生产过程中制造出来的，未被消费而用于积累，为将来的生产奠定基础。资本形成由固定资本形成、存货变动和贵重物品组成。持有贵重物品的目的是保值或增值，其发生数额较小且与未来的生产没有直接联系，因此资本形成主要关注固定资本形成与存货变动。

（1）固定资本形成（fixed capital formation）

固定资本形成是指常住单位在一定时期内获得的固定资产减处置的固定资产的价值总额。固定资产是通过生产活动生产出来的，且其使用年限在一年以上、单位价值在规定标准以上的资产，不包括自然资产、耐用消费品、小型工器具。固定资本形成总额包括住宅、其他建筑和构筑物、机器和设备、培育性生物资源、知识产权产品（研发支出、矿藏的勘探、计算机软件）的价值获得减处置。另外，对固定资本形成的核算，要从购买者入手，核算当期为形成固定资产而花费的支出额。但实际中会遇到以下问题：

第一，二手资产问题。投资者可能会购买二手资产作为固定资产，而二手资产并非核算期的生产成果，这是否会影响 GDP 核算结果的准确性？事实上，对此不必担忧。因为，固定资本形成采用的核算公式为

$$固定资本形成=当期获得的现有资产和新资产-当期处置的现有资产$$

一些部门购买二手资产，必然有一些部门出售二手资产，汇总后二手资产的购和销可以抵消，从而二手资产并没有核算进固定资本形成。

第二，固定资产生产跨期问题。房屋等需要较长的建设周期才能形成固定资本，对此情况应根据建设工程的进度以当期实际完成情况进行核算。

第三，现有资产的重大改善（如建筑物的大修理，机器设备的升级）问题。由于可以延长原有资产的使用寿命，改善资产的性能，因此资产改善过程中的花费要作为固定资本形成核算。

在宏观经济统计指标中，一个容易与固定资本形成混淆的指标为全社会固定资产投资。全社会固定资产投资是以货币形式表现的在一定时期内全社会建造和购置固定资产的工作量以及与此有关费用的总称。从投资活动的构成来看，全社会固定资产投资由建筑安装工程、设备工器具购置以及其他费用组成。该指标是反映固定资产投资规模、结构和发展速度的综合性指标。各个行业的固定资产投资能够形成未来的生产和供给能力，是预测未来经济增长和经济结构变化的先行指标。

全社会固定资产投资指标与支出法 GDP 中的固定资本形成有较大区别，主要体现在：

第一，全社会固定资产投资包括土地购置费，旧设备购置费、旧建筑物购置费，固定资本形成总额不包括这些内容。

第二，全社会固定资产投资不包括城镇和农村非农户 500 万元以下项目的固定资产投资，固定资本形成总额包含这部分投资。

第三，全社会固定资产投资不包括矿藏勘探、计算机软件等无形资产方面的支出，

固定资本形成总额包括。

第四，全社会固定资产投资不包括房地产开发商的商品房销售增值，固定资本形成总额包括。

全社会固定资产投资额一般高于固定资本形成总额。2020 年，中国固定资本形成总额为 430 625 亿元，同期全社会固定资产投资额为 527 270 亿元。

（2）存货变动（changes in inventories）

存货变动是指常住单位在一定时期内存货实物量变动的市场价值，即期末价值减期初价值的差额，再扣除当期由于价格变动而产生的持有收益。存货变动可以是正值，也可以是负值，正值表示存货上升，负值表示存货下降。存货包括生产单位购进的原材料、燃料和储备物资等存货，以及生产单位生产的产成品、在制品和半成品等存货。

价格问题是存货变化核算的难题（存货期初与期末价格不同），很多国家不直接核算存货变动，而是作为余项处理。即

$$\text{存货变动} = \text{生产法 GDP} - \text{最终消费} - \text{固定资本形成} - \text{净出口}$$

由于是余项，统计误差一并归到了库存变动中，从而使得库存变动的数据质量受到很大影响。从宏观的角度来看，一国经济活动满足关系式

$$\text{当期生产} + \text{进口} - \text{当期使用} = \text{存货变动}$$

在宏观经济预测中，库存变动是非常重要的先行指标。在经济扩张期，企业一方面会发现订单不断增加，从而增加库存提前为将来的生产做准备；另一方面会增加原材料库存抵御预期的原材料价格上涨。在经济收缩期，企业发现订单下降，会首先消化库存。因此，库存增加通常预示着经济进入扩张期，库存减少预示着经济进入收缩期，经济进入去库存阶段。在美国 1948—1982 年的 8 次经济下滑中，平均来看，GDP 下降的 94.8% 可用存货变化来解释。[①]

4. 净出口（net export）

净出口指货物和服务出口减货物和服务进口的差额。出口包括常住单位向非常住单位出售或无偿转让的各种货物和服务的价值；进口包括常住单位从非常住单位购买或无偿得到的各种货物和服务的价值。货物的出口和进口都按离岸价格计算。有关进出口核算的细节问题将在国际收支核算一章进行具体介绍。

2.3.4 支出法 GDP 在宏观经济分析中的应用

1. 三大需求对当期 GDP 的贡献率

从需求的角度来看，生产活动是由需求拉动的。生产的目的是满足以消费和投资为代表的内需，以及以净出口为代表的外需。利用居民消费支出（C）、政府消费支出（G）、资本形成总额（I）和净出口（NX）占 GDP 的比重（C/Y、G/Y、I/Y 和 NX/Y）可以衡量各组成部分对当期 GDP 的贡献率。其中，最终消费支出与 GDP 之比又称为消费率，资本形成总额与 GDP 之比称为投资率，净出口与 GDP 之比称为净出口率。由图 2.7 可以看出，居民消费支出、政府消费支出、资本形成总额和净出口对 2020 年中国 GDP 总量的

① 高敏雪．宏观算大账——经济统计随笔．北京：经济科学出版社，2011．

贡献率分别为 37.8%、16.9%、42.9%和 2.5%。居民消费支出和资本形成总额对 GDP 的贡献率最高，净出口的贡献率相对较低。从侧面来看，支出法 GDP 通过对三大需求的描述反映了一国生产成果的利用情况。2020 年中国利用本国资源生产的最终产品中有 37.8%用于当期居民消费支出，换句话说，居民通过自身支付的方式享受到了 37.8%的当期生产成果。同时，有 42.9%的生产成果用于投资（资本形成），为将来扩大生产能力生产更多产品做准备。有 2.5%的生产成果未被本国使用，而是用于满足国外需求（净出口）。

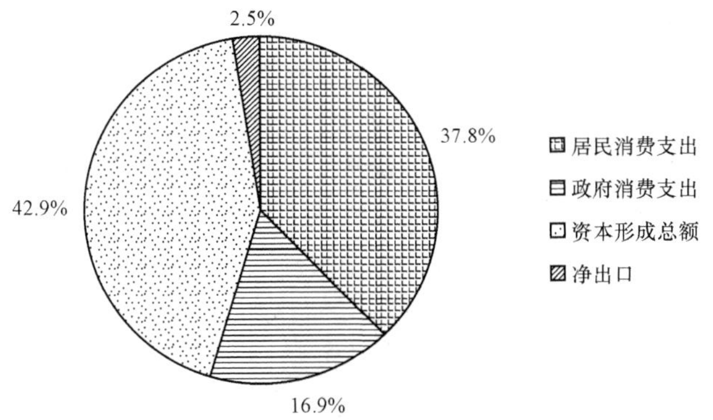

图 2.7　2020 年中国支出法 GDP 构成

数据来源：国家统计局，https://data.stats.gov.cn/。

需要指出的是，在计算三大需求（消费、投资、净出口）对 GDP 的贡献时，将进口全部从出口中进行了扣除。这一处理方法的前提假定是进口品全部用于出口品的生产，其价值全部隐含在出口品中。实际上，居民消费支出、资本形成等项目所使用的产品也有一部分为进口品。即使是国产品，这些产品在生产的过程中也有可能使用进口品。因此，进口品的价值也会隐含在这些项目中。将进口品价值全部从出口品价值中扣除来衡量三大需求对 GDP 贡献的做法并不公平。要更为准确地测算消费、投资、出口三大需求对 GDP 的贡献需要借助于下一章介绍的投入产出模型。

2. 三大需求对 GDP 增长的贡献率

利用支出法 GDP 时间序列数据可以计算各组成部分对 GDP 增长的贡献率，据此识别 GDP 增长的主要拉动力。用 Y_t、FC_t、I_t、NX_t 分别表示第 t 年度可比价 GDP、最终消费支出、资本形成、净出口[①]，以上变量满足以下表达式

$$Y_t = FC_t + I_t + NX_t$$

$$Y_{t+1} = FC_{t+1} + I_{t+1} + NX_{t+1}$$

从 t 年度到 $t+1$ 年度 GDP 的增长 ΔY 满足

$$\Delta Y = Y_{t+1} - Y_t = FC_{t+1} - FC_t + I_{t+1} - I_t + NX_{t+1} - NX_t$$

① GDP 是最终产品产量乘以价格得到的价值量，而最终品产量是生产成果的重要体现。然而，由于价格通常会随时间发生变化，即使产量不发生变化，GDP 也会随之发生变化。为了排除价格的干扰，使各年度的 GDP 具有可比性，通常的做法是将价格固定在某一年度，然后计算 GDP 总量。本书中国民经济的动态比较一章将对不变价问题进行详细介绍。

则最终消费支出、资本形成总额、净出口对 GDP 增长的贡献率分别为

$$\frac{FC_{t+1}-FC_t}{\Delta Y}、\frac{I_{t+1}-I_t}{\Delta Y}、\frac{NX_{t+1}-NX_t}{\Delta Y}$$

图 2.8 给出了 2000—2020 年最终消费支出、资本形成总额以及净出口对中国年度 GDP 增长的贡献率。可以看出，最终消费支出和资本形成在拉动中国经济增长过程中起到了重要作用。在 2013 年之前，投资需求对中国 GDP 增长的贡献尤为突出。尤其是在国际金融危机期间，投资需求在稳定经济增长中起到了重要作用。之后，随着中国经济发展进入新常态，投资对经济增长的贡献率在逐年下降，而最终消费支出对经济增长的贡献越来越突出。2020 年，新冠疫情的暴发对最终消费产生了严重冲击，其对经济增长的贡献率为 –6.8%。此时，投资需求再次发挥了稳定经济增长的作用，对 GDP 增长的贡献率高达 81.5%。新冠疫情蔓延期间，在全球供应链受到严重冲击的情况下，我国凭借较为完备的国内产业链及时复工复产，向世界输出了大量物资，有效填补了全球供需缺口，展现了大国的责任和担当。2020 年，净出口对中国 GDP 增长的贡献率达 25.3%。而其他年份，净出口对中国经济增长的贡献率则较低。这似乎与现实的观察不一致。2001 年中国加入世界贸易组织（WTO）后，出口快速增长。出口需求在拉动国内就业以及经济增长方面发挥了有目共睹的重要作用。核算数据之所以显示净出口对中国经济增长的贡献很小是因为核算过程中将进口值全部从出口值中扣除，从而削弱了出口的贡献。这与前面讨论的核算三大需求对当期 GDP 贡献率时遇到的问题相同。

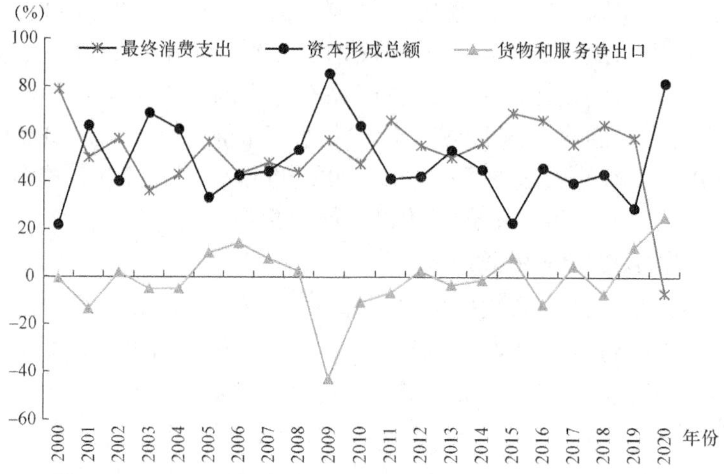

图 2.8 2000—2020 年中国三大需求对 GDP 增长的贡献率

数据来源：国家统计局，https://data.stats.gov.cn/。

2.3.5 GDP 三种核算方法的等价性

前面几节分别介绍了 GDP 核算的三种方法：生产法、收入法和支出法。从理论上讲三种核算方法等价。首先，生产法和收入法核算的都是增加值，二者等价。另外，收入与支出不过是同一枚硬币的正反面。同一笔交易必然有对应的收入方和支出方，支出方

付出的价值必然等于收入方得到的价值。在下一章的投入产出核算部分将给出收入法 GDP 与支出法 GDP 等价的严格证明。

尽管 GDP 的三种核算方法在理论上等价，但实际中由于统计数据资料来源不同，三者的核算结果很难相等。表 2.2 给出了国家统计局公布的 2020 年 GDP 核算数据。可以看出，2020 年按增加值核算（生产法/收入法）的 GDP 数据与按支出法核算的 GDP 数据并不相等，二者相差 12 061.4 亿元，误差率为 1.2%。中国的 GDP 核算采用以收入法为主、生产法为辅的增加值核算方法，因此需在支出法核算结果中设置统计误差项将增加值核算结果与支出法核算结果调整一致。

表 2.2　　中国 2020 年 GDP 核算数据　　（单位：亿元）

生产	2002 年	使用	2002 年
增加值核算（生产法/收入法）	1 013 567.0	支出法核算	1 025 628.4
其中：		其中：	
劳动者报酬	528 078.1	最终消费支出	560 811.1
生产税净额	89 328.6	资本形成总额	439 550.3
固定资产折旧	150 159.0	货物和服务净出口	25 266.9
营业盈余	246 001.3	统计误差	– 12 061.4

数据来源：国家统计局，https://data.stats.gov.cn/，其中增加值细项数据来自 2020 年中国投入产出表，并以增加值总量数据（1 013 567.0 亿元）为基准进行了一致调整。

2.3.6　中国的 GDP 数据发布制度

中国已经建立了比较完善的 GDP 数据发布与修订制度[①]。从发布时间频率来看，中国统计部门发布季度 GDP 数据与年度 GDP 数据。其中，根据基础资料的可获得性、时效性和全面性，中国的年度 GDP 数据要经历多次修订。这也是数据使用者经常发现同一年度的宏观经济统计数据在不同年份公布的数据资料中经常发生变化的原因。具体做法如下：

（1）初步核算：年度 GDP 的初步核算数在国家统计局年度新闻发布会上公布，并于次年 2 月在《国民经济和社会发展统计公报》发布。

（2）初步核实：年度 GDP 的初步核实数于次年 9 月公布。

（3）最终核实：年度 GDP 的最终核实数于隔年 5 月公布。

（4）进一步修订：在开展经济普查时，如果发现新核算的结果与原核算结果存在一定差距，或者核算方法及分类标准发生了变化，需要对 GDP 历史数据进行修订和公布。

国家统计局构建的“国家数据”数据库（网址：https://data.stats.gov.cn/）是进行官方数据发布的重要渠道。其中含有丰富的国民经济核算数据以及其他社会经济统计指标，是进行宏观经济统计分析的重要数据来源。

① 有关中国 GDP 核算的介绍可参阅：中华人民共和国国家统计局. 中国主要统计指标诠释（第二版）. 北京：中国统计出版社，2014.

2018 年之前，中国采用了国家级和省级两级 GDP 核算制度。国家和各个省份都进行生产总值的核算，经常会得到各省份地区生产总值合计显著大于全国 GDP 的情况（见图 2.9）。2018 年，借助于第四次经济普查，我国实现了地区生产总值与国内生产总值的衔接。二者衔接之后，由于一些总部经济（如中国人民银行）和军队的生产活动很难分解到各个省份，这些活动只在国内生产总值中核算，不体现在地区生产总值之中。因此，在当前的核算制度下，地区生产总值合计略小于国内生产总值。

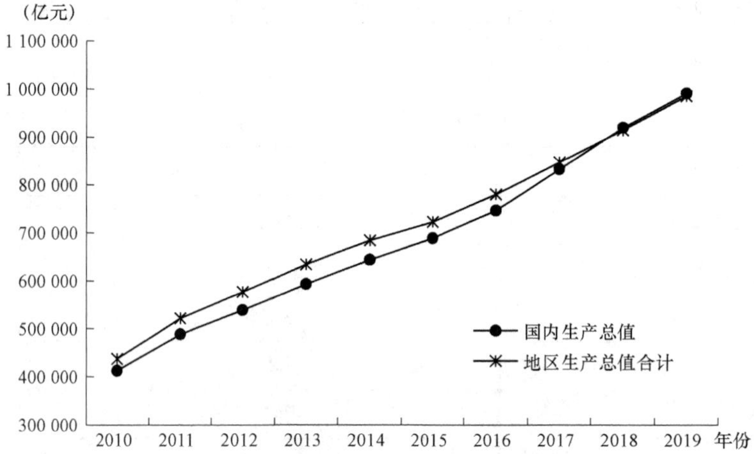

图 2.9　2010—2019 年国内生产总值与地区生产总值合计对比

数据来源：国家统计局，https://data.stats.gov.cn/。

2.4　GDP 的局限

尽管 GDP 在现实生活中应用很广，但 GDP 只反映了国民经济中的一部分，并非万能指标。社会经济中的很多方面并没有纳入 GDP 的核算范围。Robert Kennedy 在竞选活动中发表的下面一段演讲词便是对 GDP 指标的批评。

Gross domestic product does not allow for the health of our children，the quality of their education，or the joy of their play.It does not include the beauty of our poetry or the strength of our marriages，the intelligence of our public debate or the integrity of our public officials...

相信大部分人会同意 Robert Kennedy 的观点，但为何社会还是如此关注 GDP？因为，GDP 高的确让我们的生活改善了！GDP 不能衡量孩子的健康状况，但 GDP 高的国家可以为她的孩子负担起好的医疗保障；GDP 不能衡量教育的质量，但 GDP 高的国家可以建立好的教育系统；GDP 不能衡量诗歌的美，但 GDP 高的国家可以教给更多的居民如何写出和鉴赏优美的诗歌。总之，GDP 不能直接衡量那些使我们的生活变得有价值的事物，但可以衡量我们获得那些事物的能力。但不可否认的是，GDP 的确有局限性，并不是衡量一国生活水平或幸福度的完美指标。GDP 不能刻画休闲、不能度量市场外的活动、不能告诉我们环境质量、不能指示收入分配状况，等等。

作为对 GDP 的补充，联合国开发计划署建立了人类发展指数（Human Development Index，HDI）。HDI 考虑了预期寿命、预期受教育年限、平均受教育年限、人均国民总收入。根据 HDI 的数值，将世界各国分为极高人类发展水平、高人类发展水平、中等人类发展水平和低人类发展水平四个等级。根据联合国发布的《人类发展报告 2020》，2019 年中国的 HDI 排在世界第 85 位（同期 GDP 的世界排名为第 2 位），属于高人类发展水平。①

习　题

1. 以下哪些活动成果应统计进一国的 GDP？

（1）居民自驾游产生的驾驶服务；

（2）外资企业在该国创造的增加值；

（3）居民彩票中奖获得的收入；

（4）建设了 1/3 的大楼；

（5）该国驻外使馆的签证服务；

（6）假冒伪劣产品。

2. 请从 GDP 支出法核算的角度思考以下问题：

（1）一国最终品进口的增加会对该国的 GDP 产生什么影响？

（2）政府增加 1 亿元的基础设施建设支出会对本国 GDP 产生多大影响？

3. 结合国家统计局公布的国民核算数据，从生产法和支出法 GDP 核算的角度分析 COVID－19（新冠肺炎疫情）对中国经济增长的影响。

参 考 文 献

［1］高敏雪．宏观算大账——经济统计随笔［M］．北京：经济科学出版社，2011．

［2］高敏雪，李静萍，许健．国民经济核算原理与中国实践（第 4 版）［M］．北京：中国人民大学出版社，2018．

［3］联合国，欧盟委员会，经济合作与发展组织，等．2008 年国民账户体系［M］．北京：中国统计出版社，2012．

［4］伊桑．马苏德．GDP 简史［M］．北京：东方出版社，2016．

［5］许宪春．中国政府统计问题研究［M］．北京：社会科学文献出版社，2015．

［6］MANKIW N G．Principles of Economics（7th Edition）［M］．South-Western，2014．

① United Nations．Human Development Report 2020，https://hdr.undp.org/en/2020－report.

第 3 章 投入产出分析

汽车需求上升会对农业部门的产出产生什么影响？美国居民消费一部中国生产的手机会对韩国的产出产生什么影响？这些问题似乎并不能直接找到答案，但如果放到产业链上来看，答案就清晰了。汽车需求的上升会带来汽车产量的上升，而汽车的生产需要用到一系列零配件，如轮胎。因此，汽车产量的上升会直接带来轮胎需求的上升。沿着生产链继续往上游追踪会发现，轮胎部门的生产需要橡胶部门的投入，从而进一步引起对橡胶需求的上升，橡胶需求的上升便会带动农业部门中林业产品产出的上升。放到全球生产链来看，美国居民对中国生产的手机的消费将带来中国手机生产部门产出的增加，而中国手机的制造需要从韩国采购显示屏、内存等手机配件，从而带动韩国手机配件生产部门产出的增加。

可见，生产部门之间通过中间品交易存在着直接和间接的关联关系。一个部门的生产活动会沿着生产链对其他部门的生产产生影响。对生产部门之间的关联关系进行量化则需要明确各个部门生产的投入情况以及产出的使用去向，重点需要编制生产部门之间的中间品交易矩阵。诺贝尔经济学奖获得者列昂惕夫（Leontief）所提出的投入产出表与投入产出模型为生产部门之间关联关系的量化提供了重要数据基础和模型基础。同时，投入产出表和供给使用表还是国民经济账户体系的重要组成部分。本章将重点对投入产出表进行解读并对利用供给使用表编制投入产出表的方法进行介绍。在投入产出模型的应用部分，将重点介绍第二代贸易统计指标——增加值贸易的核算方法。

3.1 投入产出表

3.1.1 投入产出表的解读

为简化起见，下面以表 3.1 给出的基于投入产出专项调查数据编制的中国 2017 年三部门投入产出表为例，对投入产出表进行解读。

从列向来看，投入产出表描述了国民经济中各个部门的生产情况，即各个部门的产品是如何制造出来的，生产过程中需要投入来自哪些部门生产的原材料和零配件等中间产品，需要投入多少劳动力、资本等生产要素，从而展现了各个产业部门的生产技术。以第二产业部门为例，表 3.1 中的“2. 第二产业”一列显示：2017 年第二产业部门共生产了价值 1 355 353 亿元的产品。在这些产品的生产过程中投入了价值 64 692 亿元的第一产业部门产品（如食品制造业生产过程中需要投入第一产业部门生产的农产品），投入了价值 763 245 亿元的第二产业部门的产品（如食品制造业生产过程中需要投入调味料、电力等工业产品），投入了价值 194 712 亿元的第三产业部门产品（如食品制造业生产过程中需要投入运输、保险等服务）。另外，第二产业部门的生产还需要投入劳动力、资本等生产要素。2017 年第二产业部门生产过程中投入了价值 139 223 亿元的劳动力（体现为劳动者报酬），投入了价值 40 454＋88 692＝129 146 亿元的资本（体现为固定资产折旧与营业盈余），另外还缴纳了价值 64 336 亿元的生产税（净额）。以上投入的总和即为第二产业部门在 2017 年生产的产品的总价值：1 355 353 亿元。

表 3.1　　中国 2017 年三部门投入产出表　　（单位：亿元）

		中间使用				最终使用			进口	总产出
		1. 第一产业	2. 第二产业	3. 第三产业	中间使用合计	最终消费支出	资本形成	出口		
中间投入	1. 第一产业	14 684	64 692	5 692	85 067	27 479	2 401	1 194	－6 016	110 124
	2. 第二产业	21 813	763 245	128 259	913 317	123 835	306 198	133 028	－121 025	1 355 353
	3. 第三产业	8 175	194 712	233 248	436 134	292 863	55 861	29 626	－22 228	792 256
	中间投入合计	44 672	1 022 648	367 198	**第Ⅰ象限**	**第Ⅱ象限**				
增加值	劳动者报酬	65 271	139 223	218 774						
	生产税净额	－3 411	64 336	34 053						
	固定资产折旧	2 285	40 454	67 586	**第Ⅲ象限**					
	营业盈余	1 307	88 692	104 645						
	增加值合计	65 452	332 705	425 058						
总投入		110 124	1 355 353	792 256						

数据来源：由国家统计局公布的基于 2017 年 149 部门投入产出表合并得到。原始表详见：https://data.stats.gov.cn/。（由于原始表中数据四舍五入会导致误差，表 3.1 中的数值略有误差。）

从行向来看，投入产出表描述了国民经济中各个部门生产出的产品的使用去向，即各个部门生产的产品去哪里了。以第二产业部门为例，表 3.1 的第二行“2. 第二产业”

展示了 2017 年第二产业部门生产的价值 1 355 353 亿元产品的使用去向。其中，21 813 亿元的第二产业部门产品被第一产业部门用作中间品消耗掉了（例如粮食生产过程中消耗了第二产业部门生产的农药和化肥）；763 245 亿元的第二产业部门产品被本部门用作中间品消耗掉了（例如第二产业部门的食品生产过程中需要消耗第二产业部门生产的调味料、电力等产品）；128 259 亿元的第二产业部门产品被第三产业部门用作中间品消耗掉了（例如服务业生产过程中需要消耗第二产业部门生产的电力等产品）；123 835 亿元的第二产业部门产品被用作最终消费支出（例如居民购买的家用电器等）；306 198 亿元的第二产业部门产品用作投资品形成了非金融资产（例如企业购买的用于生产的各种机械设备）；133 028 亿元的第二产业部门产品出口到了国外。需要指出的是，以上使用去向中可能含有进口品（例如，第一产业部门所使用的第二产业部门 21 813 亿元的产品中既含有国产品也含有进口品），而进口品并非本国部门的产出，因此应扣除。第二产业部门产品的使用去向中共含有 121 015 亿元的进口品，因此在进口一列做了统一扣除。将以上第二产业部门产品的所有使用去向加总并扣除进口品后即可得到第二产业部门的总产出：1 355 353 亿元。由于总产出各行描述了总投入各列生产出产品的使用去向，因此总产出等于总投入。

3.1.2　投入产出表中的列向与行向平衡关系

总体来看，投入产出表可以划分为三个象限。第Ⅰ象限描述了国民经济中各个生产部门之间的相互消耗关系（中间品交易）；第Ⅱ象限描述了各个生产部门的产出用作最终使用的情况，体现了各个生产部门提供最终品的情况；第Ⅲ象限描述了各个生产部门初始（primary）生产要素投入的情况，体现了各个生产部门创造增加值的情况。第Ⅰ象限与第Ⅲ象限中的数据满足列向平衡关系，即各部门中间投入与增加值之和等于该部门的总投入；第Ⅰ象限与第Ⅱ象限中的数据满足行向平衡关系，即各部门中间使用与最终使用之和等于该部门的总产出。另外，各部门的总投入等于其总产出。为方便表示以上平衡关系，给出以下符号定义：

z_{ij}：j 部门生产过程中投入的 i 部门产品的数量。

v_j：j 部门生产过程中产生的增加值（劳动者报酬、生产税净额、固定资产折旧、营业盈余之和）。

f_i：i 部门生产的产品用作最终使用的数量（i 部门的产出用作最终消费支出、资本形成、净出口的合计）。

x_j：j 部门的总投入（或总产出）。

列向平衡关系满足

$$\sum_{i=1}^{n} z_{ij} + v_j = x_j \quad (j = 1, 2, \cdots, n) \tag{3.1}$$

行向平衡关系满足

$$\sum_{j=1}^{n} z_{ij} + f_i = x_i \quad (i = 1, 2, \cdots, n) \tag{3.2}$$

3.1.3 利用投入产出表数据对 GDP 进行核算

利用投入产出表数据可以从生产法、收入法、支出法三个角度对 GDP 进行核算。下面以表 3.1 中的投入产出数据为例进行说明。

1. 生产法

每个部门进行生产的总产出扣除生产过程中的中间投入，即为该部门进行生产所创造的增加值。将国民经济中各个部门生产法核算的增加值汇总即可得到整个国家的 GDP。根据表 3.1，利用生产法核算的第一产业部门增加值为

$$110\,124 - 44\,672 = 65\,452\text{（亿元）}$$

第二产业部门增加值为

$$1\,355\,353 - 1\,022\,648 = 332\,705\text{（亿元）}$$

第三产业部门增加值为

$$792\,256 - 367\,198 = 425\,058\text{（亿元）}$$

整个国民经济的增加值（GDP）为

$$65\,452 + 332\,705 + 425\,058 = 823\,215\text{（亿元）}$$

2. 收入法

从收入法来看，每个生产部门要素收入（劳动者报酬、生产税净额、固定资产折旧、营业盈余）的总和即为该部门的增加值。同样，将国民经济中各个部门收入法核算的增加值汇总即可得到整个国家的 GDP。根据表 3.1，利用收入法核算的第一产业部门增加值为

$$65\,271 - 3\,411 + 2\,285 + 1\,307 = 65\,452\text{（亿元）}$$

第二产业部门增加值为

$$139\,223 + 64\,336 + 40\,454 + 88\,692 = 332\,705\text{（亿元）}$$

第三产业部门增加值为

$$218\,774 + 34\,053 + 67\,586 + 104\,645\text{元} = 425\,058\text{（亿元）}$$

整个国民经济的增加值（GDP）为

$$65\,452 + 332\,705 + 425\,058 = 823\,215\text{（亿元）}$$

3. 支出法

从支出法来看，一国生产的最终品的总和即为该国的 GDP。最终品的支出包括最终消费支出、资本形成总额、净出口（出口 – 进口）。根据表 3.1，最终消费支出总额为

$$27\,479 + 123\,835 + 292\,863 = 444\,177\text{（亿元）}$$

资本形成总额为

$$2\ 401+306\ 198+55\ 861=364\ 460\text{（亿元）}$$

净出口总额为

$$1\ 194+133\ 028+29\ 626-6\ 016-121\ 025-22\ 228=14\ 579\text{（亿元）}$$

整个国民经济的最终品价值（GDP）为

$$444\ 177+364\ 460+14\ 579=823\ 216\text{（亿元）}$$

从以上计算结果可以看出，利用生产法、收入法和支出法核算得到的 GDP 相等（忽略四舍五入带来的误差）。从而验证了 GDP 三种核算方法的等价性。下面进一步给出基于投入产出表的 GDP 三种核算法等价性的严格数学证明。

由投入产出表中列向与行向关系式（3.1）与式（3.2）两端对各生产部门（$1, 2, \cdots, n$）求和可得：

$$\sum_{j=1}^{n}\sum_{i=1}^{n} z_{ij} + \sum_{j=1}^{n} v_j = \sum_{j=1}^{n} x_j \tag{3.3}$$

$$\sum_{i=1}^{n}\sum_{j=1}^{n} z_{ij} + \sum_{i=1}^{n} f_i = \sum_{i=1}^{n} x_i \tag{3.4}$$

由式（3.3）与式（3.4）可得

$$\sum_{j=1}^{n} v_j = \sum_{i=1}^{n} f_i$$

即各部门增加值的合计（生产法与收入法 GDP）与各部门最终使用合计（支出法 GDP）相等。

3.1.4 非竞争型投入产出表

表 3.1 的投入产出表中给出的各个部门的中间使用与最终使用流量为国产品与进口品的混合。例如，企业生产过程中既可能使用国产品也可能会从国外购买原材料和零配件，居民既可能消费国产品也会购买进口品。由于投入产出表核算的是本国的生产与使用情况，需要将中间使用与最终使用中的进口品扣除才能汇总得到各产业部门的总产出。因此，表 3.1 将进口单列，以负值体现。各个部门的中间使用合计加上最终使用合计再扣除进口之后即可得到本国各部门的总产出（行向平衡关系）。

然而，由于进口以一列汇总显示，并不能体现出各个部门使用的中间品中进口品的数量，以及各种最终使用类别中进口品的含量。为进一步在各种使用流量中区分进口品，需要编制非竞争型投入产出表。例如，表 3.1 显示第一产业部门对第二产业部门中间品的使用量为 21 813 亿元。该 21 813 亿元中间品的使用量中既含有国产品也含有进口品。表 3.2 进一步对国产品与进口品进行了区分。该 21 813 亿元的中间品使用量中，第一产业部门对第二产业部门国产品的使用量为 21 628 亿元，对第二产业部门进口品的使用量为 185 亿元。如果将表 3.2 中各种进口品按使用去向求和（行向求和）可得到与表 3.1 中进口一列完全一致的各种进口品的总量。

表 3.2　　中国 2017 年三部门非竞争型投入产出表　　（单位：亿元）

		1. 第一产业	2. 第二产业	3. 第三产业	中间使用合计	最终使用			总产出/总进口
						最终消费支出	资本形成	出口	
国产品	1. 第一产业	14 585	59 725	5 649	79 960	26 685	2 299	1 180	110 124
	2. 第二产业	21 628	670 655	125 967	818 251	112 380	293 356	131 366	1 355 353
	3. 第三产业	8 028	191 319	223 385	422 731	286 994	52 905	29 626	792 256
进口品	1. 第一产业	98	4 966	42	5 107	793	102	14	6 016
	2. 第二产业	185	92 589	2 291	95 066	11 455	12 842	1 661	121 025
	3. 第三产业	147	3 393	9 863	13 403	5 869	2 956	0	22 228
中间投入合计		44 672	1 022 648	367 198	1 434 518				
增加值	劳动者报酬	65 271	139 223	218 774					
	生产税净额	−3 411	64 336	34 053					
	固定资产折旧	2 285	40 454	67 586					
	营业盈余	1 307	88 692	104 645					
	增加值合计	65 452	332 705	425 058					
总投入		110 124	1 355 353	792 256					

数据来源：由国家统计局公布的 2017 年 42 部门非竞争型投入产出表合并得到。原始表详见：https://data.stats.gov.cn/。

非竞争型投入产出表（见表 3.2）将各种产品的使用分为国产品和进口品，并假定国产品与进口品之间不可替代（二者之间是非竞争的），即各部门在生产过程中需要按照表中国产中间品和进口中间品的构成同时采购国产品与进口品。由于传统的投入产出表并未对国产品与进口品进行明确区分，因此假定国产品与进口品相互竞争，可以替代。与非竞争型投入产出表的提法相对应，传统的投入产出表也称为竞争型投入产出表。竞争型投入产出表可以完整地展现各个产业部门的生产技术与中间投入品的构成，但由于将国产品和进口品混合在一起，会夸大国内各产业部门之间的关联。后面将要介绍的投入产出模型的建立通常基于非竞争型投入产出表进行。

很多统计部门公布的官方投入产出表通常为竞争型投入产出表（不区分国产品与进口品）。中国国家统计局从 2017 基准年份投入产出表的编制开始对外同时公布竞争型投入产出表（149 部门）和非竞争型投入产出表（42 部门），以往年份公布的投入产出表均为竞争型投入产出表。利用各种进口品使用去向的调查资料对表 3.2 中的进口矩阵进行估计是编制非竞争型投入产出表的最理想方法。由于进口品使用去向的调查需要大量的时间以及物力成本和协调成本，没有政府统计部门的参与，个人很难利用调查法编制非竞争型投入产出表。

对于个人来说，一种成本较低的编制非竞争型投入产出表的方法为基于比例性假定的非调查方法。比例性假定所做的假设为：一国对某个部门产品的使用中，无论该产品用于哪个部门的生产以及满足何种最终需求，进口品所占的比重均相同。在比例性假定下，可计算出一国对某种产品的总使用中进口品所占的比重 s_i 为

$$s_i = \frac{m_i}{x_i + m_i - e_i}$$

式中，m_i 为产品 i 的进口量，x_i 为一国部门 i 的总产出，e_i 为部门 i 产品的出口量。部门 i 的总产出 + 进口 − 出口即为一国对该部门产品的总使用。

得到进口比例之后，可以进一步估计出进口品的各种使用量，例如，$z_{ij}^m = s_i \times z_{ij}$ 为部门 j 对部门 i 进口品的使用量（z_{ij} 为竞争型投入产出表中部门 j 对部门 i 产品的中间使用量）；$c_i^m = s_i \times c_i$ 为对进口品 i 的最终使用量（c_i 为竞争型投入产出表中部门 i 产品的最终消费支出量或资本形成量）。

最后，将进口品使用量从总使用量中扣除即可得到国产品使用量。例如，$z_{ij}{}^d = (1 - s_i) \times z_{ij}$ 为部门 j 对部门 i 的国产品使用量；$c_i^d = (1 - s_i) \times c_i$ 为对部门 i 国产品的最终消费支出量或资本形成量。

从非调查法对进口使用量的估计过程来看，该方法所用数据较少且全部可从官方公布的竞争型投入产出表中获得。但产品使用去向的同比例假定较强，现实中各个生产部门以及居民部门购买的某种产品中进口品所占比重不一定相同，而且有可能很多进口品的用途是排他的，例如进口的零配件只能用于中间使用，不能用于最终使用。然而，在比例性假定下，进口的零配件既可以用于中间使用也可用于最终消费支出和资本形成。

为了解决比例性假定中进口品在使用用途上排他性的问题，可首先对进口品按用途做分类。根据联合国按经济大类分类的方法（Broad Economic Classification，BEC）可将以 HS 编码的产品分为中间品、消费品和资本品三大类。通过建立投入产出部门与 BEC 分类表的对应关系，可将进口品分为中间品、消费品和资本品三大类。消费品和资本品可以分别对应到投入产出表中的最终消费支出和资本形成。中间品则可采用比例性假定分配到各个投入产出部门。

3.2 投入产出表的编制

投入产出表的编制需要对各个生产单位的中间投入和增加值的构成情况以及住户和政府部门的消费支出构成、资本形成构成和进出口构成等进行调研，然后根据部门归属进行汇总平衡。对生产单位进行调查时，需要结合生产单位实际可提供的生产运营、财务等数据设计简易合理的调查表格。当前，联合国统计署向世界各国推荐的编制投入产出表的方法为首先编制供给表（supply table）与使用表（use table），然后结合生产工艺假定或销售结构假定推导投入产出表。供给使用表的编制只需要生产单位填写生产的各种产品的产值，以及生产过程中对各种原材料的购买情况，无须将各种原材料分摊到对应产品生产的消耗，编制成本相对较低。中国投入产出表的编制目前仍采用通过分解法直接编制投入产出表的方式，该种方法需要企业提供生产不同产品所使用的各种原材料的数据资料，调查成本较高。从 2017 基准年份投入产出表的编制开始，国家统计局开始联合编制投入产出表与供给使用表，同时积极探索开发单独编制供给使用表的方法。

3.2.1 投入产出表中的价格

从产品生产到出厂再到购买者手中会经历不同的成本变化，从而产生了基本价格、生产者价格和购买者价格三种价格。根据第 2 章的介绍，基本价格、生产者价格和购买者价格三者之间满足如下关系：

基本价格＋产品税－产品补贴＝**生产者价格**＋运费＋批发零售商的贸易加价
＋购买者不可抵扣的增值税＝**购买者价格**

投入产出表主要描述不同产业部门的生产情况，因此国际上推荐使用最接近企业生产成本的基本价格进行投入产出表的编制（中国目前采用的是生产者价格）。投入产出表实际编制过程中收集到的调查数据通常是以购买者价格统计的，需要进一步转换为基本价格或生产者价格。下面延续第 2 章讲解三种价格时采用的例子进行介绍。电脑制造企业从批发商处购买了一块价值 200 元的电池，这笔交易在投入产出表中应归属到“计算机制造业”中间投入一列，体现为“计算机制造业”部门对“电池制造业”部门的消耗。由于此笔交易是以购买者价格体现的，需进一步转化为基本价格才能对应到“计算机制造业”对“电池制造业”的消耗。假设在这块 200 元的电池的成本构成中：运费为 10 元，批发商的贸易加价为 30 元，其中的增值税全部可抵扣，产品税净额为 20 元，则以基本价格统计的这笔交易在投入产出表中体现为：“计算机制造业”部门对“电池制造业”部门的消耗为 140 元（＝200－10－30－20），“计算机制造业”部门对“交通运输业”部门的消耗为 10 元，“计算机制造业”部门对“批发零售业”部门的消耗为 30 元，20 元的产品税净额归至“计算机制造业”部门中间投入中含有的产品税净额。

3.2.2 供给使用表

表 3.3 给出了一张虚构的供给表，涉及三类产业部门和四类产品。供给表以基本价格来统计各产业部门的产出，同时考虑产品从生产者到达购买者所发生的运输成本、贸易加价和产品税净额，从而记录以购买者价格统计的各类产品的供给。从列向来看，供给表描述了各产业部门的产出情况，即各产业部门所生产的各类产品的产值（基本价格）。例如，表 3.3 的第一列显示产业部门 1 生产了 65 亿元的产品 1 和 25 亿元的产品 2，产业部门 1 的总产值为 90 亿元。从行向来看，供给表描述了各类产品具体由哪些产业部门供给（基本价格），以及各类产品的进口情况。例如，表 3.3 的第一行显示产品 1 由产业部门 1、2、3 供给的量分别为 65 亿元、30 亿元和 0 亿元，国内产业部门的总供给为 95 亿元。产品 1 的进口量为 1 亿元。将国内总供给与进口相加得到产品 1 的总供给为 95+1=96（亿元）。进一步，在以基本价格统计的总供给基础上计入 2 亿元运费、1 亿元商业附加、1 亿元产品税净额可得到以购买者价格统计的总供给为 96+2+1+1=100（亿元）。

运费和商业附加实质为运输服务和商业服务产品。在由基本价格向购买者价格转换时所加到各产品的运费和商业附加实质上来自运输服务和商业服务产品。为避免重复计算，需要从运输服务和商业服务产品中扣除已经在其他类产品中所反映的运费和商业附加。例如，在表 3.3 中产品 3 为运输服务产品，以购买者价格统计的产品 1 和产品 2 中所含有的运费为 2 亿元和 3 亿元，因此产品 3 所对应的运费一列应记录为 −5 亿元，使得运费一列的合计为 0。同样，商业附加一列也应满足合计为 0。

表 3.3 **供给表示例** （单位：亿元）

		产业			国内总供给	进口	总供给（基本价格）	运费	商业附加	产品税净额	总供给（购买者价格）
		1	2	3							
产品	1	65	30	0	95	1	96	2	1	1	100
	2	25	60	0	85	12	97	3	2	−2	100
	3	0	40	50	90	4	94	−5	0	1	90
	4	0	0	70	70	22	92	0	−3	1	90
总产出		90	130	120							

表 3.4 给出了一张与表 3.3 匹配的使用表，同样涉及三类产业部门和四类产品。使用表的列向描述了各产业部门生产过程中的投入情况，包括各种产品的投入情况以及以增加值体现的劳动力和资本的投入情况。例如，表 3.4 的第一列显示产业部门 1 在生产过程中投入了 20 亿元的产品 1、30 亿元的产品 2 和 10 亿元的产品 3，创造的增加值为 30 亿

元。所有投入的总计为 20＋30＋10＋30＝90（亿元），即为产业部门 1 的总产出 90 亿元，与供给表中记录的产业部门 1 的总产出完全一致。使用表的行向描述了各类产品的使用去向，包括用于各产业部门生产的中间使用以及用于最终消费支出、资本形成和出口的最终使用。例如，表 3.4 的第一行显示产品 1 分别有 20 亿元、10 亿元、10 亿元被产业部门 1、2、3 作为中间品消耗，有 40 亿元被用于最终消费支出，有 10 亿元被用于资本形成，有 10 亿元被出口到其他国家。以上所有使用去向的合计为 20＋10＋10＋40＋10＋10＝100 亿元即为产品 1 的总使用 100 亿元。由于使用表是从购买者角度获取数据编制的，从而行向的使用流量以购买者价格记录。使用表中以购买者价格记录的各类产品的总使用与供给表中以购买者价格记录的各类产品的总供给完全一致。

表 3.4　　使用表示例（购买者价格）　　（单位：亿元）

		产业			最终消费支出	资本形成	出口	总使用（购买者价格）
		1	2	3				
产品	1	20	10	10	40	10	10	100
	2	30	50	10	10	0	0	100
	3	10	20	20	10	20	10	90
	4	0	10	40	35	0	5	90
增加值		30	40	40				
总产出		90	130	120				

由于投入产出表中使用的价格为基本价格，需进一步将购买者价格的使用表转换为基本价格的使用表。这一过程需要将各使用流量价值中含有的运费、商业附加、产品税净额扣除。其中扣除的运费和商业附加应加到对应的运输服务和商业服务类产品（如交通运输业和批发零售业产品）中。扣除的产品税净额单列一行。假设表 3.4 中各产品流量中含有的运费、商业附加、产品税净额分别以下面的运费矩阵、商业附加矩阵和产品税净额矩阵体现：

运费矩阵：

		产业			最终消费支出	资本形成	出口
		1	2	3			
产品	1	0.4	0.2	0.2	0.8	0.2	0.2
	2	0.9	1.5	0.3	0.3	0	0
	3	0	0	0	0	0	0
	4	0	0	0	0	0	0

商业附加矩阵：

		产业			最终消费支出	资本形成	出口
		1	2	3			
产品	1	0.2	0.1	0.1	0.4	0.1	0.1
	2	0.6	1	0.2	0.2	0	0
	3	0	0	0	0	0	0
	4	0	0	0	0	0	0

产品税净额矩阵：

		产业			最终消费支出	资本形成	出口
		1	2	3			
产品	1	0.2	0.1	0.1	0.4	0.1	0.1
	2	−0.6	−1	−0.2	−0.2	0	0
	3	0.1	0.2	0.3	0.1	0.2	0.1
	4	0.0	0.1	0.4	0.4	0.0	0.1

将表 3.4 中各产品的使用流量扣除以上矩阵，并将扣除的运费和商业附加分别加到产品 3 和产品 4 中，扣除的产品税净额单列一行后可得到如表 3.5 所示的基本价格使用表。基本价格使用表中各产品的总使用与供给表中各产品基本价格的总供给完全一致。

表 3.5　　**使用表示例（基本价格）**　　（单位：亿元）

		产业			最终消费支出	资本形成	出口	总使用（购买者价格）
		1	2	3				
产品	1	19.2	9.6	9.6	38.4	9.6	9.6	96
	2	29.1	48.5	9.7	9.7	0	0	97
	3	11.2	21.5	20.2	11.0	20.0	10.1	94
	4	0.8	11.0	39.9	35.2	0.1	5.0	92
产品税净额		−0.3	−0.6	0.6	0.7	0.3	0.3	
增加值		30	40	40				
总产出		90	130	120				

当前使用表中各种产品的使用流量混合了国产品和进口品，为体现国内产业部门和产品部门之间的使用关系，需进一步编制进口使用矩阵对国产品和进口品进行区分。假

设进口品用于各个产业部门中间使用以及最终消费支出、资本形成的数量如下（进口品不用作再出口）：

		产业			最终消费支出	资本形成	出口	合计
		1	2	3				
产品	1	0.22	0.11	0.11	0.44	0.12	0	1
	2	3.60	6.00	1.20	1.20	0.00	0	12
	3	0.50	1.00	1.00	0.50	1.00	0	4
	4	0.00	2.59	10.35	9.06	0.00	0	22

从表 3.5 中各产品的使用流量中扣除进口品的数量即可得到国产品的数量。进一步在表 3.5 中将上表中的进口使用矩阵单独列出便可得到如表 3.6 所示的区分国产品与进口品的供给使用表。

表 3.6　　区分国产品与进口品的供给使用表（基本价格）　　（单位：亿元）

		产业			最终消费支出	资本形成	出口	总产出/进口
		1	2	3				
国产品	1	18.98	9.49	9.49	37.96	9.48	9.6	95
	2	25.50	42.50	8.50	8.50	0.00	0.0	85
	3	10.70	20.50	19.20	10.50	19.00	10.1	90
	4	0.80	8.41	29.55	26.14	0.10	5.0	70
进口品	1	0.22	0.11	0.11	0.44	0.11	0.0	1
	2	3.60	6.00	1.20	1.20	0.00	0.0	12
	3	0.50	1.00	1.00	0.50	1.00	0.0	4
	4	0.00	2.59	10.35	9.06	0.00	0.0	22
产品税净额		−0.3	−0.6	0.6	0.7	0.3	0.3	
增加值		30	40	40				
总产出		90	130	120				

3.2.3　投入产出表的推导

供给使用表给出了产业部门和产品部门之间的投入产出关系，进一步在相关假定下可利用数学方法推导出对称的投入产出表，即描述产品部门和产品部门之间投入产出关系的产品×产品投入产出表和描述产业部门和产业部门之间投入产出关系的产业×产业投入产出表。

首先，利用数学符号将基本价格的供给使用表分别表示为表 3.7 和表 3.8（本章提到的向量默认为列向量，行向量使用转置符号 ′ 表示）：

表 3.7　　供给表的数学符号表示

		产业部门 1 2 ⋯ m	国内总供给 （产品部门总产出）	进口	总供给
产品部门	1 2 ⋮ n	$\mathbf{S}$	$\mathbf{x}$	$\mathbf{m}$	$\mathbf{q}$
产业部门总产出		$\mathbf{x}_{\mathrm{I}}'$			

表 3.8　　使用表的数学符号表示

		产业部门 1 2 ⋯ m	最终需求	总产出
产品部门	1 2 ⋮ n	$\mathbf{U}$	$\mathbf{F}$	$\mathbf{x}=\mathbf{q}-\mathbf{m}$
进口产品	1 2 ⋮ n	$\mathbf{M}$	$\mathbf{F}^{\mathrm{m}}$	$\mathbf{m}$
产品税净额		$\mathbf{t}_{\mathrm{I}}'$		
增加值		$\mathbf{v}_{\mathrm{I}}'$		
产业部门总产出		$\mathbf{x}_{\mathrm{I}}'$		

利用矩阵 **S** 可计算得到产出份额矩阵 **T**（按列向计算份额）和国产品市场份额矩阵 **D**（按行向计算份额）。产出份额矩阵 **T** 中的元素 $t_{ij}=\dfrac{s_{ij}}{\sum\limits_{i=1}^{n}s_{ij}}$ 表示产业部门 j 生产的产品 i 占产业部门 j 总产出的比重。国产品市场份额矩阵 **D** 中的元素 $d_{ij}=\dfrac{s_{ij}}{\sum\limits_{j=1}^{m}s_{ij}}$ 表示产业部门 j 生产的产品 i 占所有部门生产的产品 i 的比重。利用矩阵 **U** 可以计算得到各产业部门的直接投入系数矩阵 **C**。**C** 中的元素 $c_{ij}=\dfrac{u_{ij}}{x_{jI}}$ 表示产业部门 j 生产单位产品所直接投入的产品 i 的数量。

将供给使用表与投入产出表整合在一起可得到如表 3.9 所示的供给使用—投入产出框架。其中，$\mathbf{Z}$、$\mathbf{M}^*$、$\mathbf{t}'$、$\mathbf{v}'$、$\mathbf{x}'$、$\mathbf{F}$、$\mathbf{x}$ 组成产品×产品投入产出表，$\mathbf{R}$、$\mathbf{M}$、$\mathbf{t}_\mathrm{I}'$、$\mathbf{v}_\mathrm{I}'$、$\mathbf{F}_\mathrm{I}$、$\mathbf{x}_\mathrm{I}'$组成产业×产业投入产出表。

表 3.9　　　　供给使用—投入产出框架

		产品部门 1 2 … m	产业部门 1 2 … m	最终需求	总产出
产品部门	1 2 ⋮ n	$\mathbf{Z}$	$\mathbf{U}$	$\mathbf{F}$	$\mathbf{x}$
产业部门	1 2 ⋮ m	$\mathbf{S}'$	$\mathbf{R}$	$\mathbf{F}_\mathrm{I}$	$\mathbf{x}_\mathrm{I}$
进口产品	1 2 ⋮ n	$\mathbf{M}^*$	$\mathbf{M}$	$\mathbf{F}^\mathrm{m}$	$\mathbf{m}$
产品税净额		$\mathbf{t}'$	$\mathbf{t}_\mathrm{I}'$		
增加值		$\mathbf{v}'$	$\mathbf{v}_\mathrm{I}'$		
总产出		$\mathbf{x}'$	$\mathbf{x}_\mathrm{I}'$		

1. 产品×产品投入产出表的推导

产品×产品投入产出表的推导主要围绕表 3.9 中的 $\mathbf{Z}$、$\mathbf{M}^*$、$\mathbf{t}'$、$\mathbf{v}'$开展，$\mathbf{x}$、$\mathbf{F}$ 可直接从供给使用表中得到。产品表的推导需要依据产品部门工艺假定或产业部门工艺假定进行。

产品部门工艺假定（product technology assumption）认为某种产品无论由哪个产业部门生产都有相同的制造工艺（一种产品只有一种生产工艺）。在该假定下，一个产业部门因为生产多种产品，每种产品对应一种生产技术，因此一个产业部门有多种生产技术。在这一假定下，一个产业部门整体的投入系数可以看作该产业部门所生产的各种产品投入系数的加权平均，权重为该产业部门所生产的各种产品的比重（产出份额矩阵 $\mathbf{T}$）。

使用 $\mathbf{C}_j$ 表示第 j 个产业部门的投入系数向量，为产业部门直接投入系数矩阵 $\mathbf{C}$ 的第 j 列；$\mathbf{A}_j$ 表示第 j 个产品部门的直接投入系数向量（第 j 个产品部门生产单位产品所直接投入的各个产品部门的数量）；t_{ij} 表示第 j 个产业部门的产出中第 i 种产品所占比重。在产品工艺假定下，我们有

$$\mathbf{C}_j = t_{1j}\mathbf{A}_1 + t_{2j}\mathbf{A}_2 + \cdots + t_{nj}\mathbf{A}_n$$

矩阵形式为

$$\mathbf{C} = \mathbf{AT}$$

则产品×产品表中的直接投入系数矩阵为

$$\mathbf{A} = \mathbf{C}\mathbf{T}^{-1}$$

根据直接投入系数的定义 $a_{ij} = \dfrac{z_{ij}}{x_j}$，可得

$$\mathbf{Z} = \mathbf{A}\hat{\mathbf{X}}$$

式中，$\hat{\mathbf{X}}$ 表示由产品总产出向量 $\mathbf{x}$ 生成的对角矩阵。

同理，用产业部门的进口品系数矩阵、产品税净额系数向量和增加值系数向量乘以 $\mathbf{T}^{-1}$，可得到产品部门的进口品系数矩阵、产品税系数向量和增加值系数向量，进一步乘以产品部门总产出对角矩阵 $\hat{\mathbf{X}}$ 可得到 $\mathbf{M}^*$、$\mathbf{t}'$和 $\mathbf{v}'$。以上通过产品工艺假定推导产品×产品投入产出表的模型通常称为 A 模型（Model A）。

产业部门工艺假定（industry technology assumption）认为一个产业部门无论生产何种产品，其生产工艺都相同（一个产业部门只有一种生产工艺）。在该假定下，一种产品可以有多种生产技术（工艺），因为很多产业部门生产该产品且生产技术不同。总体上，某产品部门的投入系数可看作生产该产品的各产业部门投入系数的加权平均。权重为各产业部门所生产的该产品占国产品总量的比重（国产品市场份额矩阵 $\mathbf{D}$）。

使用 $\mathbf{C}_j$ 表示第 j 个产业部门的投入系数向量，为产业部门直接投入系数矩阵 $\mathbf{C}$ 的第 j 列；$\mathbf{A}_i$ 表示第 i 个产品部门的直接投入系数向量（第 i 个产品部门生产单位产品所直接投入的各个产品部门的数量）；d_{ij} 表示第 i 种产品中由第 j 个产业部门生产的比重。在产业部门工艺假定下，我们有

$$\mathbf{A}_i = d_{i1}\mathbf{C}_1 + d_{i2}\mathbf{C}_2 + \cdots + d_{im}\mathbf{C}_m$$

矩阵形式为

$$\mathbf{A} = \mathbf{C}\mathbf{D}'$$

则产品部门之间的中间流量矩阵为

$$\mathbf{Z} = \mathbf{A}\hat{\mathbf{X}}$$

同理可得进口品矩阵 $\mathbf{M}^*$、产品税净额向量 $\mathbf{t}'$和增加值向量 $\mathbf{v}'$。以上通过产业工艺假定推导产品×产品投入产出表的模型通常称为 B 模型（Model B）。

从假定的合理性来看，产品部门工艺假定相对合理，但其在计算上的局限性较大。计算公式中涉及产出份额矩阵 $\mathbf{T}$ 的求逆问题，这首先要求 $\mathbf{T}$ 为方阵（即产品部门和产业部门的数量需相同），其次 $\mathbf{T}$ 需满足可逆性。实际中即便 $\mathbf{T}$ 可逆，其逆矩阵中经常出现负值元素，经济含义较难解释。产业部门工艺假定与产品部门工艺假定相比，虽然合理性方面较弱，但计算方面可规避矩阵求逆的问题。

2. 产业×产业投入产出表的推导

产业×产业投入产出表的推导主要围绕表 3.9 中的 $\mathbf{R}$、$\mathbf{F_I}$ 开展，$\mathbf{x_I}$、$\mathbf{M}$、$\mathbf{t}_\mathbf{I}'$、$\mathbf{v}_\mathbf{I}'$可直接从供给使用表中得到。产业表的推导需要依据固定产业销售结构（fixed industry sales structure）假定或固定产品销售结构（fixed product sales structure）假定进行。

固定产业销售结构假定认为一个产业部门无论生产何种产品都有固定的销售结构。即一个产业部门按照固定的产品构成比例（产出份额）向各产业部门提供产品。在该假定下，产业部门 j 向产业部门 i 购买产品时，需要按照产业部门 i 的产出份额购买产业部门 i 所生产的所有产品种类。因此，从产业部门 j 消耗的所有产业部门的产品中，将产品 i 的数量分离出来，即为使用表中产业部门 j 对产品部门 i 的消耗。因此，产业×产业投入产出表计算得到的第 i 产业部门对第 j 产业部门的直接投入系数 a_{ij} 和使用表计算得到的第 i 种产品对第 j 产业部门的直接投入系数 c_{ij} 满足以下关系：

$$c_{ij}=\sum_{k=1}^{m}t_{ik}a_{kj}$$

式中，t_{ik} 表示第 k 产业部门的产出中，产品 i 所占比重（产出份额矩阵）。

上式的矩阵形式为

$$\mathbf{C}=\mathbf{TA}$$

则产业×产业投入产出表下的直接投入系数矩阵满足

$$\mathbf{A}=\mathbf{T}^{-1}\mathbf{C}$$

则产业部门之间的中间流量矩阵为

$$\mathbf{R}=\mathbf{A}\hat{\mathbf{X}}_I$$

式中，$\hat{\mathbf{X}}_I$ 表示由产业部门总产出向量 $\mathbf{x_I}$ 生成的对角矩阵。

同理可得

$$\mathbf{F}_I=\mathbf{T}^{-1}\mathbf{F}$$

以上通过固定产业销售结构假定推导产业×产业投入产出表的模型通常称为 C 模型（Model C）。

固定产品销售结构假定认为一种产品（无论由哪个产业部门生产）都有固定的销售结构。即社会上的某种产品按固定的比例（市场份额）由各产业部门提供。各产业部门在购买某种产品时，都会按照市场份额购买到生产该产品的所有产业部门的此种产品。在该假定下，将产业部门 j 所消耗的所有产品中由产业部门 i 提供的数量分离出来，即为产业部门 j 对产业部门 i 的消耗。因此，产业×产业投入产出表计算得到的第 i 产业部门对第 j 产业部门的直接投入系数 a_{ij} 和使用表计算得到的第 k 种产品对第 i 产业部门的直接投入系数 c_{kj} 满足以下关系：

$$a_{ij}=\sum_{k=1}^{n}d_{ki}c_{kj}$$

式中，d_{ki} 为第 k 种产品中由第 i 产业部门生产的比重（市场份额矩阵）。

上式的矩阵形式为

$$\mathbf{A}=\mathbf{D}'\mathbf{C}$$

则产业部门之间的中间流量矩阵为

$$\mathbf{R} = \mathbf{A}\hat{\mathbf{X}}_I$$

同理可得

$$\mathbf{F}_I = \mathbf{D}'\mathbf{F}$$

以上通过固定产品销售结构假定推导产业×产业投入产出表的模型通常称为 D 模型（Model D）。

固定产品销售结构假定与固定产业销售结构假定相比较为合理，且投入产出表的推导过程中不涉及矩阵求逆的问题，因此实际中一般采用固定产品销售结构假定进行产业×产业投入产出表的推导。由于国民经济核算通常在产业层面而非产品层面开展，因此官方部门发布的很多数据（如就业、能源使用等）都是按产业部门分类统计的。为方便与产业层面的国民核算数据对接开展研究，实际中产业×产业投入产出表的使用较多。由于产业部门的产出包含多种产品，并且生产技术的异质性通常体现在产品层面，因此产业表的一大缺点是各产业部门的投入结构受各自产出构成的影响较大。而产品×产品投入产出表由于按产品进行部门分类可以较为准确地反映各个部门的投入结构与生产技术。但在实际应用中若要和国民账户中产业层面的数据对接则需要进行产业部门和产品部门的对应转换。

3.3　投入产出模型

3.3.1　符号表示与模型推导

将投入产出表各象限中的数据表示如下：

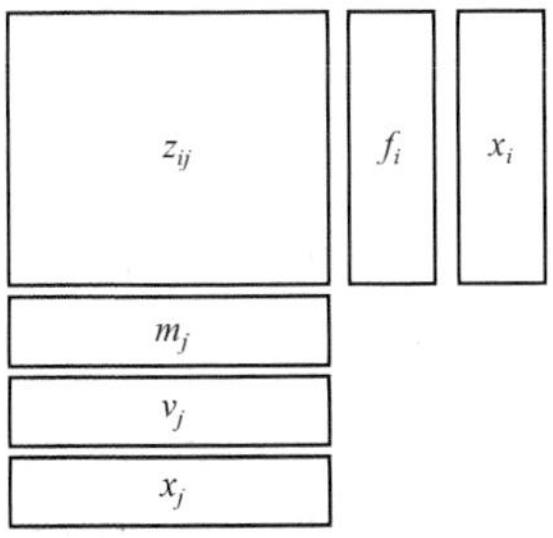

其中：z_{ij} 表示第 i 部门产品用于第 j 部门生产投入的数量；f_i 表示第 i 部门产品用作最终需求的数量（最终消费支出、资本形成、出口合计）；x_i 表示第 i 部门的总产出；m_j 表示第 j 部门的生产对进口品的使用量（进口矩阵的列和）；v_j 表示第 j 部门生产创造的增加值。

根据产品的使用去向，以下行向恒等式成立：

$$\sum_{j=1}^{n} z_{ij} + f_i = x_i \quad (i = 1, 2, \cdots, n) \tag{3.5}$$

式中，$\sum_{j=1}^{n} z_{ij}$ 表示第 i 部门产品用作中间使用的部分；f_i 表示第 i 部门产品用作最终使用的部分；二者之和即为第 i 部门的总产出 x_i。

进一步给出直接投入系数（也称直接消耗系数）a_{ij} 的定义式，为

$$a_{ij} = \frac{z_{ij}}{x_j} \tag{3.6}$$

式中，a_{ij} 表示第 j 部门生产单位产品对第 i 部门产品的消耗量。在投入产出模型中假定 a_{ij} 不变。从生产技术的角度来看，该假定较为合理。例如，生产一辆汽车需要 1 台发动机和 4 个轮胎，生产两辆汽车则需要 2 台发动机和 8 个轮胎，1 发动机/汽车、4 轮胎/汽车这一生产技术是不变的。由式（3.6）进一步可得

$$z_{ij} = a_{ij} x_j \tag{3.7}$$

将式（3.7）代入式（3.5）得

$$\sum_{j=1}^{n} a_{ij} x_j + f_i = x_i \quad (i = 1, 2, \cdots, n) \tag{3.8}$$

将式（3.8）进一步表示为矩阵形式有

$$\mathbf{Ax} + \mathbf{f} = \mathbf{x} \tag{3.9}$$

式中，$\mathbf{A} = (a_{ij})_{n \times n}$ 表示直接投入系数矩阵；$\mathbf{f} = (f_i)_{n \times 1}$ 表示最终需求向量；$\mathbf{x} = (x_i)_{n \times 1}$ 表示总产出向量。

求解式（3.9）得

$$\mathbf{x} = (\mathbf{I} - \mathbf{A})^{-1} \mathbf{f} \tag{3.10}$$

式中，$\mathbf{I}$ 表示单位矩阵。式（3.10）即为经典的列昂惕夫投入产出模型。给定一篮子最终品，通过投入产出模型即可计算得到生产该一篮子产品所需要的各部门的产出量。该模型的重要参数为列昂惕夫逆矩阵 $\mathbf{L} = (\mathbf{I} - \mathbf{A})^{-1}$，但从直观来看逆矩阵的经济含义较难解释。若将列昂惕夫逆矩阵展开成式（3.11），其经济含义便清晰起来。

$$\mathbf{L} = (\mathbf{I} - \mathbf{A})^{-1} = \mathbf{I} + \mathbf{A} + \mathbf{A}^2 + \mathbf{A}^3 + \cdots \tag{3.11}$$

式（3.11）中 $\mathbf{A}$ 的元素 a_{ij} 表示生产单位 j 部门产品所直接消耗的 i 部门产品的数量，是 j 部门生产对 i 部门产品的直接需要量，体现为 j 部门对 i 部门的直接影响。式（3.11）中 $\mathbf{A}^2$ 的第 i 行第 j 列元素 $\sum_{k=1}^{n} a_{ik} a_{kj}$ 表示生产单位 j 部门产品通过中间部门 k（k=1, 2, …, n）对 i 部门产品产生的一次间接需要量。因为 j 部门生产过程中需要使用来自 k 部门的产品，而其所需要的 k 部门产品的生产过程中需要使用来自 i 部门的产品，j 部门的需求上升后会通过中间部门 k 对 i 部门的产出产生间接影响。式（3.11）中 $\mathbf{A}^3$ 的第 i 行第 j 列元素

$\sum_{s=1}^{n}\sum_{k=1}^{n}a_{is}a_{sk}a_{kj}$ 表示生产单位 j 部门产品通过中间部门 k（$k=1, 2, \cdots, n$）和 s（$s=1, 2, \cdots, n$）对 i 部门产品产生的二次间接需要量。与一次间接需要量相比，二次间接需要量通过两个中间部门产生。j 部门生产过程中需要使用来自 k 部门的产品，其所需要的 k 部门产品的生产过程需要使用来自 s 部门的产品，而所需要的 s 部门产品的生产过程需要 i 部门的产品，因此 j 部门需求上升后会通过中间部门 k 和 s 对 i 部门的产出产生间接影响。随着中间部门个数的增加，进一步可以得到生产单位 j 部门产品对 i 部门后续几轮的间接需要量。式（3.11）的第一项 **I** 为单位矩阵，主对角线为 1，其他元素为 0。因此单位矩阵只对 j 部门对本部门的需要量产生影响，由于考察的是 j 部门生产单位产品对本部门产出的需要量，除了生产该单位产品对本部门产品的消耗以外，该单位产品显然也是对部门 j 产品的需要量。

综上，列昂惕夫逆矩阵中的元素 l_{ij} 满足

$$l_{ij}=\begin{cases}1+a_{ij}+\sum_{k=1}^{n}a_{ik}a_{kj}+\sum_{s=1}^{n}\sum_{k=1}^{n}a_{is}a_{sk}a_{kj}+\cdots & (i=j)\\ a_{ij}+\sum_{k=1}^{n}a_{ik}a_{kj}+\sum_{s=1}^{n}\sum_{k=1}^{n}a_{is}a_{sk}a_{kj}+\cdots & (i\neq j)\end{cases}$$

式中，l_{ij} 表示生产单位 j 部门最终品所完全需要的 i 部门产品的数量，也被称为完全需要系数。从列昂惕夫逆矩阵的经济含义可以看出投入产出模型的优势在于不仅可以计算一个部门对另一个部门的直接影响，还可以通过产业链中部门之间的关联关系计算得到一个部门对另一个部门的间接影响。l_{ij} 越大表示部门 j 与部门 i 的后向关联越强。

3.3.2　投入产出模型的基本假定

从构建过程来看，投入产出模型有两个重要的基本假定。

假定 1：生产的比例性假定。

各部门生产过程中，中间品的投入必须按照固定的比例进行，投入品之间不存在替代关系。在该假定下部门 j 的产出 x_j 由列昂惕夫生产函数决定：

$$x_j=\min\left(\frac{z_{1j}}{a_{1j}},\frac{z_{2j}}{a_{2j}},\cdots,\frac{z_{nj}}{a_{nj}}\right)$$

对于列昂惕夫生产函数的理解可参考以下例子。假设汽车的生产需要投入发动机和轮胎，并且 1 辆汽车需要 1 台发动机和 4 个轮胎。汽车生产过程中，发动机和轮胎的投入必须满足 1∶4 才能生产出完整的汽车。如果给定 1 台发动机和 8 个轮胎，此时能够生产出的汽车的数量为 $\min\left\{\frac{1}{1},\frac{8}{4}\right\}=1$ 辆。

如果把各部门的投入看成一种固定不变的生产技术或一种生产配方，那么比例性假定有一定的合理性。但在一些情景下，不允许替代的假定就有些过强了。例如，石油价格上涨后，生产部门可能会提高对天然气的使用比例而降低对石油的使用比例。新的生

产技术的出现也会打破原有的投入比例，例如塑料技术取得突破之后，生产部门会用塑料包装瓶来代替玻璃包装瓶。短期之内价格通常具有黏性，生产技术的突破也是一个长期的过程。因此，对于短期问题的研究，生产的比例性假定较为合理。

假定 2：同质性假定。

在投入产出模型中，各部门的生产只对应一组直接投入系数。这里隐含的假定是各部门只有一种生产技术，凡是属于该部门的生产单位都采用相同的投入结构进行生产，即所生产的产品同质。在投入产出部门分类足够细的情况下，这一假定具有合理性。如果部门分类较粗，该假定就显得有些强了。例如，大的农业部门包含种植业、林业、畜牧业和渔业，在大的农业部门下假定这些子部门有相同的直接投入系数便不合理了。种植业生产过程中需要化肥的投入，而畜牧业的生产并不使用化肥。因此，要想满足同质性假定只能对投入产出部门尽可能地细分。

3.3.3 投入产出模型的应用

1. 贸易增加值核算

贸易增加值问题是投入产出核算的一个重要应用领域。在经济全球化的背景下，一国出口品的价值并非被本国全部获取，因为该国生产出口品时经常需要使用来自其他国家的进口品，这部分价值在国外而非国内创造。因此，传统的出口指标已不能很好地衡量一国从国际贸易中的获益。通过核算出口中的国内增加值含量是对传统贸易指标的一个很好的补充。

利用表 3.2 所示的 2017 年中国非竞争型投入产出表可对 2017 年中国出口品中的国内增加值含量进行测算。由表 3.2 可知中国三个部门出口组成的向量为

$$\mathbf{f}^e = \begin{bmatrix} 1\,180 \\ 131\,366 \\ 29\,626 \end{bmatrix}$$

出口总量为（$\mathbf{i}'$为元素全为 1 的求和行向量）：

$$\mathbf{i}'\mathbf{f}^e = \begin{bmatrix} 1 & 1 & 1 \end{bmatrix} \begin{bmatrix} 1\,180 \\ 131\,366 \\ 29\,626 \end{bmatrix} = 162\,172$$

根据投入产出模型，生产出口品所完全需要的各个部门的总产出向量 $\mathbf{x}^e$ 为

$$\mathbf{x}^e = (\mathbf{I} - \mathbf{A})^{-1}\mathbf{f}^e$$

其中 $$\mathbf{A} = \begin{bmatrix} \frac{14\,585}{110\,124} & \frac{59\,725}{1\,355\,353} & \frac{5\,649}{792\,256} \\ \frac{21\,628}{110\,124} & \frac{670\,655}{1\,355\,353} & \frac{125\,967}{792\,256} \\ \frac{8\,028}{110\,124} & \frac{191\,319}{1\,355\,353} & \frac{223\,385}{792\,256} \end{bmatrix} = \begin{bmatrix} 0.132 & 0.044 & 0.007 \\ 0.196 & 0.495 & 0.159 \\ 0.073 & 0.141 & 0.282 \end{bmatrix}$$

进一步计算增加值系数行向量 $\mathbf{w}'$（j 部门的增加值系数表示 j 部门生产单位产品所创造的增加值）为

$$\mathbf{w}'=\begin{bmatrix}\dfrac{65\,452}{110\,124} & \dfrac{332\,705}{1\,355\,353} & \dfrac{425\,058}{792\,256}\end{bmatrix}=\begin{bmatrix}0.594 & 0.245 & 0.537\end{bmatrix}$$

生产出口品所完全需要的各个部门的总产出向量 $\mathbf{x}^e$ 中的国内增加值含量为

$$v^e=\mathbf{w}'\mathbf{x}^e$$

综上，出口品的国内增加值含量为

$$\begin{aligned}v^e&=\mathbf{w}'\mathbf{x}^e=\mathbf{w}'(\mathbf{I}-\mathbf{A})^{-1}\mathbf{f}^e\\&=\begin{bmatrix}0.594 & 0.245 & 0.537\end{bmatrix}\left(\begin{bmatrix}1&0&0\\0&1&0\\0&0&1\end{bmatrix}-\begin{bmatrix}0.132&0.044&0.007\\0.196&0.495&0.159\\0.073&0.141&0.282\end{bmatrix}\right)^{-1}\begin{bmatrix}1180\\131\,366\\29\,626\end{bmatrix}\\&=138\,280\end{aligned}$$

通过进口系数可进一步计算中国出口生产所完全需要的进口量。j 部门的进口系数表示 j 部门生产单位产品所直接投入的进口品的数量，通过表 3.2 可计算得到进口系数行向量 $\mathbf{r}'$ 为

$$\mathbf{r}'=\begin{bmatrix}\dfrac{430}{110\,124} & \dfrac{100\,948}{1\,355\,353} & \dfrac{12\,196}{792\,256}\end{bmatrix}=\begin{bmatrix}0.004 & 0.074 & 0.015\end{bmatrix}$$

则出口生产所完全需要的进口量（出口中隐含的进口品的价值）为

$$m^e=\mathbf{r}'\mathbf{x}^e=\mathbf{r}'(\mathbf{I}-\mathbf{A})^{-1}\mathbf{f}^e=23\,892$$

对于出口总值的构成，有如下定理

定理 3.1　出口品总值可完全分解为出口品生产创造的国内增加值和出口品生产所完全需要的进口品价值 $\mathbf{i}'\mathbf{f}^e=v^e+m^e$。

证明：

在投入产出表中各部门列向满足

$$\sum_{i=1}^{n}z_{ij}+m_j+v_j=x_j\quad(j=1,2,\cdots,n)$$

从而，直接投入系数 a_{ij}、进口系数 r_j、增加值系数 w_j 满足

$$\sum_{i=1}^{n}a_{ij}+r_j+w_j=1\quad(j=1,2,\cdots,n)$$

将各部门的以上等式以矩阵形式表示为

$$\mathbf{i}'\mathbf{A}+\mathbf{r}'+\mathbf{w}'=\mathbf{i}'$$

即

$$\mathbf{r}'+\mathbf{w}'=\mathbf{i}'(\mathbf{I}-\mathbf{A})$$

因此：

$$\begin{aligned}v^e+m^e&=\mathbf{w}'(\mathbf{I}-\mathbf{A})^{-1}\mathbf{f}^e+\mathbf{r}'(\mathbf{I}-\mathbf{A})^{-1}\mathbf{f}^e\\&=(\mathbf{w}'+\mathbf{r}')(\mathbf{I}-\mathbf{A})^{-1}\mathbf{f}^e\\&=\mathbf{i}'(\mathbf{I}-\mathbf{A})(\mathbf{I}-\mathbf{A})^{-1}\mathbf{f}^e\\&=\mathbf{i}'\mathbf{f}^e\end{aligned}$$

以上计算结果显示，2017 年中国共出口 $\mathbf{i}'\mathbf{f}^e = 162\ 172$ 亿元，其中：出口中的国内增加值含量为 $v^e = 138\ 280$ 亿元，出口中含有的进口品价值为 $m^e = 23\ 892$ 亿元。二者之和等于出口总值，即 138 280+ 23 892 = 162 172（亿元）。中国出口品的国内增加值率（Domestic Value Added Ratio，DVAR）为 $v^e / \mathbf{i}'\mathbf{f}^e = 138\ 280/162\ 172 = 0.85$，即中国每出口 1 亿元将在国内产生 0.85 亿元的增加值，另外 0.15 亿元的价值为出口品生产过程中所完全使用的进口品的价值。出口品生产过程中所完全使用的进口品与出口总值之比又称为垂直专门化率（Vertical Specialization，VS），2017 年中国的垂直专门化率为 $m^e / \mathbf{i}'\mathbf{f}^e = 23\ 892/162\ 172 = 0.15$。由定理 3.1 可知出口品的国内增加值率与垂直专门化率之和为 1，即

$$\text{DVAR} + \text{VS} = 1$$

2. 国家间投入产出模型与增加值贸易

将世界各国的投入产出表利用双边贸易数据进行连接可得到国家间投入产出表（inter-country input-output table）。表 3.10 所示的国家间投入产出表将世界分为 G 个国家或地区，每个国家有 N 个部门。$\mathbf{Z}^{ij}$ 为国家 j 各个部门对国家 i 各个部门中间品的使用矩阵，维数为 N×N。$\mathbf{f}^{ij}$ 为国家 j 对国家 i 各个部门最终品的使用向量，维数为 N×1。$\mathbf{x}^i$ 为国家 i 的总产出向量，维数为 N×1。$\mathbf{v}^{j'}$ 为国家 j 各个部门的增加值行向量，维数为 1×N。

表 3.10　　国家间投入产出表

		中间使用				最终使用				总产出
		国家 1	国家 2	…	国家 G	国家 1	国家 2	…	国家 G	
中间投入	国家 1	$\mathbf{Z}^{11}$	$\mathbf{Z}^{12}$	…	$\mathbf{Z}^{1G}$	$\mathbf{f}^{11}$	$\mathbf{f}^{12}$	…	$\mathbf{f}^{1G}$	$\mathbf{x}^{1}$
	国家 2	$\mathbf{Z}^{21}$	$\mathbf{Z}^{22}$	…	$\mathbf{Z}^{2G}$	$\mathbf{f}^{21}$	$\mathbf{f}^{22}$	…	$\mathbf{f}^{2G}$	$\mathbf{x}^{2}$
	…	…	…	…	…	…	…	…	…	…
	国家 G	$\mathbf{Z}^{G1}$	$\mathbf{Z}^{G2}$	…	$\mathbf{Z}^{GG}$	$\mathbf{f}^{G1}$	$\mathbf{f}^{G2}$	…	$\mathbf{f}^{GG}$	$\mathbf{x}^{G}$
增加值		$\mathbf{v}^{1'}$	$\mathbf{v}^{2'}$	…	$\mathbf{v}^{G'}$					
总产出		$\mathbf{x}^{1'}$	$\mathbf{x}^{2'}$	…	$\mathbf{x}^{G'}$					

与单国投入产出表的解读类似，国家间投入产出表的行向描述了各国各部门生产的产品的使用去向。以国家 1 为例，$\mathbf{Z}^{11}, \mathbf{Z}^{12}, \cdots, \mathbf{Z}^{1G}$ 表示国家 1 各部门生产的中间品的使用去向。其中，$\mathbf{Z}^{11}$ 表示用于本国各部门中间使用的数量；$\mathbf{Z}^{12}, \mathbf{Z}^{13}, \cdots, \mathbf{Z}^{1G}$ 表示出口到国外被各国各部门用作中间使用的数量，体现了国家 1 的中间品出口。$\mathbf{f}^{11}, \mathbf{f}^{12}, \cdots, \mathbf{f}^{1G}$ 表示国家 1 各部门生产的最终品的使用去向。其中，$\mathbf{f}^{11}$ 表示被本国用作最终使用的数量；$\mathbf{f}^{12}, \mathbf{f}^{13}, \cdots, \mathbf{f}^{1G}$ 表示出口到国外各国被用作最终使用的数量，体现了国家 1 的最终品出口。从列向来看，国家间投入产出表描述了各国各部门生产的投入情况。以国家 1 为例，$\mathbf{Z}^{11}, \mathbf{Z}^{21}, \cdots, \mathbf{Z}^{G1}$ 表示国家 1 各部门生产所投入的中间品的数量。其中，$\mathbf{Z}^{11}$ 表示投入的来自本国各部门中间品的数量；$\mathbf{Z}^{21}, \mathbf{Z}^{31}, \cdots, \mathbf{Z}^{G1}$ 表示投入的来自国外各国各部门中间品的数量，体现了国家 1 的中间品进口。$\mathbf{f}^{11}, \mathbf{f}^{21}, \cdots, \mathbf{f}^{G1}$ 表示国家 1 最终使用的来自世界各

国的最终品的数量。其中，$\mathbf{f}^{11}$ 表示国家 1 最终使用的本国最终品的数量；$\mathbf{f}^{21}, \mathbf{f}^{31}, \cdots, \mathbf{f}^{G1}$ 表示国家 1 最终使用的国外最终品的数量，体现了国家 1 的最终品进口。

通过建立国家间投入产出模型可以追踪生产世界范围内任意一篮子最终品所完全需要的各国各部门的总产出，以及与总产出关联的增加值等变量。国家间投入产出模型的建立与单国投入产出模型类似，关键是计算国家间表下的列昂惕夫逆矩阵。首先，基于表 3.10 所示的国家间投入产出表计算得到直接投入系数矩阵 $\mathbf{A}$（维数为 GN×GN），矩阵 $\mathbf{A}$ 中每个子矩阵的维数均为 N×N 即

$$\mathbf{A}=\begin{bmatrix}\mathbf{A}^{11} & \mathbf{A}^{12} & \cdots & \mathbf{A}^{1G}\\ \mathbf{A}^{21} & \mathbf{A}^{22} & \cdots & \mathbf{A}^{2G}\\ \vdots & \vdots & & \vdots\\ \mathbf{A}^{G1} & \mathbf{A}^{G2} & \cdots & \mathbf{A}^{GG}\end{bmatrix}$$

进一步计算得到列昂惕夫逆矩阵 $\mathbf{L}$（维数为 GN×GN）为

$$\mathbf{L}=(\mathbf{I}-\mathbf{A})^{-1}=\begin{bmatrix}\mathbf{L}^{11} & \mathbf{L}^{12} & \cdots & \mathbf{L}^{1G}\\ \mathbf{L}^{21} & \mathbf{L}^{22} & \cdots & \mathbf{L}^{2G}\\ \vdots & \vdots & & \vdots\\ \mathbf{L}^{G1} & \mathbf{L}^{G2} & \cdots & \mathbf{L}^{GG}\end{bmatrix}$$

列昂惕夫逆矩阵 $\mathbf{L}$ 中的子矩阵 $\mathbf{L}^{rs}$（维数为 N×N）衡量了国家 s 各个部门与国家 r 各个部门之间的后向关联关系。其中的元素 l_{ij}^{rs} 表示国家 s 的部门 j 生产单位最终品所完全需要的国家 r 的部门 i 的总产出。世界最终需求 $\mathbf{f}$ 与世界总产出 $\mathbf{x}$ 的关系满足

$$\mathbf{x}=\mathbf{L}\mathbf{f}$$

其中，$\mathbf{x}=\begin{bmatrix}\mathbf{x}^{1}\\ \mathbf{x}^{2}\\ \vdots\\ \mathbf{x}^{G}\end{bmatrix}$，$\mathbf{f}=\begin{bmatrix}\mathbf{f}^{11}+\mathbf{f}^{12}+\cdots+\mathbf{f}^{1G}\\ \mathbf{f}^{21}+\mathbf{f}^{22}+\cdots+\mathbf{f}^{2G}\\ \cdots\cdots\\ \mathbf{f}^{G1}+\mathbf{f}^{G2}+\cdots+\mathbf{f}^{GG}\end{bmatrix}$

在全球价值链时代，传统的出口指标已不能准确测度一国在国际贸易中的真实表现。首先，正如前文所提到的，一国出口品的价值并非全部被本国获得。随着国际生产分工的深入，一国出口品的生产需要使用大量的进口品，因此一国出口价值中含有大量的国外增加值，这部分收入在国外而非国内创造。另外，一国出口总值的核算方法存在重复计算问题。在全球生产网络中，一国某些出口品的价值会隐含在本国的进口品中进一步用于生产本国的其他出口品，因此这部分价值在一国的出口总值中被重复计算。由于国外增加值与重复计算问题的存在，传统的出口总值指标将夸大一国从国际贸易中的获益。

在最终品贸易时代，各国在本国独立进行生产，生产过程中不使用进口品，因此 A 国消费的 B 国产品的数量即为 B 国向 A 国的出口。在全球价值链时代，为剔除中间品进口的价值，体现一国贸易的真实利得，政策制定者更关心 A 国（直接和间接）消费 B 国增加值的数量。在这一背景下，产生了第二代贸易统计指标“增加值贸易”（Trade in Value Added，TiVA）指标。

国家 r 向国家 s 的增加值出口定义为国家 r 的增加值被国家 s 最终使用的数量，计算公式为

$$v^{rs}=\mathbf{w}^{(r)\prime}\mathbf{L}\mathbf{f}^{(s)}$$

式中，$\mathbf{f}^{(s)}$ 表示国家 s 的最终需求向量，满足

$$\mathbf{f}^{(s)}=\begin{bmatrix}\mathbf{f}^{1s}\\ \mathbf{f}^{2s}\\ \vdots\\ \mathbf{f}^{Gs}\end{bmatrix}$$

$\mathbf{w}^{(r)\prime}$ 为国家 r 增加值系数行向量 $\mathbf{w}^{r\prime}$ 的扩展向量（其他国家部门的增加值系数为 0），满足

$$\mathbf{w}^{(r)\prime}=\begin{bmatrix}0 & \mathbf{w}^{r\prime} & 0\end{bmatrix}$$

国家 r 从国家 s 的增加值进口定义为国家 s 的增加值被国家 r 最终使用的数量，计算公式为

$$v^{sr}=\mathbf{w}^{(s)\prime}\mathbf{L}\mathbf{f}^{(r)}$$

式中，$\mathbf{f}^{(r)}$ 表示国家 r 的最终需求向量，$\mathbf{w}^{(s)\prime}$ 为国家 s 增加值系数行向量 $\mathbf{w}^{s\prime}$ 的扩展向量。

国家 r 与国家 s 的增加值贸易差额为国家 r 向国家 s 的增加值出口与国家 r 向国家 s 的增加值进口之差，计算公式为

$$v^{rs}-v^{sr}=\mathbf{w}^{(r)\prime}\mathbf{L}\mathbf{f}^{(s)}-\mathbf{w}^{(s)\prime}\mathbf{L}\mathbf{f}^{(r)}$$

从双边贸易的定义和计算公式可以看出，两个国家即便没有传统的双边贸易（两个国家相互不进口双方生产的产品），但两个国家之间仍然有可能发生增加值贸易。例如，国家 A 向国家 B 不出口任何产品，国家 B 最终使用的一篮子产品中含有从国家 C 进口的产品，而国家 C 在生产国家 B 消费的产品的过程中使用了来自国家 A 的中间品，因此会产生国家 A 的增加值。换句话说，国家 B 最终使用的一篮子产品中隐含了国家 A 的增加值，国家 A 向国家 B 出口了增加值。

图 3.1 展示了基于 WIOD 数据库发布的 2014 年世界投入产出表，对中国与主要贸易伙伴之间的增加值进出口流量进行核算的结果。

从图 3.1 中可以看出，2014 年，中国同欧盟、美国、日本的增加值贸易往来最为密切。中欧增加值贸易总量为 4 841 亿美元，其中中国向欧盟的增加值出口量为 2 567 亿美元，增加值进口量为 2 274 亿美元，中欧增加值贸易差额为 293 亿美元，呈较小顺差态势。中美增加值贸易总量达 4 408 亿美元，其中中国向美国的增加值出口量为 3 203 亿美元，增加值进口量为 1 206 亿美元，中美增加值贸易差额为 1 998 亿美元（因为单位换算过程中数据进行了四舍五入，所以结果略有差异。），呈较大顺差，但与传统贸易统计指标核算的贸易差额相比已大幅下降（二者的比较留作课后练习，见习题 3）。中日增加值贸易总量为 2 326 亿美元，其中中国向日本的增加值出口量为 1 374 亿美元，增加值进口量为 952 亿美元，中日增加值贸易差额为 422 亿美元，呈顺差态势。中国与韩国之间的增加值贸

易差额呈逆差态势，中韩增加值贸易差额为 –307 亿美元。

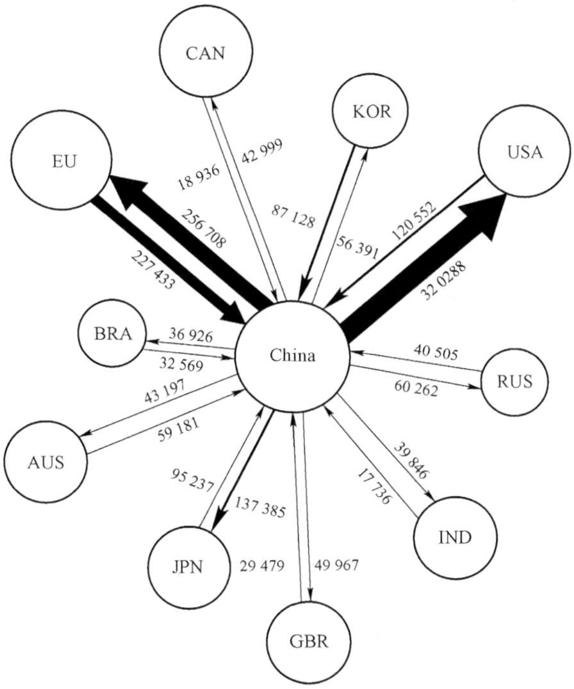

图 3.1　2014 年中国双边增加值贸易流（单位：百万美元）

注：经济体代码为 AUS = 澳大利亚，BRA = 巴西，CAN = 加拿大，EU = 欧盟，GBR = 英国，IND = 印度，JPN = 日本，KOR = 韩国，RUS = 俄罗斯，USA = 美国。

习　　题

1. 下表为某个经济体的三部门投入产出表（单位：亿元），已对中间使用与最终使用中的进口品进行了区分。

		部门1	**部门2**	**部门3**	**最终需求**			**总产出**
					最终消费支出	资本形成	出口	
部门 1		90	50	32	90	20	18	300
部门 2		75	175	64	40	120	26	500
部门 3		15	75	88	200	0	22	400
进口	部门 1	3	5	0	1	0	0	
	部门 2	3	15	1	2	9	0	
	部门 3	0	0	3	0	0	0	

续表

		部门 1	部门 2	部门 3	最终需求			总产出
					最终消费支出	资本形成	出口	
增加值	劳动者报酬	36	40	104				
	生产税净额	45	100	72				
	营业盈余	30	35	32				
	固定资产折旧	3	5	4				
总投入		300	500	400				

尝试回答以下问题：

（1）请用 GDP 的三种核算方法计算该经济体的 GDP 总量。

（2）通过计算判断该经济体的对外贸易处于顺差还是逆差。

（3）部门 2 的产出用于资本形成的数量为多少？部门 2 生产过程中所直接投入的来自部门 3 的产品的数量为多少？

（4）解释 Leontief 逆矩阵中 l_{21} 的经济含义。

（5）部门 2 和部门 3 的最终需求分别增加 10 亿元和 20 亿元，对各部门总产出和增加值的影响为多少？

2. 利用习题 1 中的数据回答以下问题：

（1）核算该经济体各部门出口品所产生的国内增加值。

（2）计算各部门的出口增加值率。

（3）计算各部门出口所完全需要的进口量。

（4）验证定理 3.1。

3. 登录 WIOD 数据库网站（https://www.rug.nl/ggdc/valuechain/wiod/）下载 2014 年世界投入产出表，回答以下问题：

（1）计算中国向美国的出口、中国从美国的进口，中美、双边贸易差额。

（2）计算中国向美国的增加值出口、中国从美国的增加值进口、中国与美国的增加值贸易差额。

（3）比较中美传统贸易差额与增加值贸易差额并分析导致二者差异的原因。

参考文献

[1] 陈锡康，杨翠红．投入产出技术［M］．北京：科学出版社，2011．

[2] 高敏雪，李静萍，许健．国民经济核算原理与中国实践（第 4 版）［M］．北京：中国人民大学出版社，2018．

［3］联合国，欧盟委员会，经济合作与发展组织，等. 2008 年国民账户体系［M］. 北京：中国统计出版社，2012.
［4］JOHNSON R C，NOGUERA G. Accounting for Intermediates：Production Sharing and Trade in Value Added［J］. Journal of International Economics，2012，86：224－236.
［5］KOOPMAN R，WANG Z, WEI S. Tracing Value Added and Double Counting in Gross Exports［J］. American Economic Review，2014，104：459－494.
［6］MILLER R E，BLAIR P D. Input-Output Analysis：Foundations and Extensions［M］. New York：Cambridge University Press，2009.

第 4 章　非金融交易资金流量核算

2021 年 8 月 17 日，中央财经委员会第十次会议强调，“要坚持以人民为中心的发展思想，在高质量发展中促进共同富裕，正确处理效率和公平的关系”。要实现共同富裕，必须健全科学合理的分配制度。在国民收入分配的研究中，资金流量表是主要的分析工具，其展示了国民收入在各部门和各环节之间的分配、流动情况，因此掌握资金流量表的编制原理对国民收入分配的研究有重要意义。另外，资金流量表还记录了核算期内各机构部门的收入使用与非金融投资的情况，可清晰展示各机构部门的非金融投资规模以及资金余缺情况。总之，资金流量表（非金融交易）在国民账户体系中扮演着重要的角色，是连接生产、消费和投资的重要一环。

4.1　资金流量表简介

资金流量核算主要通过编制资金流量表来反映机构部门和国民经济总体的资金来源与使用情况。资金流量核算也称资金循环核算或资金流量统计，是以国民经济总体资金为对象，核算各机构部门资金的来源和使用、流量大小与流动方向、资金结构及余缺调剂情况。资金流量核算可以将一个经济体的实物运动与资金运动有机地联系起来，从而更好地描述国民经济的运动状况。

4.1.1　资金流量表概述

1. 资金流量表背景介绍

二战后，在各国经济复苏的过程中，单纯依靠财政政策不能解决所面临的问题，货币政策受到重视。西方国家试图通过金融市场对货币信用的控制，来影响经济的规模和发展方向，从而推动了资金核算的研究。1947 年，美国柯普兰教授在美国经济学年会上发表的《通过美国经济跟踪货币流通》标志着现代资金流量分析思想的诞生。1955 年，美国联邦储备委员会编制了《美国资金流量 1939—1953》的资金流量账户。1968 年，联合国将资金流量核算纳入国民经济核算体系（SNA）。

资金流量表以全社会资金运动为对象，核算各部门资金的来源和运用，反映全社会各种资金在各部门间的流量、流向及其相互关系，是反映常住者之间以及常住者和非常住者之间经济交易的矩阵表式。我国资金流量核算将实物交易和金融交易共同纳入核算范围，核算内容由两部分组成，一部分是反映商品流转状况的，称为实物交易部分；另一部分是反映资金流转状况的，称为金融交易部分。实物交易反映了生产结束后，在收入分配、再分配、消费、资本形成等非金融交易过程中形成的资金运动；金融交易部分是指在存贷款、股票买卖、债券买卖等金融交易过程中形成的资金运动。

2. 资金流量核算的模式

资金流量核算中的资金流量概念有狭义与广义之分。狭义的资金流量主要是指金融交易流量，即以现金、信用、证券等金融资产和负债为交易对象所形成的流量；广义的资金流量则将其范围从金融流量扩大到所有价值的收支流量，是指整个社会资金的循环过程，体现了与实物循环对应的价值循环。

基于资金流量的不同定义，资金流量核算因范围不同而有三种类型。

一是基于狭义资金流量概念的资金流量核算，即仅核算严格的金融交易，是范围最小、最严格意义上的资金流量核算，其交易项目主要由金融交易组成，核算的起点是净金融投资。这种资金流量核算的优点是基础统计资料相对完整，操作简便，时效性强，可以按季或按月编制。但是它无法反映金融交易与非金融交易之间的内在联系，与国民经济其他核算之间的衔接、协调不够，通常由一些国家的中央银行采用，如西班牙、挪威等国。

二是基于广义资金流量概念的资金流量核算。在严格金融交易的基础上，将储蓄和非金融投资包括进来。严格的金融交易是相对独立于实物运动的资金运动，纳入储蓄和非金融投资之后，便将实物运动与资金运动联系起来了。这一类型资金流量核算的起点是总储蓄，其交易项目包括非金融交易项目和金融交易项目两部分，其中非金融交易项目包括总储蓄、资本转移和资本形成总额。这种资金流量核算的优点是能反映非金融投资所需资金的来源与运用情况，以及金融交易与资本交易之间的互补关系，增进了资金流量表的宏观经济分析功能。但是所需的核算资料较多，难度较大，耗时较长。通常由一国货币当局（央行）与国家统计部门共同编制，如美国和英国。

三是以国内生产总值作为核算起点，核算范围进一步扩展到收入分配与使用，是范围最大的资金流量核算。其不仅包括以现金、信用、证券等金融资产和负债为交易对象的金融交易，也包括与货物和服务生产和使用，以及与收入分配有关的实物交易，还包括与非金融投资相关的资本交易项目，其核算起点是增加值。这种核算方法的优点是将金融交易与资本交易、经常交易结合起来，更完整地反映了各部门投资资金的来源和形成过程以及运用和调剂情况。但是其须与完备的国民经济核算体系相结合。目前，加拿大等国与我国均采用这种模式。根据这种类型资金流量核算的需要，我国的资金流量表有两种形式，一是核算实物交易的资金流量表（又称非金融交易的资金流量表），二是核算金融交易的资金流量表。

一个国家在一定时期内采用哪种统计范围取决于国家宏观经济管理的需要，并受经济发展水平影响。大部分发达国家采用的是第 2 种范围，因为其金融活动发达，内容复杂，因此把统计的重点放在金融交易部分。我国采用第 3 种范围，是由我国的经济发展水平和金融市场发育程度，以及经济管理的实际需要决定的。

3. 中国的资金流量表

我国最初的资金流量表是以联合国 1993 年版国民经济核算体系为模式确定的。指标的概念、定义以及核算原则，总体上采用了 SNA 的标准，同时考虑了我国的实际情况，对一些具体问题进行了灵活的处理。整个表式分为“非金融交易”和“金融交易”两部分。资金流量表的标准表式采取“交易项目 × 机构部门”的矩阵形式。主栏是交易和平衡项目，涵盖了收入初次分配、收入再分配、收入使用、资本交易和金融交易的主要内容，行（主栏）设资金流量的交易项目，即反映资金流量的各项指标。列（宾栏）设机构部门，是资金流量核算的主体，每个机构部门下设“运用”与“来源”两栏，分别反映各种资金流量发生的性质，“使用”表示资金的流出，“来源”表示资金的流入。

表中每个数据均由所在行列的经济概念决定。资金流量表宾栏对交易者的分类按国际惯例采用了机构部门分类，包括非金融企业部门、金融机构部门、政府部门、住户部门和国外部门。

4.1.2　资金流量表的结构

本章主要对非金融交易的资金流量表进行介绍。金融交易的资金流量表将在第 5 章进行介绍。

1. 资金流量表（非金融交易）的基本框架

资金流量表（非金融交易）的基本形式如表 4.1 所示。

表 4.1　　2019 年资金流量表（非金融交易）　　（单位：万亿元）

机构部门	非金融企业部门		金融机构部门		政府部门		住户部门		国内合计		国外部门		合计	
交易项目	运用	来源	运用	来源	运用	来源	运用	来源	运用	来源	运用	来源	运用	来源
1. 净出口												−0.9		−0.9
2. 增加值		61.2		7.6		10.1		19.7		98.7				98.7
3. 劳动者报酬	26.7		2.1		8.9		13.7	51.3	51.3	51.3	0.1	0.1	51.4	51.4
4. 生产税净额	8.9		0.8		0.0	9.8	0.1		9.8	9.8			9.8	9.8
5. 财产收入	6.7	3.0	8.2	6.9	1.2	2.7	1.3	4.4	17.4	17.1	1.8	2.1	19.2	19.2
6. 初次分配总收入		22.0		3.5		12.5		60.4		98.4				98.4
7. 经常转移	3.4	0.2	1.5	0.7	7.0	12.1	8.7	7.6	20.6	20.6	0.2	0.1	20.8	20.8
8. 可支配总收入		18.9		2.7		17.5		59.4		98.4				98.4
9. 实物社会转移					5.8			5.8						
10. 调整后可支配总收入		18.9		2.7		11.7		65.2						
11. 实际最终消费					10.7		44.6		55.3				55.3	
12. 总储蓄		18.9		2.7		1.0		20.7		43.2		−0.7		42.5
13. 资本转移		1.3			1.3	0.0			1.3	1.3	0.0	0.0	1.3	1.3
14. 资本形成总额	26.4		0.2		4.4		11.7		42.7				42.7	
15. 其他非金融资产获得减处置	5.9				−2.4		−3.5							
16. 净金融投资	−12.2		2.5		−2.3		12.5		0.5		−0.7		−0.2	

注：由于原始数值较大，本章以万亿元为单位，只展示小数点后一位，四舍五入后有一定误差。

从表 4.1 可以看出，国内各机构部门的起始项是增加值，依次经过收入初次分配、收入再分配、收入使用到非金融投资几个环节。

在记录原则上，资金流量表采用复式记账原理，对每笔交易都作双重反映。在非金融交易方面，一个部门的收入同时对应另一个部门的支出。收入记录在来源方，支出记录在使用方。这一记录原则使资金流量表上的各种收入和支出始终保持收支相等的平衡关系，整张表的上下、左右相互衔接，形成一个严密的平衡系统。

以表 4.1 中的非金融企业部门为例，其分配的起点为“来源”一列所记录的该部门的生产活动成果（增加值）61.2 万亿元。在此基础上，扣除“运用”一列所记录的劳动者报酬 26.7 万亿元，生产税净额 8.9 万亿元，应付财产收入 6.7 万亿元，再加上“来源”一列的应收财产收入 3.0 万亿元，得到初次分配总收入 22.0 万亿元（=61.2−26.7−8.9−6.7+3.0）（由于原始数值较大，这里以万亿元为单位，只展示小数点后一位，四舍五入后有一定误差）。初次分配总收入是初次分配的结果，也是收入初次分配账户的平衡项。该平衡项构成后续收入再分配环节的初始来源项。类似地，可以得到其他机构部门的初次分配总收入：金融机构部门 3.5 万亿元、政府部门 12.5 万亿元、住户部门 60.4 万亿元。各机构部门初次分配总收入的合计称为国民总收入，为 98.4 万亿元。非金融企业部门的初次分配总收入加上经常转移 0.2 万亿元，减去支出的经常转移 3.4 万亿元，得到可支配收入 18.9 万亿元（=22.0+0.2−3.4），这是收入再分配的结果，也是收入再分配账户的平衡项；类似地，可以得到其他机构部门的可支配总收入：金融机构部门 2.7 万亿元、政府部门 17.5 万亿元、住户部门 59.4 万亿元、国民可支配总收入 98.4 万亿元。

自 2018 年开始，资金流量表出现新的一项交易——实物社会转移，这是联合国 2008 年国民账户体系为区分最终消费支出与实际最终消费引入的概念。所谓“实物社会转移”，是指政府、为住户服务的非营利机构部门以实物转移形式向住户提供的货物或服务。由于我国现行的机构部门中没有为住户服务的非营利机构，所以实物社会转移仅指政府部门对住户的转移。从统计角度来看，实物社会转移是由政府承担支出、由特定居民受益的公共性消费品。在各机构部门可支配总收入的基础上，加上该部门应得的实物社会转移，减去该部门应付的实物社会转移，形成调整后可支配总收入。资金流量表的收入使用部分，主要反映政府部门和住户部门的最终消费支出，分别为 10.7 万亿元和 44.6 万亿元，国民总消费则为 55.3 万亿元。住户部门的调整后可支配总收入 65.2 万亿元再减去最终消费支出 44.6 万亿元，其总储蓄为 20.7 万亿元。

资金流量表的资本交易部分全面反映各部门的资本转移和非金融投资情况。其中，资本转移可以发生在本国各部门之间，也可以发生在常住单位与非常住单位之间。资本形成是指各机构单位通过经济交易获得或处置生产资产的行为。值得注意的是，非金融投资包括用于生产资产的投资和用于非生产资产的投资，前者对应资本形成。作为生产资产净获得的资本形成则都是由常住单位进行的。非金融企业、金融机构、政府和住户四个部门的资本形成总额分别为 26.4 万亿元、0.2 万亿元、4.4 万亿元和 11.7 万亿元。国内的资本形成总额为 42.7 万亿元。土地等非生产资产的交易通常发生在常住单位之间。一方的购入或获得同时是另一方的售出或处置，因而所有部门的净获得之和恒为 0（=5.9−2.4−3.5）。

各部门的总储蓄加上资本转移净获得，再减去资本形成总额和其他非金融投资，就能得到反映其资金余缺状况的净金融投资，正值体现为净贷出，负值体现为净借入。如表 4.1 所示，非金融企业部门和政府部门是主要的资金短缺部门，其净金融投资依次为－12.2 万亿元和－2.3 万亿元，而住户部门则是主要的资金盈余部门，净金融投资为 12.5 万亿元。此外，金融机构部门和国外部门也有少量的资金盈余或短缺；国内各部门相互调剂资金余缺之后，仍然剩余资金 0.5 万亿元，这就是国民经济总体对国外的净贷出，也即国外自本国的净借入。

2. 平衡关系

（1）各部门内部的平衡关系："来源"列数额合计＝"使用"列数额合计

对于任何一个机构部门、整个经济总体或国外，只要有资金来源就必然有其运用，有资金运用也必须有其来源，因而，它们各自的资金来源总额与运用总额应该是总量平衡的。

以住户部门为例，其来源＝增加值 19.7＋劳动者报酬 51.3＋财产收入 4.4＋经常转移 7.6＋实物社会转移 5.8＝88.8（万亿元）。其运用＝劳动者报酬 13.7＋生产税净额 0.1＋财产收入 1.3＋经常转移 8.7＋实际最终消费 44.6＋资本形成总额 11.7＋其他非金融资产获得减处置（－3.5）＋净金融投资 12.5＝89.1（万亿元）。

不仅如此，如果我们对全部交易划分类别或层次，并引入相应的平衡项，还可以进一步考察其内部平衡结构，也即不同核算层次之间的衔接平衡关系。最终表现为实物交易资金流量表中的净金融投资与下一章将要介绍的金融交易资金流量表中净金融投资的对等关系。

（2）各部门之间的平衡关系：每个交易项目各部门来源方合计数额=使用方合计数额

对于收入分配环节的交易项目，其资金来源合计恒等于资金运用合计；但对于单个机构部门、整个经济总体或国外部门，每一类交易上的来源与运用通常都是不平衡的。例如，在"财产收入"这一交易上，国民经济总体（国内机构部门合计）与国外部门的收入总计是 19.2 万亿元，支出总计也是 19.2 万亿元；但国民经济总体在该项目上的收与支分别为 17.1 万亿元和 17.4 万亿元，而国外在该项目上的收与支分别为 2.1 万亿元和 1.8 万亿元，单个机构部门的情形与此类似。

4.1.3 资金流量表（非金融交易）的基本问题

1. 核算内容

资金流量表实物交易部分的交易项目即资金流量的各项指标共包括 16 项，分别为净出口、增加值、劳动者报酬、生产税净额、财产收入、初次分配总收入、经常转移、可支配总收入、实物社会转移、调整后可支配总收入、实际最终消费、总储蓄、资本转移、资本形成总额、其他非金融资产获得减处置、净金融投资。其中，财产收入下细分为"利息""红利""地租""其他"四个方面；经常转移下细分为"收入税""社会保险缴款""社会保险福利""社会补助"和"其他"五个方面；最终消费细分为"居民实际最终消费"和"政府实际最终消费"两个方面；资本转移下细分为"投资性补助"和"其他"两个方面；资本形成总额下细分为"固定资本形成总额"和"存货增加"。表 4.1 为简化的资金流量表，仅给出了 16 个大项的数据。各大项下面子项的详细数据可参考国家统计局公布的资金流量表（实物交易）。

资金流量表（非金融交易）的主要内容包括收入初次分配、收入再分配、收入使用以及非金融投资的核算。收入初次分配主要是增加值在劳动要素、资本要素和政府之间的分配。收入再分配是在收入初次分配的基础上进行的单方向的收入转移，包括各机构部门上缴所得税即对收入所征收的税，同时各部门之间还会发生经常性转移收支，如社会保险付款、社会补助等。经过以上对收入的分配和再分配，最终形成各机构部门可支配总收入，即各部门可自由支配的可用于最终消费和投资的收入。

从逻辑关系来看，可支配总收入首先用于消费，包括居民个人消费和政府部门的公共消费，剩余部分是总储蓄。总储蓄是各机构部门实现非金融投资（资本形成和非生产资产投资）的主要资金来源。除此之外，各机构部门用于非金融投资的资金来源还包括资本转移，即一个部门无偿地向另一个部门提供用于固定资本形成的资金或实物，包括投资性补助及其他资本转移。各机构部门的储蓄加上资本转移净额就是该部门进行非金融投资的自有资金来源总和。各部门实际完成的非金融投资往往与其自有资金来源不相等，即出现资金余缺。当某一部门总储蓄加资本转移净额大于其非金融投资额时，资金有余，多余部分转化为金融投资；而另一部门总储蓄及资本转移净额之和小于其实际非金融投资总额，需要通过融资弥补资金缺口，此时其净金融投资为负数，表示该部门核算期增加了负债。将国内各机构部门加总，如果国内净金融投资是负数，表示国内资金不足，需要从国外进行融资，体现为国外资金净流入；如果国内净金融投资是正数，表明国内资金富余，剩余资金流向国外部门。

2. 核算规则

（1）记录时间：权责发生制

① 收入分配流量：在收入支付责任认定的时间记录。

② 消费流量：按照消费品所有权转移的时间记录。

③ 固定资本形成：企业购买外单位生产的固定资产在固定资产所有权转移到本企业的时点记录。

（2）计价：市场价格

① 如果双方约定了价格，则按照约定的价格记录。

② 如果没有约定价格，则首先应按照市场上同类交易的价格记录。

③ 如果没有同类交易的价格，则按照生产成本来记录。

④ 对于公共服务等非市场产出，应按照生产成本来记录。

4.2 收入分配与使用核算的基本问题

4.2.1 收入分配与使用核算的概念

收入分配是将当期生产新创造的价值进行分配所产生的系列收支活动。收入分配可以分为两个阶段：第一个阶段被称为收入初次分配，它实现了增加值在生产领域内的直接分配，生产过程中投入的生产要素，能否参与初次分配以及获取多少收入取决于是否参与了生产过程以及对生产成果贡献的大小。因此，初次分配使生产过程的各类参与者均能获取相应的收入。机构单位或因参与生产过程，或将资产交由生产者支配而获得收入，并以劳动者报酬、生产税净额、营业盈余、财产收入等形式体现初始收入或初始收入的结构与水平。第二个阶段被称为再分配，即在收入初次分配的基础上进行的再分配，是全社会性的分配。机构单位基于相关法律的规定或自身意愿，将所获收入的一部分无偿分配给其他收入主体，形成转移性收入，其主要形式包括现期所得税和财产税、社会缴款与社会福利以及其他经常转移等。收入再分配所产生的分配性流量，其数额大小取决于相关政策法律的规定以及自身意愿的强弱程度。收入初次分配主要反映的是全社会增加值在劳动力和资本两大要素之间的分配，而再分配过程是可支配收入形成的最终环节。由于经济活动的参与者按照国民经济部门又可以划分为企业（含非金融企业和金融机构）、政府和住户（也称居民），因此增加值在三个部门之间的分配通常也被称为国民收入分配。

收入使用是指消费活动，即消费主体将当期可支配收入用于消费性货物与服务的购买，以满足住户个人以及全社会的物质和精神需求。如果考虑实物社会转移，则收入使用的起点为调整后可支配收入，所对应的消费概念为实际最终消费。无论是可支配收入还是调整后可支配收入，扣除最终消费支出或实际最终消费之后的节余部分均为储蓄，成为积累的自有资金来源。

在收入使用核算中，消费主体仅包括住户部门和政府部门，按国民经济核算的诠释，企业购买的货物与服务或者用于中间消耗，或者提供给雇员作为实物报酬，自身没有消费功能，其可支配收入直接转化为储蓄。

4.2.2　收入分配与使用核算的内容

收入分配与使用核算的范围由生产核算的范围确定。只有生产核算所定义的生产活动，其产生的价值才能成为收入分配核算的对象，其产出才能成为收入使用的购买对象；只要是生产核算定义的生产，其产生的价值必然要参与收入分配过程，其产出就会作为收入使用（消费或投资）的购买对象。具体包括：一是收入分配核算。以增加值为起点，反映增加值如何通过不同途径分配给各经济主体单位，形成各机构部门的可支配收入。二是收入使用核算。以可支配收入为起点，反映各机构部门用于货物服务消费的支出以及由此形成的收入节余。

收入分配与使用核算需要注意以下三个方面：一是收入分配和使用活动都属于经常性交易，本身不会引起资产负债存量变化，据此可以与积累活动区别开。二是收入分配的主旨是凭借各种手段对生产中创造的价值予以分配，形成可供消费使用的收入，其本身不创造价值，据此可以与生产活动区别开。三是收入分配只是为了形成可用于消费的收入，本身并不作为货物与服务使用，据此可以与收入使用（消费）以及积累活动区分开。

4.3　收入初次分配核算

收入初次分配反映机构部门之间进行的各种交换性分配交易，以及各部门对原始收入的占有状况。包括收入形成核算和初始收入分配核算。

4.3.1 收入形成核算

收入形成核算的目的是立足于收入的创造者——生产者，根据劳动要素和资本要素对生产所做出的贡献大小，将增加值在劳动要素与资本要素所有者之间进行分割。

收入形成环节涉及以下几个指标：

1. 劳动者报酬

劳动者报酬是指雇员在核算期内因为劳动投入而应该获取的收入，其流量大小取决于雇员所提供劳动的数量、质量以及劳动工作环境等。劳动者报酬是生产单位的应付，是住户部门的应收，包括工资以及奖金、津贴和其他劳务收入等，还包括生产单位为员工向社会保险计划缴纳的社会保障缴款。

在劳动者报酬核算中，除应关注实物报酬与中间消耗的区别之外，还须注意劳动者报酬与社会福利的区别。劳动者报酬的获取与雇员所付出的劳动有关，但雇员得到的某些收入或与疾病、意外伤害和生育有关，或与裁员、丧失工作能力和意外死亡有关。这些收入与雇员的劳动数量和质量均无关系，因此不能计入劳动者报酬，而应归属为社会福利，是收入再分配核算的内容。

2. 生产税净额

生产税净额是生产单位缴纳的生产税扣除政府发放的生产补贴之后的余额。具体而言，生产税可分为产品税和其他生产税两类。其中，产品税是生产、销售、转移、出租或交付货物与服务而征收的税，或因自身消费、资本形成而使用货物与服务所征收的税，如增值税、营业税和进口税等；其他生产税或是针对生产中所使用的土地、建筑、其他资产等生产要素的所有权或使用而征收的税，或是针对雇用劳动力或支付劳动者报酬而征收的税，如工薪或劳力税、土地房屋或其他建筑物定期税、营业和执业执照税、固定资产使用或其他活动税、印花税、污染税和跨国交易税等。

生产税是生产单位的应付，是政府部门的应收，可以看作是政府宏观管理活动的回报。生产补贴是政府对货物与服务的生产或进口而向生产单位所做的无偿支付，可视为负的生产税，但不包括消费目的的补贴。

3. 营业盈余/混合收入

营业盈余是总产出扣减中间消耗、固定资本消耗、劳动者报酬和生产税净额之后的剩余部分，体现了劳动之外的其他生产要素（如土地与资本等）在生产过程中的新创价值，同时也是生产者用于支付利息和地租等财产收入的主要来源。营业盈余是生产活动所获得的盈余。

混合收入流量指标因在个体或非法人企业单位中劳动者报酬与营业盈余无法分离而特别设置。在住户成员个别所有或与他人合伙拥有的非法人企业中，住户成员像公司雇员一样投入了劳动，但非法人企业也许未向其支付劳动者报酬；由于住户非法人企业一般没有单独计算住户成员的劳动者报酬，因而大多与企业的营业盈余混合在一起而无法分离出来，实践中一般将两者合并作为混合收入处理。

4.3.2　初始收入分配核算

在收入形成账户中，增加值被分割为劳动者报酬、生产税净额和营业盈余/混合收入三部分，构成了收入初次分配的第一阶段。但是，除劳动力这种生产要素获取了劳动者报酬之外，其他生产要素还未得到相应的回报，如由于资金借贷而应付的利息，租用自然资源而应付的地租等，因此需对留存在生产单位的营业盈余/混合收入进行分配，即收入初次分配的第二阶段，其分配手段为财产收入。

1. 财产收入的定义

财产收入是一机构单位将金融资产或自然资源交由另一机构单位支配时所应得到的回报，即机构单位通过资产使用权的出让参与其他单位的生产过程而获取的收入，因而也属于生产性收入。机构单位可能使用其他单位的资产，也可能将资产提供给其他单位使用，因此财产收入既是应收项目也是应付项目。

财产收入包括投资收入与地租。其中，投资收入包括利息、公司已分配收入、外国直接投资的再投资收益和其他投资收入。而公司已分配收入分为红利和准公司收入提取；其他投资收入分为属于投保人的投资收入、对养老金权益的应付投资收入，以及属于投资基金股东集体的投资收入。地租包括土地地租以及地下资产地租。财产收入核算时需要注意的是：

（1）产生财产收入的资产只是让渡了使用权，而没有转移所有权。

（2）产生财产收入的资产包括金融资产和有形非生产资产，不包括生产资产。

2. 财产收入的类型

（1）利息。金融债权类资产所有者应收的一种财产收入，是按照双方达成的金融契约的条件，债务人在给定时间内有义务支付给债权人的金额，不包括本金偿还。利息是债权方的来源，债务方的运用。

（2）红利。企业已分配的、股票和股权所有者应收的财产收入。红利是股东的来源，公司的运用。

（3）外国直接投资再投资收益。外国直接投资企业未分配利润中按照股权比例应属于外国直接投资者的部分。在核算时需虚拟处理。首先，按照外国直接投资者的权益比例对留存收益进行分配，且假定“汇给”外国直接投资者，然后外国直接投资者将其“汇回”外国直接投资企业进行再投资。因此，外国直接投资企业的留存收益在核算时需作为两笔记录处理。其中，虚拟汇出是分配给外国直接投资者的财产收入，即外国直接投资企业的应付财产收入和外国直接投资者的应收财产收入，再处理为留存收益的虚拟再投资，记录在金融账户之中。

（4）其他投资收入。属于投保人的财产收入是保险专门准备金用于投资之后取得的收益。在保险业中，保险准备金是保险人为履行其承担的保险责任或未来赔款的应付从收取的保险费或资产中提留的一项基金，因而是投保人的资产，是保险人的负债。由于在不测事件发生到保险索赔之间一般存在一段较长的时滞，因此保险人可以利用保险准备金进行金融投资或非金融投资活动（如购买债券、股票，或购买房地产然后出租等），从而获得投资收入。尽管该投资收入的所有者应该为投保人，但核算时需做虚拟处理，即首先假定保险人将投资收入支付给投保人，作为财产收入记录在初次收入分配账户之中，再由投保人返还给保险人作为追加保费，记录在收入再分配账户之中。

（5）地租。土地或地下资产的所有者从承租方获得的收入。其中，自然资源包括土地、内陆水域与河流，也涉及地下资产，如矿石与化石燃料（煤、石油和天然气等），从支付形式上看，包括现金地租和实物地租。

3. 初次分配收入与国民总收入

（1）初次分配收入（primary income）：经过收入初次分配之后获得的生产性收入的总额。一个机构单位或部门的初始收入表现为收入初次分配中应获收入减应付支出的余额。由于各机构部门所掌握的生产要素的差异以及经济功能的不同，因此其原始收入在构成上也存在一定的差异。

对于一个机构而言，初次分配包括两方面内容：一方面是因向其他机构提供生产要素，取得劳动者报酬或财产收入等要素报酬，或按法律规定取得生产税净额；另一方面是各机构以其增加值为起点，向为其提供生产要素的其他机构支付劳动者报酬或财产收入等要素成本，并按规定在生产过程中缴纳生产税和取得生产性补贴。因此，各机构的初次分配收入包括两部分内容：一是增加值剔除向其他机构支付的要素成本以及缴纳生产税净额后的余额；二是该机构凭借其向其他机构提供要素而取得的要素收入，或者按规定收取的生产税净额。在资金流量表中，各机构增加值以及初次分配中的各项支出或收入都加总记录在所属部门的对应项目中，由于不同部门的经济活动特点不同，各部门的初次分配收入实际上由劳动者报酬、生产税净额、财产收入的一项或几项构成。

企业部门包括非金融企业部门和金融机构部门。非金融企业部门的初次分配收入有两项内容：一是财产收入，包括其存款和持有其他证券带来的利息收入，以及从上市公司红利中取得的分红；二是增加值中剔除生产成本（包括劳动者报酬和财产性支出）和生产税净额后的余额，这是企业部门从其创造的增加值中取得的收入。金融机构和非金融企业的初次分配收入来源类似。

政府部门的初次分配收入包括三项内容：生产税净额、财产收入（包括存款利息收入和国家持有的A股不可流通股本产生的红利），以及其增加值剔除劳动者报酬、生产税净额以及贷款利息和国债利息等支出的余项。

住户部门初次分配收入包括三项内容：一是劳动者报酬，分别来自企业和政府部门向居民支付的劳动者报酬，以及居民部门内部的劳务关系产生的劳动者报酬，如个体经营者向其雇员支付的劳动者报酬；二是财产收入，主要是居民存款和持有国债取得的利息，以及按其持有的A股流通股比例取得的红利；三是居民部门增加值中剔除劳动者报酬、生产税净额和贷款产生的利息支出的余额。各部门初次分配收入的计算公式为

非金融企业与金融机构的初次分配收入＝（增加值－劳动者报酬支付
－生产税净额）＋财产收入净额

住户部门的初次分配收入=（增加值－劳动者报酬支付－生产税净额）
＋劳动者报酬收入＋财产收入净额
＝增加值－生产税净额＋劳动者报酬收入净额＋财产收入净额

政府部门的初次分配收入=（增加值－劳动者报酬支付－生产税净额）
+生产税净额收入+财产收入净额
=增加值－劳动者报酬支付+生产税收入净额
－生产补贴净额+财产收入净额

以表 4.1 中的非金融企业部门为例，该部门的初次分配收入=增加值 61.2－支付的劳动者报酬 26.7－支付的生产税净额 8.9－应付的财产收入 6.7+应得的财产收入 3.0=22.0（万亿元）（由于原始数值较大，表 4.1 以万亿元为单位，只展示小数点后一位，四舍五入后有一定误差）。

类似地，金融机构部门的初次分配收入为 3.5 万亿元，政府部门的初次分配收入为 12.5 万亿元，住户部门的初次分配收入为 60.4 万亿元。

（2）国民总收入（Gross National Income，GNI）：一国经济总体当期从国内生产和国外生产获得的生产性收入总量。各机构部门的初次分配收入加总即为一国的国民总收入。国民总收入扣除固定资本消耗之后为国民净收入。国民总收入是国内生产总值经过初次分配的结果，但一个经济体所获取的初次分配收入不仅来自国内也可能来自国外。因此，对于开放经济国家来说，国民总收入与国内生产总值之间的关系为

GNI=GDP+来自国外的初次分配收入－对国外的初次收入分配支出
=GDP+来自国外的劳动者报酬净额+来自国外的生产税净额
+来自国外的财产收入净额

国民总收入是一个收入概念，国内生产总值是一国常住单位当期生产的最终产品的价值，度量的是生产能力。两者所对应的范围差别仅在于来自国外的净要素收入。

根据表 4.1，2019 年国民总收入（98.4）=国内各部门初次分配收入之和（98.4）=GDP（98.7）+来自国外的劳动者报酬净额（0.1－0.1）+来自国外的财产收入净额（1.8－2.1）。

4.4　收入再分配核算

收入再分配是在收入初次分配的基础上通过现金或实物转移所实现的收入分配活动。经过收入初次分配以后形成的初始收入还不是各部门可以自由支配用于消费和储蓄的收入，需要在初次分配的基础上进行再次分配。收入再分配包括两个层次——经常转移和实物社会转移。

4.4.1　转移与经常转移

与收入初次分配不同，收入再分配所涉及的分配性交易是转移。转移是指一个机构单位向另一个机构单位提供货物、服务或资产，并未同时从后一机构单位处获得任何货物、服务或资产作为回报。转移是单方面交易，不同于交换式交易。依据转移的目的和性质不同，可以将其区分为经常转移和资本转移（资本转移将在 4.6 节中具体介绍）。区

分二者的根据是转移的对象是不是资产，或是否与资本形成有关，如果是资产或与资本形成有关，则为资本转移，否则为经常转移。

经常转移是指在交易中，一个机构单位向另一个机构单位提供货物、服务或资产但不向后者索取任何货物、服务或资产作为与之直接对应的回报，并且交易的一方或双方无须获得或处置资产。经常转移会影响交易双方的现期收入，进而影响其消费水平，因而又被称为现期转移。经常转移一般频繁且有规律地发生。经常转移可能发生在常住单位之间或发生在常住单位与非常住单位之间。

4.4.2 经常转移的类型

收入再分配核算中的转移仅限于除实物社会转移之外的所有经常转移，主要包括所得、财产等经常税以及社会缴款和社会福利，余下的部分被合并处理为其他经常转移。收入再分配核算环节设置的经常转移指标主要包括：

1. 所得税、财产税等经常税

所得税、财产税等经常税是各机构单位依据当前所得而应支付的税金，涉及收入利润和资本收益等；当根据财产、土地或不动产来确定收入时，还应包括定期支付的财产税等。所得税、财产税等经常税是住户、非金融企业、金融机构的转移支出，是政府部门的转移收入。根据国家统计局发布的数据，2019 年非金融企业支付的收入税为 28 428 亿元，金融机构支付的收入税为 8 875.72 亿元，居民部门支付的收入税为 10 398.8 亿元，与此相平衡的是政府部门获得 47 702.52 亿元。

2. 社会缴款

社会缴款是住户部门为在未来的某个时期能够获取社会福利而向政府组织实施的社会保险计划（如失业保险、退休保险、医疗卫生保险和生育保险等）或各机构单位建立的相关基金缴纳的款项，包括实际或虚拟的支付。缴纳的方式有两种：一是由雇员、自雇者等住户单位直接缴纳；二是由雇主代其雇员间接缴纳。对于雇主代雇员缴纳的社会缴款，核算时应改变交易流程，即首先将其视作雇主以劳动者报酬的形式支付给雇员，再由雇员缴纳社会保险计划。如此处理一方面准确描述了交易的实际过程，即社会缴款的缴纳决策并非雇主所为，而是雇员自己的决策结果。另一方面可准确描述流量的性质，如劳动者报酬对应的是交换式交易，应计入初次分配账户；社会缴款对应的是经常转移，应计入收入再分配账户。经过上述处理，社会缴款均表现为住户部门的转移支出，政府部门的转移收入，根据官方数据，2019 年该金额为 64 049 亿元。

3. 社会福利

社会福利是住户部门从政府部门或其他部门获取的经常转移，因而是政府部门的转移支出，是住户部门的转移收入。社会福利可分为社会保险福利和社会救助两类，其中社会保险福利是政府通过社会保险计划向住户提供的福利，如失业金、退休养老金、生育津贴和抚恤金等，但获取社会保险福利的前提是必须参加社会保险计划并定期缴款。社会救助是社会保险计划之外由政府和其他机构部门向住户提供的福利，如困难补助、救济金和助学金等，由于这类福利没有纳入社会保险计划，故不受之前支付社会缴款的条件限制。综合来看，社会福利的获取与一些特定事件有关，如突发事件或失业、退休、疾病和生育等。

必须注意的是，社会福利包括现金与实物两种形式，要区分政府提供给住户的现金社会福利与实物社会福利的核算处理，即现金社会福利以及非金融企业、金融机构提供的实物社会福利均记入收入再分配账户，而政府提供给住户的实物社会福利被处理为实物社会转移，记入实物收入再分配账户之中，因为这一转移性流量更多地体现的是社会公平和国民福利。

社会保险福利发生在政府与住户之间，是政府部门的支出、住户部门的获得，根据官方数据，2019 年该金额为 53 979.95 亿元。而社会补助中，非金融企业支出 508.93 亿元，政府支出 15 749.36 亿元，住户部门获得 16 258.29 亿元。

4. 其他经常转移

扣除以上转移之后的各种经常转移合并处理为其他经常转移，包括非人寿保险费净额、非人寿保险索赔、一般政府间的经常转移、国际经常性合作、住户间的经常转移、罚款和其他罚没收入、抽彩和赌博以及补偿转移等。其他转移涵盖了各种情况，每个部门既有其他经常转移的收入，又有其他经常转移的支出。

4.4.3　可支配收入

机构单位或部门在收入初次分配中所获取的初始收入经过收入再分配的收支调整后转化为可支配收入，即

可支配收入 = 初次分配收入 + 经常转移收入 − 经常转移支出

以表 4.1 中的非金融企业为例，可支配收入 = 初次分配收入 22.0 + 经常转移收入 0.2 − 经常转移支出 3.4 = 18.9（万亿元）。

从来源与使用分别来看，可支配收入是机构单位或部门参与收入初次分配与再分配之后的最终结果，也是住户和政府在期初资产负债存量不变的情况下，当期可用于消费的最大数额，或者企业等市场生产者可用于积累的自有资金来源，因此在国民核算和经济分析中是一个非常重要的总量。与增加值、营业盈余/混合收入和初始收入一样，可支配收入也有总额与净额之分，差别仍在于固定资本消耗。核算时还应注意，不能将资产负债的存量变动计入可支配收入。

与初次分配收入汇总得到国民总收入类似，将各部门的可支配收入综合起来即可得到国民可支配收入。在经常转移中，有一些流量的方向是固定的，如所得税、财产税等经常税是政府部门的收入，是其他部门的支出；社会缴款是住户部门的支出，是其他部门的收入，而社会福利的方向正好相反。因此，在综合的过程中，各国内部门之间的经常转移收支流量相互抵消，影响一国国民可支配收入的只有常住单位与非常住单位之间（国内部门与国外部门）的经常转移收支流量。

国民可支配收入 = 国民总收入 + 来自国外的经常转移净额
= 国内生产总值 + 来自国外的初次分配收入净额
+ 来自国外的经常转移净额

2019 年，我国的国民可支配收入为 98.4 万亿元，与国内总收入基本持平（因表 4.1 单位为万亿元，保留小数点后一位数字，因此两者差异在表中未有体现），说明来自国外的经常转移净额较少。

4.4.4 实物社会转移与调整后可支配收入

实物社会转移是政府向个别住户提供的个人货物与服务，具体包括：

1. 个人非市场货物与服务

个人非市场货物与服务是指政府以免费或无经济意义的价格向单个住户提供的货物与服务，主要包括教育与保健服务。这些受益者是单个住户，因此称为个人服务而区别于一般的公共服务。

2. 实物社会福利

实物社会福利包括实物社会保险福利和实物社会救济福利，前者以住户参与且定期缴款的社会保险计划为前提，后者不受是否参与社会保险计划的限制。因此，前者是由社会保险计划提供的，后者是由社会保险计划之外的项目提供的。住户在享用实物社会福利时，可能先购买后报销，如药费、治疗费和住院费等，也可能直接享用。

实物社会转移的资金来源或来自政府税收，或源于社会捐赠，而受益者为住户部门中的特定群体。从提供方式来看，住户享用的实物社会转移可能是政府通过市场购买后免费或以无经济意义的价格提供，或者由政府部门提供的，具体转移数额可由实际金额（实际购买额或产出）扣减住户的名义支出得到，或者通过报销金额直接获取。实物社会转移仅涉及政府部门和住户部门，是政府部门的支出、住户部门的收入，2019 年这一项的金额为 5.8 万亿元（见表 4.1），该项导致上述两个部门的可支配收入发生变化，即转化为调整后可支配收入。即

政府部门调整后可支配收入（11.7）= 可支配总收入（17.5）– 实物社会转移（5.8）

住户部门调整后可支配收入（65.2）= 可支配总收入（59.4）+ 实物社会转移（5.8）

由于实物社会转移与非金融企业部门和金融机构部门无关，因此两个企业部门的可支配收入直接转化为调整后可支配收入。

尽管实物社会转移是政府部门向住户部门提供的实物转移，但应理解为政府的“支出”与住户部门的“收入”，以确保收入分配与使用核算的一致性。因此，可将住户部门的调整后可支配收入定义为在住户部门资产负债存量不变的情况下，当期可用于实际最终消费的最大数额，这一数额不仅取决于住户部门的消费支出，而且与政府提供的消费性货物与服务的价值有关。政府调整后可支配收入是在部门资产负债存量不变的情况下，可用于公共实际消费的最大数额。尽管将实物社会转移看作“收入”，但“收入”的获取者无法按照自己的意愿自由支配，需依据提供者的意图进行消费。实物社会转移不仅体现了政策制定者、转移支出方的兴趣，而且反映了社会经济政策希望达成的目标。

4.5 收入使用核算

收入使用就是有关部门获得的可支配收入用于满足最终消费需要和储蓄的一种活动。从国民经济循环过程来看，经过收入的初次分配和再分配后，接下来就是收入的使用。

国民经济核算体系中的收入使用是指可支配收入用于消费方面的支出，这说明收入使用核算与消费核算相关，而消费是机构单位通过货物与服务的使用以满足自身或公众需要的一种经济行为。

由于人类经济活动的最终目的就是满足住户以及社会公众的各种需求，因而收入使用核算具有特别重要的意义。依据 SNA－2008 的诠释，非金融企业部门和金融机构部门没有消费功能，所购买的货物与服务或者用于中间消耗、资本形成，或者用于支付给雇员的实物报酬。因此，其可支配收入直接转化为储蓄，收入使用的主体仅为住户和政府。

各消费主体消费流量的大小取决于消费核算的标准：若以消费物的购销行为为标准进行核算，所得到的流量为最终消费支出；若以消费物的实际获得为标准进行核算，所得到的流量是实际最终消费。机构部门通过购销行为所得到的消费物与实际获取的消费物，其价值大小一般是不同的，这一差异主要体现在住户与政府之间的实物社会转移上。最接近实际生活的消费概念是使用，但从获取到使用仅对货物消费是有意义的，而从服务角度来看没有多大的实际价值，因此收入使用核算通常从“支出”和“获得”入手测算消费流量。

可支配收入是在资产负债存量不变的情况下，当期可用于最终消费支出的最大数额；调整后可支配收入是在资产负债存量不变的情况下，当期可用于实际最终消费的最大数额。两种不同的收入概念对应两种不同的消费概念。对于住户部门和政府部门来说，可支配收入、调整后可支配收入、最终消费、实际最终消费、实物社会转移之间的关系如图 4.1 所示。

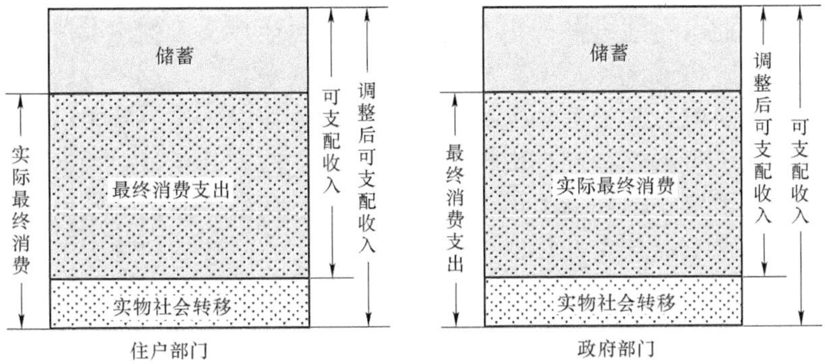

图 4.1 最终消费支出与实际最终消费

下面对收入使用环节涉及的指标进行详细介绍。

1. 最终消费支出

最终消费支出是常住机构单位为购买消费性货物与服务而发生的支出，是按支出衡量的消费流量。从消费的主体来看，具体可分为住户个人消费支出和政府公共消费支出。

（1）个人消费支出。个人消费是住户个人为满足自己的需要而形成的消费，是依据最终承担支出的原则所定义的消费流量，并且是消费总量的主要组成部分。

① 在住户个人消费支出核算中，应注意以下问题：消费支出与中间消耗的区别。尽管两者均为货物与服务的使用，但中间消耗是生产过程中的使用，消费是非生产过程中的使用。因此，应特别关注拥有非法人企业的住户支出，尤其当某一货物与服务既可用于生产经营又可用于最终消费时。例如，家用汽车既可用于生产运输也可用于生活娱乐，因此对汽油的消耗，前者属于中间消耗，后者属于消费支出。此外，在购买如车辆、家具或电子设备等耐用消费品时，若用于生产经营目的则属于固定资本形成，反之属于最终消费。由于住房是生产住房服务的货物，贵重物品是保值增值的货物，并不像消费品那样被消费掉，因此不应计入最终消费支出而应计入资本形成。

② 个人消费支出既包括实际购买支出，也包括虚拟购买支出。如易货交易、实物报酬、自产自用的货物与服务、自有住宅提供的住房服务、付酬家庭雇员提供的个人服务和金融中介服务等。

③ 住户在获取汽车、船只或飞机的保有或使用牌照，以及狩猎、射击或钓鱼许可证方面的支出均作为税收处理；反之，领取其他种类的牌照、许可证、证书、护照等花费的支出作为服务购买计入住户部门的消费支出。

（2）公共消费支出。公共消费是政府所提供的由全社会共同享用的消费。按“政府职能分类”（COFOG），政府部门公共消费包括：一般公共服务，国防，公共秩序和安全，经济事务，环境保护，住房和社区设施，卫生，娱乐、文化和宗教，教育和社会保障等服务。与个人消费不同的是，公共消费的消费物只是服务，无法经由市场交易获得，所需的资金来源于政府税收、捐赠、财产收入和其他来源。

公共消费中的教育、医疗保健、社会保险和福利、体育与娱乐、文化等消费物，其受益对象是住户部门中的某类人群，如接受救济的灾民、生活困难的住户或者接受义务教育的学生等，因此可将这一部分消费支出称为用于住户个人的公共消费支出，即住户个人获取消费物，政府或为住户服务的非营利机构承担支出。这一支出与收入再分配中的实物社会转移相对应。扣除用于住户个人的公共消费支出之后的部分包括国防、公共秩序和安全、公共卫生的维护和环境保护等方面的支出，其受益对象为全体社会成员，因此这一部分公共消费支出被称为用于公共服务的公共消费支出。公共消费支出的提供方式主要包括市场购买后免费提供，以及政府自己生产，然后将该非市场产出免费或以无经济意义的价格提供给住户或者社会公众。可以看出，这些提供方式与实物社会转移非常相似。

2. 实际最终消费

基于支出的消费核算，其不足之处在于住户部门获取的消费物，对应的支出主体不仅包括住户而且涉及政府，而承担最终支出的部门不一定是消费物的实际获取部门。实际最终消费是常住机构单位最终获取的消费物的价值，即按“获得标准”核算的消费流量。与消费支出类似，实际最终消费也可区分为个人实际消费与公共实际消费两个分量。

个人实际消费是指住户个人实际获取的消费物价值，因此不仅包括通过个人消费支出获取的消费物，而且包括与实物社会转移相对应的用于住户个人的最终消费支出的价值。根据表 4.1，2019 年住户的实际最终消费为 44.6 万亿元。由此可以计算出住户的最终消费支出为 44.6 – 5.8 = 38.8（万亿元）。

公共实际消费是指社会公众获取的消费物价值，等于公共消费支出减去用于住户个人的公共消费支出（或实物社会转移），也就是用于公共服务的公共消费支出。2019 年这一指标的值为 10.7 万亿元。考虑到实物转移，2019 年政府的最终消费支出为 10.7 + 5.8 = 16.5（万亿元）。

从宏观上看，国内的最终消费支出（38.8 + 16.5 = 55.3 万亿元）与实际最终消费（44.6 + 10.7 = 55.3 万亿元）总额相等，差别体现在分量上，即住户实际消费大于住户消费支出，公共实际消费小于公共消费支出，之间的差额就是实物社会转移。

3. 储蓄

可支配收入用于消费后的余额就是储蓄。它是收入使用账户的平衡项，即可支配收入或调整后可支配收入没有用于最终消费或实际最终消费的结余，具体为

储蓄 = 可支配收入 – 最终消费支出

储蓄 = 调整后可支配收入 – 实际最终消费

通过以上两种方式计算的储蓄结果是一致的。以住户部门为例，其调整后可支配收入等于可支配收入加上实物社会转移，其实际最终消费等于最终消费支出加上用于住户个人的公共消费支出，而实物社会转移与用于住户个人的公共消费支出数额相等。因此两种方式计算的储蓄结果相同。2019 年，住户部门的储蓄 = 调整后的可支配收入 65.2 – 实际最终消费 44.6 = 20.6（万亿元）（由于四舍五入的问题，结果与表 4.1 中的数据 20.7 万亿元略有差异）。

同样可理解政府部门储蓄在两种计算方式下结果的一致性。非金融企业部门和金融机构部门，由于没有消费功能，其最终消费支出和实际最终消费均为 0，其可支配收入或调整后可支配收入直接转化为储蓄。

储蓄的经济意义在于：若储蓄为正，说明该部门存在未用完的收入，因此可用于增加非金融资产或金融资产，或者减少本部门的负债；若储蓄为负，意味着本部门的可支配收入尚无法满足消费的资金需求，必然会通过减少资产或增加负债来筹措资金以满足当前的消费。储蓄将收入使用账户与资本账户联结起来，从更宏观的角度来看，将经常账户与积累账户联系起来，因而成为经济分析的重要切入点。

4.6　非金融投资

4.6.1　经济资产的概念及种类

根据 SNA – 2008 定义，经济资产是一种价值储备，代表经济所有者在一定时期内通过持有或使用该资产所产生的一次性或连续性经济利益。它是价值从一个核算期向另一个核算期结转的载体。

界定经济资产范围的基本原则，一是该资产是否在一定时期内能够为其所有者带来经济利益；二是所有者能否对该资产行使所有权，或者说，该资产的所有权是否明确。

如人力资本不属于 SNA 定义的资产，因为其主体“人”的所有权难以确定。

经济资产可分为非金融资产和金融资产两种。金融资产是与金融交易相联系的一类经济资产。资金流量表（非金融交易）记录了非金融资产的交易情况。

非金融资产可进一步细分为生产资产和非生产资产。其中，生产资产既包括住宅、其他建筑和构筑物、机器和设备、武器系统、培育性生物资源，也包括研究与开发、矿藏勘探和评估、计算机软件和数据库、娱乐和文学及艺术品原件等知识产权产品，还包括材料和用品、在制品、制成品、军事存货及供转售的货物等存货，以及贵金属和宝石、古董和其他艺术品等贵重物品；非生产资产既包括土地、矿藏和能源资源、水资源等自然资源与无线电频谱等其他自然资源，也包括合同、租约和许可以及商誉与营销资产等。

4.6.2 资本转移的概念和分类

进行非金融投资的资金来源主要有两方面，一是储蓄，二是资本转移。

资本转移是一个机构单位无偿地向另一个机构单位提供用于固定资本形成的资金或实物，而不从后者获得任何对应物作为回报的交易。资本转移与经常转移的区别在于经常转移会改变接受方的消费水平，而资本转移在增加接受方的投资来源的同时不改变接受方和支付方的可支配收入和储蓄额。

资本转移主要包括资本税、投资补助和其他资本转移。

1. 资本税

资本税是指针对机构单位所拥有的资产的价值或净值，或针对机构单位之间作为遗产、生产之间的赠予或其他转移物所转移的资产价值，不定期或间隔相当长时间而征收的税。就中国当前情况来看，资本税发生的数额不大。

2. 投资补助

投资补助是指政府部门向常住或非常住机构单位提供的、全部或部分用作获得固定资产的资金。根据官方发布，2019 年投资补助发生在政府和非金融企业之间，是政府的运用，是非金融企业的来源，金额为 12 889.71 亿元（因篇幅有限，在表 4.1 中未单独体现）。

3. 其他资本转移

其他资本转移包括除资本税和投资补助之外的资本转移，如债权人和债务人经共同协议对债务的取消。根据官方发布，2019 年这部分发生在政府和国外部门之间，政府支出了 37.69 亿元，国外部门支出了 14.99 亿元，在来源方面，政府获得了 14.99 亿元，国外部门获得了 37.69 亿元（因篇幅有限，在表 4.1 中未单独体现）。

4.6.3 非金融投资的核算

依据非金融资产的组成，非金融投资也可以分为生产资产交易和非生产资产交易。其中，一时期生产资产交易在实物上对应着当期产品积累，即最终产品用于资本形成的部分。因此，生产资产交易的核算就是第二章中的资本形成核算，只不过在之前是作为最终产品的使用去向进行核算，在此处则要作为购买资本品的投资支出加以核算。

（1）资本形成核算。根据表 4.1 的数据，非金融企业部门的资本形成为 26.4 万亿元，住户部门的资本形成为 11.7 万亿元，其他部门的数额较少。资本形成具体又包括固定资产净获得、存货变化和贵重物品净获得。资本形成核算主要是指前两部分的核算，其中固定资本形成是最主要的部分，以 2019 年数据为例，非金融企业的固定资本形成为 259 055.62 亿元，而存货增加为 4 811.62 亿元（因篇幅有限，在表 4.1 中未单独体现）。

（2）非生产资产投资核算。非生产资产包括有形和无形两部分。有形非生产资产统称为自然资源，无形非生产资产包括合约、租约和许可，以及商誉和营销资产。根据国民经济核算原理，所有有形非生产资产的交易要全部记录为国内机构单位之间的交易。无形非生产资产的交易有可能发生在国内与国外之间，但是这种情况非常少见。

根据 2019 年数据，其他非金融资产获得减处置主要发生在非金融企业、政府和住户之间。非金融企业的其他非金融资产获得大于处置，两者之差为 5.9 万亿元，政府和住户的其他非金融资产处置大于获得，政府的获得减处置为 – 2.4 万亿元，住户部门的获得减处置为 – 3.5 万亿元，这三个部门的代数和为 0。

4.6.4　净金融投资

每个部门通过储蓄和资本转移获得的资金和非金融投资规模不一定相等，资金来源大于非金融投资，说明该部门投资资金有余，反之，则说明该部门投资资金有缺口。两者之差用净金融投资表示。资金来源和非金融投资之差可以度量某个部门的资金余缺状况，各部门的资金余缺合计在一起，相互抵销后就是整个经济的余缺状况。如果某个机构的资金不足以支持投资需求，就需要到金融市场上筹措；如果资金有余，就可以通过金融市场将剩余资金出借。

以表 4.1 数据为例，非金融企业的净金融投资 – 12.2 万亿元 = 总储蓄 18.9 万亿元 + 资本转移 1.3 万亿元 – 资本形成总额 26.4 万亿元 – 其他非金融资产获得减处置 5.9 万亿元（由于四舍五入等原因，计算结果略有差异），净金融投资为负值，说明非金融企业需要到金融市场募集资金，募集的渠道将在第五章将要介绍的资金流量表（金融交易）中体现出来。

类似地，金融机构的净金融投资为 2.5 万亿元，政府为 – 2.3 万亿元，居民为 12.5 万亿元，国内合计为 0.5 万亿元，说明有资金结余，可以参与国际金融投资。

4.7　资金流量表（非金融交易）的应用

4.7.1　财产收入结构

2019 年资金流量表的核算中将财产收入分为利息、红利、地租和其他财产收入，从运用的方向来看（见图 4.2），各机构几乎都涉及了各类财产支出，但是结构有所不同，非金融企业支付的财产收入中利息和红利各占近一半，除此之外还有少量地租；而金融机构支付的主要是利息，除此之外还有少量红利，政府和住户支付的几乎都是利息，国外支付的利息和红利各占一半。

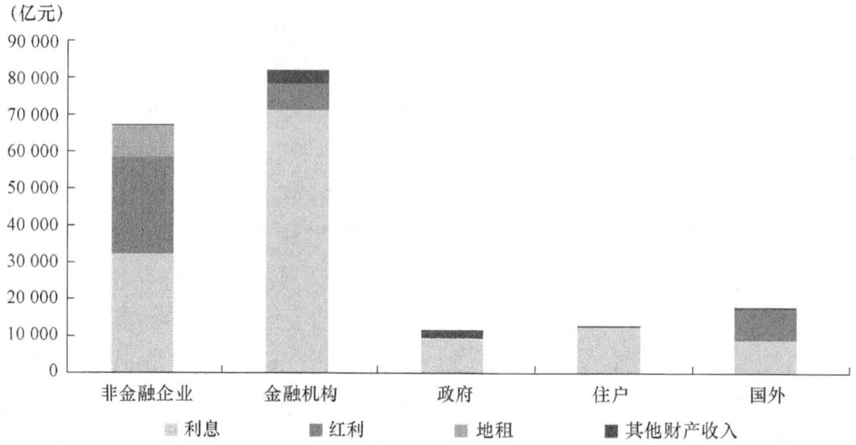

图 4.2　2019 年各机构支付的财产收入结构

从获得的方向来看（见图 4.3），非金融企业获得的财产收入中利息占近 70%，红利约占 30%，金融机构获得的财产收入几乎均为利息，政府获得的财产收入中利息、红利和地租各占三分之一左右，住户获得的财产收入中约 80%为利息，国外获得的财产收入大部分为红利。

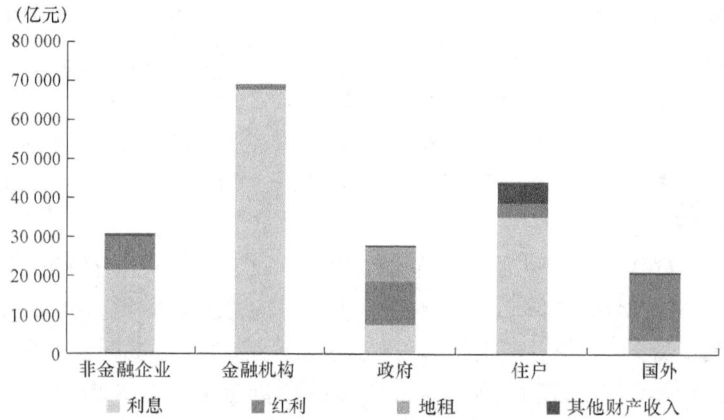

图 4.3　2019 年各机构获得的财产收入结构

4.7.2　收入分配格局

经过初次分配之后（见图 4.4），住户的初次分配收入在国民总收入中占 61%，其次是非金融企业占比较高，为 22%。

与历史数据对比后发现（见图 4.5），2012—2019 年我国各部门的初次收入分配格局变化较小，住户的初次收入占比维持在 60%以上，非金融企业的初次收入占比逐年上升，由 2012 年的不到 20%增长到 2019 年的 22%，政府的初次收入占比逐年下降，体现了藏富于民的治国理念。

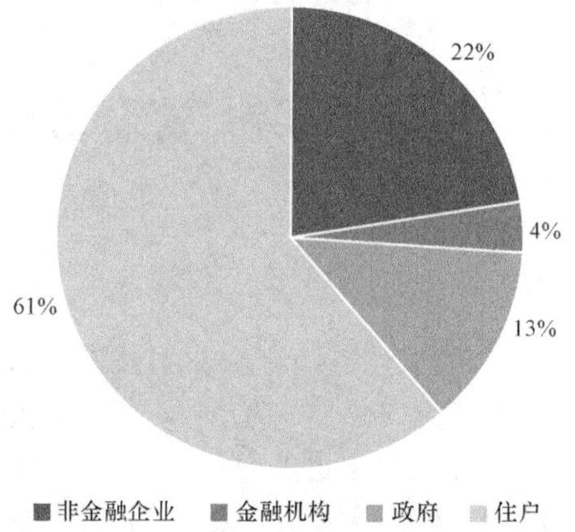

图 4.4　2019 年各部门初次分配收入占比

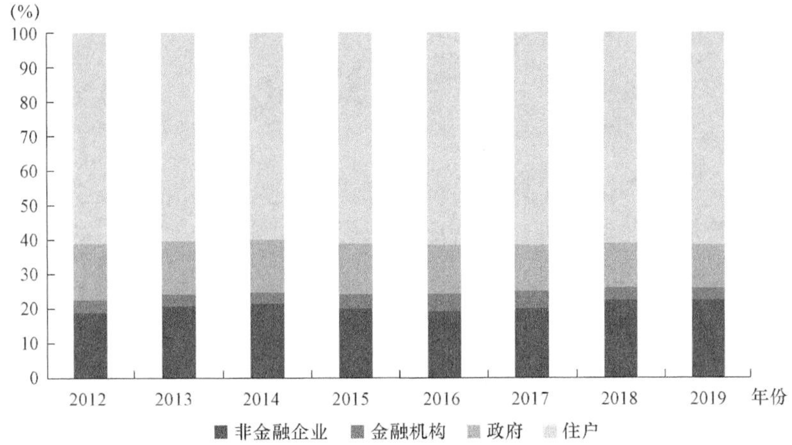

图 4.5 2012—2019 年各部门初次收入占比

经过收入再分配，各部门可支配收入占比如图 4.6 所示，其他部门所占比重变化较小，政府所占比重由 13%增加到 18%。

经过实物社会转移，各部门调整后可支配收入占比如图 4.7 所示，住户的可支配收入占比增长为 66%，表明实物社会转移提高了住户的收入。

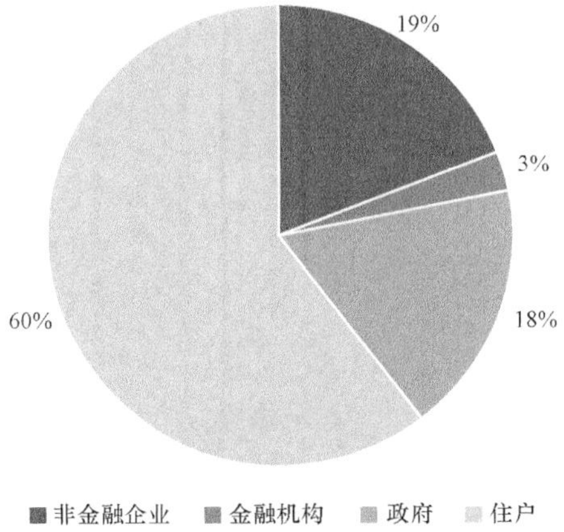

图 4.6 2019 年各部门可支配收入占比

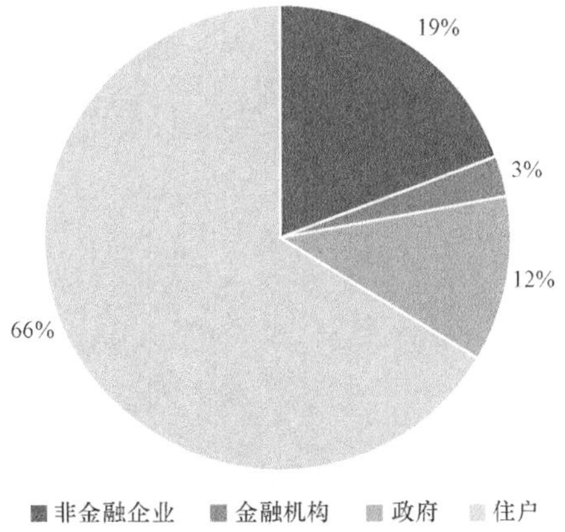

图 4.7 2019 年各部门调整后可支配收入占比

习 题

1. 基于最近 5 年的资金流量表（非金融交易）数据，计算各部门的初次分配收入和可支配收入，计算两次分配过程中各部门的收入（包括初次分配收入和可支配收入）所占比例，分析国民收入分配格局。

2. 简述财产收入及其分类。

3. 简述收入分配的核算思路，分析其与生产核算的关系。

4. 简述国民总收入与国内生产总值的区别。

5. 简述经常转移的概念及分类。

参 考 文 献

[1] 向书坚，徐映梅，郑瑞坤．国民经济核算［M］．北京：北京大学出版社，2019．
[2] 高敏雪，李静萍，许健．国民经济核算原理与中国实践（第 4 版）［M］．北京：中国人民大学出版社，2018．

第5章　金融交易资金流量核算

对于一个机构单位或机构部门而言，本部门的储蓄（可支配收入减去消费）与来自其他单位的资本转移净额形成该部门的资金来源，这些筹集的资金与该部门的非金融投资规模不总是相等的。当资金来源大于非金融投资时，说明该部门有资金盈余；资金来源小于非金融投资，说明该部门有投资资金缺口。储蓄与非金融投资之间出现不一致时应该如何弥补缺口呢？此时金融市场和金融机构可以起到资金融通的作用。各机构部门通过金融交易调节资金余缺，使得国民经济各部门资金供求平衡。

本章主要讨论金融交易部分资金运动的核算，即金融交易部分的资金流量核算。预期完成本章的学习后，读者能够掌握金融交易资金流量核算的基本方法、表现形式，能够使用资金流量表的历史数据，分析金融交易产生的资金运动情况。

5.1　基本概念

5.1.1　金融交易的内涵

金融交易是指涉及机构单位金融资产所有权变化的所有交易，包括金融债权和债务的产生和清偿，但不包括交易外因素引起的或资产价格变化引起的价值变化。当一个机构单位与另一个机构单位签订有关有偿提供资金的合约时，金融债权和债务随之产生，此时即发生了一项金融交易。金融交易通常会形成金融债权和债务。对于一些特殊的金融交易，比如股权，作为具有所有权和经营权性质的一种综合权利，严格地说，其虽然形成了金融资产却没有对应的债务。然而，融资者有让股东参与剩余价值分配的义务，因此在资金流量核算时也将股权类金融交易视作提供资金方的金融资产，接受资金方的金融负债。

引起金融资产所有权变化的情况有两类：一类是在以货币为媒介的非金融交易过程中发生的，另一类是在严格的金融交易过程中发生的。区别于只涉及实物所有权转移的非货币性交易，如实物性的劳动者报酬支付，以货币为媒介的非金融交易中一方面会有实物所有权发生变化，相对应的金融资产或负债也会发生变化。在以货币为媒介的非金融交易中，金融资产所有权的变化是为了充当实物交换的媒介。如企业向员工支付劳动者报酬，从而引起企业存款资产的减少或者贷款负债的增加。这一过程一方面对应了实物所有权的变化（非金融交易核算中的劳动者报酬），另一方面对应了金融资产（或负债）所有权的变化（金融交易核算中的存款或贷款）。以货币为媒介的非金融交易中的两类所有权变化具有内在的一致性：非金融交易中增加了机构单位的资金使用，如支付收入、消费或者获得非金融资产，则会有金融资产随之减少或者金融负债随之增加；同样，非金融交易中增加了机构单位的资金来源，如获得收入，则会有金融资产随之增加或者金融负债随之减少。以货币为媒介的非金融交易的结果将出现资金来源与资金使用的差额，即产生净贷出/净借入。同时，以货币为媒介的非金融交易所伴随的金融交易的结果是，交易任一方的金融资产或金融负债的变化只出现一次，即金融资产和金融负债的变动出现差额。由于在此过程中非金融交易的实物所有权发生变化，与金融所有权的变化一一对应，因此两个差额大小也是完全相等的。对于严格的金融交易来说，机构单位之间的交易不涉及实物，仅涉及金融资产。如住户部门使用个人存款进行债券投资，住户存款金融资产减少的同时，债券金融资产增加。严格的金融交易中仅发生金融所有权的变化，要么是金融资产增加（减少）的同时伴随金融负债等额增加（减少），要么是两种金融资产（负债）的等额反向变动。综上，只有伴随非金融交易发生的金融交易才能改变国民经济各机构部门的金融资产负债差额，严格的金融交易并不影响各机构部门的金融资产负债差额。该差额即为接下来将要介绍的金融交易中的“净金融投资”。

5.1.2 金融交易中的净金融投资

在金融交易中，一个机构单位一方面会在金融市场上获得或处置金融资产，抵销以后体现为金融资产的净获得；另一方面会发生或清偿债务，抵销以后体现为负债的净发生。在国民经济核算中，这种取净额的方式又称轧差。机构单位在一个核算期内获得的金融资产减去产生的金融负债，结果即为净金融投资。金融交易中的净金融投资与非金融交易中的各部门的净金融投资（储蓄+资本转移净额–非金融投资）具有内在联系。非金融交易部分出现的净金融投资，会通过各种金融工具的交易得以调节，最终使得国民经济各部门资金需求和资金供应达到平衡。非金融交易部分如果某一部门的投资资金来源大于非金融投资，其会在金融市场上通过各类金融工具将盈余资金运用出去，形成该部门新增的金融资产，或者会偿还以前的各种债务，减少其金融负债，总之金融交易中出现正的净金融投资；而如果投资资金来源小于非金融投资，资金短缺部门会在金融市场上通过各类金融工具获得资金来源，形成该部门新增的金融负债，或者会减少原来持有的金融资产，总之金融交易中出现负的净金融投资。由此可见，资金流量表非金融交易部分的净金融投资是金融交易部分核算的起点，金融交易中的净金融投资是对非金融交易部分出现的资金余缺的调剂方式的解释。如果不考虑统计误差，由“储蓄+资本转移净额–非金融投资”计算的净金融投资与金融资产净获得和负债净产生的差额计算的净金融投资，二者在数量上是一致的。

与以货币为媒介的非金融交易相伴随的金融交易与严格的金融交易对净金融投资水平的影响存在差异。对于以货币为媒介的非金融交易来说，机构单位的金融资产或金融负债的变动会出现差额，会改变该部门的净金融投资水平。然而，对于严格的金融交易来说，交易会使得机构单位金融资产增加（减少）的同时金融负债等额增加（减少），或者使得两种金融资产（负债）等额反向变动，因此不会改变该部门的净金融投资水平。这意味着严格的金融交易产生的金融所有权变化，并不是为了直接调节非金融交易中的资金余缺而发生的。严格的金融交易规模的膨胀可能会带来金融市场的繁荣，但其脱离实物交易需求的片面发展，不但不能起到支撑实体经济发展的作用，反而会带来金融不稳定性，甚至为系统性金融风险的发生埋下隐患。

5.2　金融交易的资金流量核算

金融交易部分的资金流量核算主要是对国民经济运行过程中的金融交易活动进行核算，反映金融交易形成的资金流量和流向，从宏观上勾画出一时期与实体经济对应存在的金融经济的图景。金融交易部分的资金流量核算，可以反映国民经济各机构部门之间，以及国内与国外之间的所有金融交易。

5.2.1　金融交易核算的思路

首先讨论机构部门和金融交易的分类，这是金融交易部分资金流量核算的基础。资金流量核算采用的机构部门的概念和分类，与国民账户体系中其他账户是完全一致的。资金流量核算将国民经济的所有机构单位分为五个机构部门：非金融企业部门、金融机构部门、政府部门、住户部门以及国外部门。资金流量核算根据使用的金融工具，将金融交易分为以下主要类型：货币黄金和特别提款权，通货和存款，债务性证券，贷款，股权和投资基金份额，保险、养老金和标准化的担保计划，金融衍生工具以及其他应收应付款等。根据金融市场的实际情况，金融交易的类型也可以进一步细分。下面根据国家统计局公布的《中国统计年鉴 2021》中的指标解释对主要的金融交易类型进行介绍。

通货：指以现金形式存在于市场流通领域中的货币，包括辅币和纸币。

存款：指以各种形式存在存款类金融机构中的存款，包括活期存款、定期存款、财政存款、外汇存款和其他存款等。

贷款：指金融机构发放的各类贷款，包括短期贷款、票据融资、中长期贷款、外汇贷款、委托贷款和其他贷款等。

债券：指机构单位为筹措资金而发行，并且承诺按约定条件偿还的有价证券，包括政府债券、金融债券、中央银行债券、企业债券等。

股票：指股份有限公司根据公司法的规定，为筹集公司资本所发行的、用于证明股东身份和权益并据以获得股息和红利的凭证。

保险准备金：指社会保险和商业保险基金的净权益、保险费预付款和未结索赔准备金。

金融机构往来：指金融机构部门子部门之间发生的同业存放、同业拆借和债券回购等。

存款准备金：指各金融机构在中央银行的存款及缴存中央银行的法定准备金。

中央银行贷款：指中央银行向各金融机构的贷款。

直接投资：以投资者寻求在本国以外运行企业获取有效发言权为目的的投资，包括直接投资资产和直接投资负债两部分。相关投资工具可划分为股权和关联企业债务。股权包括股权和投资基金份额，以及再投资收益。关联企业债务包括关联企业间可流通和不可流通的债权和债务。

国际储备资产：指我国中央银行拥有的对外资产，包括外汇、货币黄金、特别提款权、在国际货币基金组织的储备头寸等。

金融交易的资金流量核算思路是，根据不同类型金融交易中发生的债权、债务关系，记录当期由于交易引起的各机构部门金融资产、金融负债的净变化。以存款交易为例，住户部门在国内金融机构存款的增加，体现为住户部门金融资产的净获得，同时体现为金融机构部门负债的净发生。然而，如果存款交易发生在国内部门和国外部门之间，则相应体现为国内相关部门与国外部门金融资产和金融负债的变化。货币黄金和特别提款权属于国际储备资产，相关的金融交易只发生在国内部门和国外部门之间，因此金融交易引起的一国货币黄金和特别提款权的增加，体现为该国金融机构部门金融资产的净获得，同时体现为国外部门金融负债的净发生。

5.2.2 资金流量表——金融交易部分

1. 资金流量表的编制方法

金融交易导致资金在不同部门之间流动，同时带来各部门金融资产和负债的变化。因此，资金流量表的编制有两种方法：流量法和存量轧差法。流量法是直接取得金融交易的流量数据。例如，与国外部门之间的金融交易数据可以直接取自后续章节将要介绍的国际收支平衡表的金融账户和储备账户。对于大多数的国内金融交易则通过存量轧差法推算流量数据，即根据能够得到的期初和期末金融资产和负债的存量数据，计算当期发生的流量数据。国内机构部门之间金融交易产生的金融资产和金融负债的存量数据，大多来自货币金融统计。

金融交易部分资金流量表的编制，遵循国民经济核算要求的汇总、合并和轧差原则。某一部门的数据是通过其包含的机构单位的数据汇总形成的。部门内部机构单位之间的金融交易数据要轧差、合并，以反映不同部门之间金融交易中的债权、债务关系。需要特别指出的是，在中国资金流量表的金融交易部分，金融机构部门的某些金融交易数据并没有完全遵循上述轧差原则。发生在中央银行、其他存款性金融机构等金融机构部门之间的某些金融交易数据，如金融机构往来、准备金、库存现金、中央银行贷款等，不但没有做轧差处理，反而通过细分的金融交易项目单独列示。未轧差处理的原因是这些金融交易不具有同质性，并且相关数据能够突出反映金融机构部门的重要作用。通过金融机构往来科目的数据，可以观察金融部门之间的交易规模，而通过其他科目，则可以分析中央银行和其他存款性公司等金融机构之间的债权、债务关系。

2. 资金流量表的结构

国民经济各部门各项金融交易的资金流量数据最终通过资金流量表来综合表述。金融交易部分的资金流量表通常是矩阵账户形式的二维结构，以金融项目行（主栏）×机构部门列（宾栏）的方式列示。宾栏在每个机构部门下又列出资金的“运用”和资金的“来源”两栏，其中资金的运用列记录金融资产的净获得，资金的来源列记录金融负债的净发生。

中国的资金流量表（金融交易部分）如表 5.1 所示。资金流量表的前三行显示了各机

表 5.1　**2 017 年中国资金流量表（金融交易）**　（单位：亿元）

	非金融企业部门		金融机构部门		政府部门		住户部门		国内合计		国外部门		合计	
	运用	来源	运用	来源	运用	来源	运用	来源	运用	来源	运用	来源	运用	来源
净金融投资	−56 254		24 744		155		42 482		11 127		−11 127			
资金运用合计	72 537		381 405		42 914		121 970		618 826		14 412		633 238	
资金来源合计		128 791		356 661		42 759		79 488		607 699		25 538		633 238
通货	211			2 342	47		2 086		2 344	2 342	−2		2 342	2 342
存款	50 647		3 976	142 153	36 038		49 603		140 263	142 153	5 226	3 336	145 489	145 489
活期存款	22 731			53 987	14 509		16 746		53 987	53 987			53 987	53 987
定期存款	18 173			61 411	13 726		29 513		61 411	61 411			61 411	61 411
财政存款				5 684	5 684				5 684	5 684			5 684	5 684
外汇存款	5 597		−461	5 260	68		−48		5 157	5 260	3 439	3 336	8 596	8 596
其他存款	4 145		4 436	15 811	2 052		3 392		14 025	15 811	1 786		15 811	15 811
证券公司客户保证金	−1 164		−1 082	−4 598	−770		−1 466		−4 482	−4 598	−116		−4 598	−4 598
贷款		113 137	178 203	5 256		−21 150		77 863	178 203	175 105	394	3 492	178 597	178 597
短期贷款与票据融资		9 010	28 189					19 180	28 189	28 189			28 189	28 189
中长期贷款		73 489	126 506					53 017	126 506	126 506			126 506	126 506
外汇贷款		−320	3 522	120		629		−3	3 522	426	394	3 490	3 916	3 916
委托贷款		7 299	7 348	144		−3 561		3 464	7 348	7 346		2	7 348	7 348
其他贷款		23 660	12 638	4 991		−18 219		2 206	12 638	12 638			12 638	12 638

续表

	非金融企业部门		金融机构部门		政府部门		住户部门		国内合计		国外部门		合计	
	运用	来源	运用	来源	运用	来源	运用	来源	运用	来源	运用	来源	运用	来源
未贴现的银行承兑汇票	5 381	5 381	5 381	5 381					10 762	10 762			10 762	10 762
保险准备金	1 151			12 810		8 256	19 914		21 065	21 065			21 065	21 065
金融机构往来			24 886	27 545					24 886	27 545	4 127	1 468	29 013	29 013
准备金			10 466	10 528					10 466	10 528	62		10 528	10 528
债券	5 187	2 607	91 130	41 412	1 371	55 807	643		98 331	99 827	3 359	1 863	101 689	101 689
政府债券	−3		53 849		−128	55 807	537		54 255	55 807	1 872	319	56 126	56 126
金融债券	1 227		38 816	41 412	669		28		40 741	41 412	1 553	881	42 294	42 294
中央银行债券			9						9			9	9	9
企业债券	3 963	2 607	−1 544		830		77		3 326	2 607	−66	654	3 260	3 261
股票	5 089	9 922	2 339	2 114	1 675		3 187		12 289	12 036	2 293	2 545	14 581	14 581
证券投资基金份额	5 506		5 120	21 754	3 645		6 935		21 206	21 754	548		21 754	21 754
库存现金			−148	−153					−148	−153		4	−148	−148
中央银行贷款			24 731	24 731					24 731	24 731			24 731	24 731
其他（净）	−7 661	818	31 765	63 988	909	−350	41 068	1 625	66 081	66 081			66 081	66 081
直接投资	6 881	11 358							6 881	11 358	11 358	6 881	18 239	18 239
其他对外债权债务	1 310	549	−1 539	1 398		197			−229	2 145	2 145	−229	1 916	1 916
国际储备资产			6 179						6 179			6 179	6 179	6 179
国际收支错误与遗漏		−14 982								−14 982	−14 982		−14 982	−14 982

构部门由各种金融交易产生的资金运用合计、资金来源合计以及由两者差额计算的净金融投资，其余行显示了不同类型的具体金融交易项目。为了更详细地体现金融交易类型，中国资金流量表的个别金融交易项目又细分出了一些子项目。比如，存款这类金融交易项细分为活期存款、定期存款、财政存款、外汇存款以及其他存款几个子项目；贷款金融交易项细分为短期贷款与票据融资、中长期贷款、外汇贷款、委托贷款以及其他贷款几个子项目。资金流量表的各列除列示五大机构部门的资金运用和资金来源外，还汇总了国内部门合计的资金运用和资金来源，以及国内和国外部门合计的资金运用和资金来源（最后两列所示）。

理解中国的资金流量表金融交易部分的数据应注意以下四个问题：

第一，资金运用和资金来源列中的数据以净流量的方式，体现金融资产的净获得以及金融负债的净发生。比如，表 5.1 中金融机构部门资金运用列和资金来源列与存款交易项目行的交叉数据，分别意味着 2017 年金融机构部门的存款类金融资产净增加 3 976 亿元，存款类金融负债净增加 142 153 亿元。金融机构部门资金运用列和资金来源列与证券公司客户保证金交易项目行的交叉数据均为负值，这意味着 2017 年金融机构部门的证券公司客户保证金类金融资产和金融负债均是净减少的，分别减少了 1 082 亿元和 4 598 亿元。

第二，对于同一类金融交易，某个机构部门可能因为该类交易产生的债权变化而在资金运用方加以记录，也可能会因为这类金融交易产生债务变化而在资金来源方加以记录。比如，对于金融机构部门来说，如果金融机构当期持有的存款资产增加或者减少，则记录在资金运用方。然而，如果作为金融机构部门负债的客户的存款当期增加或减少，则记录在资金来源方。比如 2017 年资金流量表（金融交易）数据显示，金融机构部门作为自身资产所持有的存款净增加了 3 976 亿元，客户在金融机构部门的存款净增加了 142 153 亿元。

第三，金融机构往来、准备金、库存现金、中央银行贷款等金融交易，完全或者主要发生在金融机构部门内部，也可能部分发生在国内金融机构部门与国外部门之间。然而，这些发生在金融机构部门内部的交易并没有被轧差处理。对于国内部门来说，这些交易项目对应的数据只在金融机构部门资金使用和资金来源中显示，国内和国外之间的交易数据也在国外部门的资金使用和资金来源中出现。比如，2017 年资金流量表中的中央银行贷款交易项数据，这类交易仅发生在中央银行和国内的其他金融机构部门之间，中央银行向其他金融机构部门贷款净增加 24 731 亿元，这一方面是中央银行的金融资产净获得，另一方面是其他金融机构部门的金融负债净发生，因此在金融机构部门的资金运用方和资金来源方记录的数据均是 24 731。准备金这项金融交易主要记录国内的金融机构部门和国外的金融机构部门向中央银行缴纳的存款准备金，它是国内和国外的金融机构部门的金融资产，是中央银行的金融负债。因此，该项金融交易只在金融机构部门和国外部门的资金运用方，以及金融机构部门的资金来源方记录。数据显示，2017 年作为中央银行负债的准备金净增加 10 528 亿元（金融机构部门资金来源列），而这些缴纳的准备金中的 10 466 亿元是国内金融机构部门的资金运用，另外 62 亿元是国外部门的资金运用。

第四，直接投资、其他对外债权债务、国际储备资产等金融交易项目的一方交易主体一定是国外部门，因此观察国内合计的资金来源和资金运用，以及国外部门的资金来源和资金运用，可以分析对外金融交易状况。比如，2017 年其他对外债权债务项的国内合计的资金运用（对应于国外部门的资金来源）和资金来源（对应于国外部门的资金运用）分别是 –229 亿元和 2 145 亿元，这意味着对外金融交易形成的对外债权净减少 229 亿元，而对外负债净增加 2 145 亿元。进一步观察国内部门该项目的资金来源可知，这部分对外负债的净增加主要分布在金融机构部门、非金融企业部门以及政府部门，数额分别为 1 398 亿元、549 亿元以及 197 亿元。

5.2.3 资金流量表的平衡关系

矩阵账户形式的资金流量表可以反映国民经济各部门和各项金融交易的综合情况。将矩阵账户分别按部门和交易项目分解，可以得到资金流量表的两类平衡关系。从经济关系上看，纵向的部门数据要满足以下平衡关系：

资金运用合计 – 资金来源合计 = 净金融投资

例如，对于 2017 年资金流量表中的政府部门而言，资金运用合计 42 914 亿元 – 资金来源合计 42 759 亿元 = 净金融投资 155 亿元。

对于横向的交易项目而言，要满足以下平衡关系：

某一交易项目的资金运用合计 = 该交易项目的资金来源合计

各类金融交易形成的资金运用合计 = 各类金融交易形成的资金来源合计

例如，存款项目的国内和国外部门资金运用合计为 145 489 亿元，而该交易项目的国内和国外部门资金来源合计也是 145 489 亿元。同样，对于每一个交易项目而言均是如此。可以观察到资金流量表最右侧合计栏，对于每一个交易项目国内和国外部门合计的资金运用和资金来源总是相等的。由于资金流量表反映的是国民经济各部门之间的金融交易，因此由上面特定交易项目的平衡关系可进一步推出：一个部门在某一交易项目上的资金运用增加，要么是因为某部门在该交易项目上的资金来源增加，要么是因为其他部门的资金运用减少；一个部门在某一交易项目的资金来源增加，要么是因为某部门在该交易项目上的资金运用增加，要么是因为其他部门的资金来源减少。将特定交易项目的平衡关系进一步推广，可以得到全部金融交易形成的资金运用合计等于全部金融交易形成的资金来源合计。2017 年各部门在各类金融交易上的资金运用合计为 633 238 亿元，在各类金融交易上资金来源合计同样为 633 238 亿元。

如果将国内部门作为一个整体，考察其与国外部门之间的经济关系，可将上述平衡关系推广为

某一交易项目的资金运用国内合计 – 该交易项目的资金来源国内合计
= –（该交易项目的国外部门资金运用 – 该交易项目的国外部门资金来源）

全部交易项目的资金运用国内合计 – 全部交易项目的资金来源国内合计
= –（全部交易项目的国外部门资金运用 – 全部交易项目的国外部门资金来源）

例如，2017 年贷款类金融交易资金运用国内合计为 178 203 亿元，资金来源国内合

计为 175 105 亿元，这说明国内对国外的贷款类净金融投资为 3 098 亿元。而该交易项目的国外部门资金运用为 394 亿元，国外部门资金来源为 3 492 亿元，国外对国内的贷款类净金融投资为 – 3 098 亿元。上述对于某一交易项目的平衡关系得以满足。同样，2017 年，由各类金融交易国内合计资金运用减去国内合计资金来源计算的净金融投资为 11 127 亿元，而由各类金融交易国外部门资金运用减去国外部门资金来源计算的净金融投资为 – 11 127 亿元。对于全部交易项目而言，国内部门和国外部门之间的平衡关系同样得以满足。

资金流量表中的平衡关系，为检查核算方法和基础数据的准确性和可靠性提供了依据。如果核算方法和基础数据不存在问题，但仍不能满足上述平衡关系，则表明存在统计误差。

5.3 中国资金流量表（金融交易）的统计分析

5.3.1 资金流量的总量和结构分析

如图 5.1 所示，2017 年中国资金流量总规模（由全部部门合计的资金运用或者资金来源体现）为 633 238 亿元，较上年减少 97 922 亿元；环比增速为 – 13.39%，较上年 23.58% 的环比增速降低了 36.97 个百分点。资金流量总规模整体呈现逐年上升的趋势，然而个别年份出现下降。2011 年和 2017 年各部门合计的资金流量总规模均出现下降，环比增速分别为 – 11.42% 和 – 13.39%。资金流量总规模均较上一年大幅削减的主要原因是金融机构部门的资金运用和资金来源的大幅下降（见图 5.2）。这主要是在"金融去杠杆"政策影响下，银信理财、同业业务等"影子银行"业务收缩导致的。

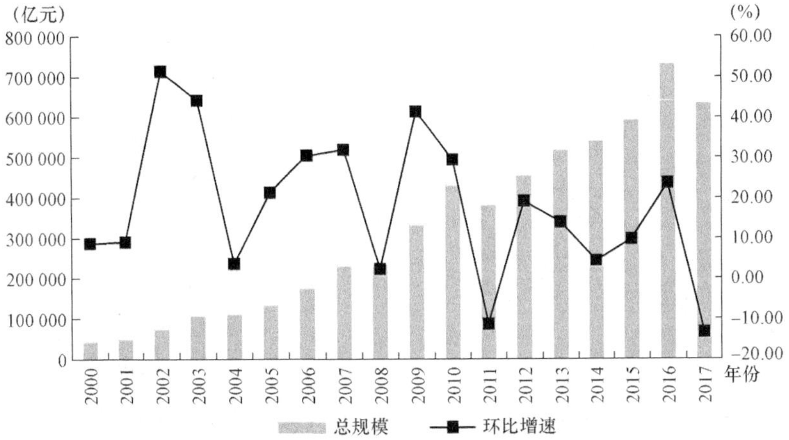

图 5.1 资金流量的总量变化

资金流量的部门结构分析，可从金融资产净获得（资金运用方）、金融负债净发生（资金来源方）以及净金融投资三个角度展开。如图 5.3 所示，资金运用方和资金来源方占比

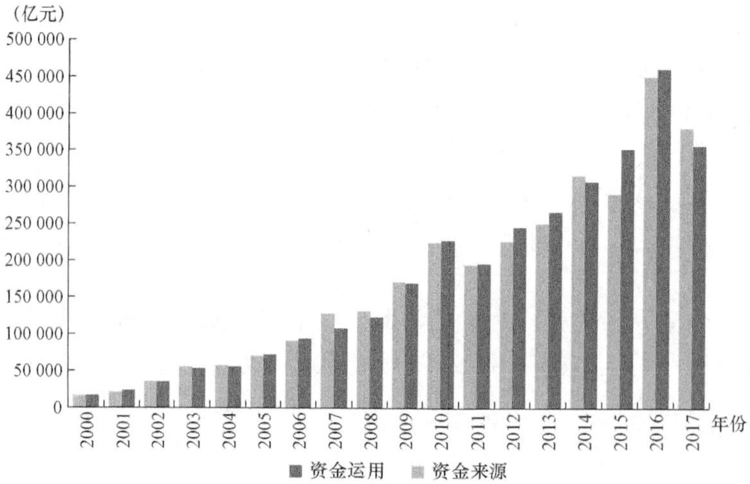

图 5.2　金融机构部门资金运用和资金来源合计

最大的都是金融机构部门，分别占比 60.2%和 56.3%，这体现了金融机构部门在资金融通过程中的中介作用。除金融机构部门外，住户部门的资金运用占比最多（19.3%），而非金融企业部门的资金来源占比最多（20.3%）。由此可见，通常住户部门是金融市场中的资金盈余方，通过各种金融工具将资金运用出去，而非金融企业部门是资金短缺方，借助各种金融工具为短缺的资金进行融资。从净金融投资的部门分布（见图 5.4）可以更清楚地看到这一特征。2017 年住户部门的净金融投资为 42 482 亿元，而非金融企业的净金融投资为－56 254 亿元。另外，从 2017 年国内部门与国外部门之间的金融交易来看，国内部门是资金盈余方，净金融投资为 11 126 亿元。根据平衡关系，国外部门为资金贷入方，净金融投资为－11 126 亿元。

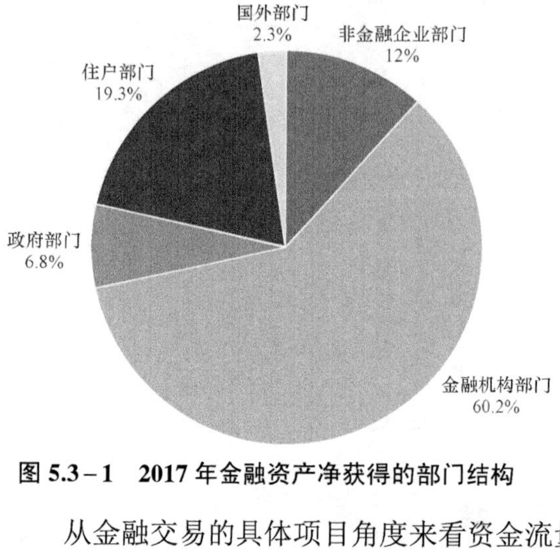

图 5.3－1　2017 年金融资产净获得的部门结构

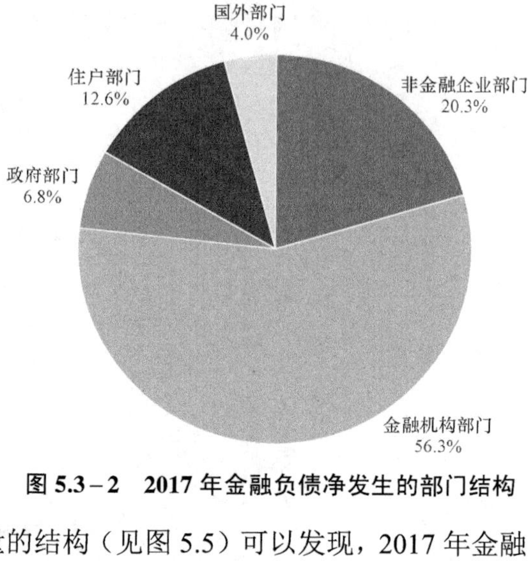

图 5.3－2　2017 年金融负债净发生的部门结构

从金融交易的具体项目角度来看资金流量的结构（见图 5.5）可以发现，2017 年金融交易的主要工具是存款和贷款，而债券工具产生的资金流量位列第三。可见，间接投融资仍然是目前中国金融交易的主要方式。2017 年间接投融资方式（存款和贷款两项）与直接投融资方式（债券和股票两项）产生的资金流量比例为 2.8 : 1。然而，对比 2009 年的资金流量结构，间接投融资方式（存款和贷款两项）与直接投融资方式（证券项）的资金流量比例为 8.1 : 1。显然，中国金融市场的投融资结构正在发生改变，资本市场中直接融资方式的比重显著提升。另外，国内部门与国外部门之间的金融交易方式也更加多元化，过去以国际储备资产为主，近些年直接投资方式的金融交易比重增加。

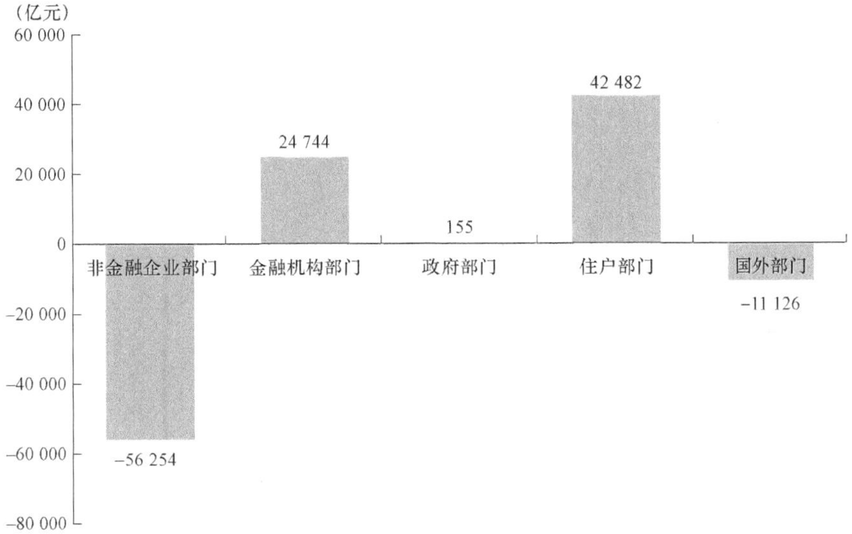

图 5.4 2017 年净金融投资的部门结构

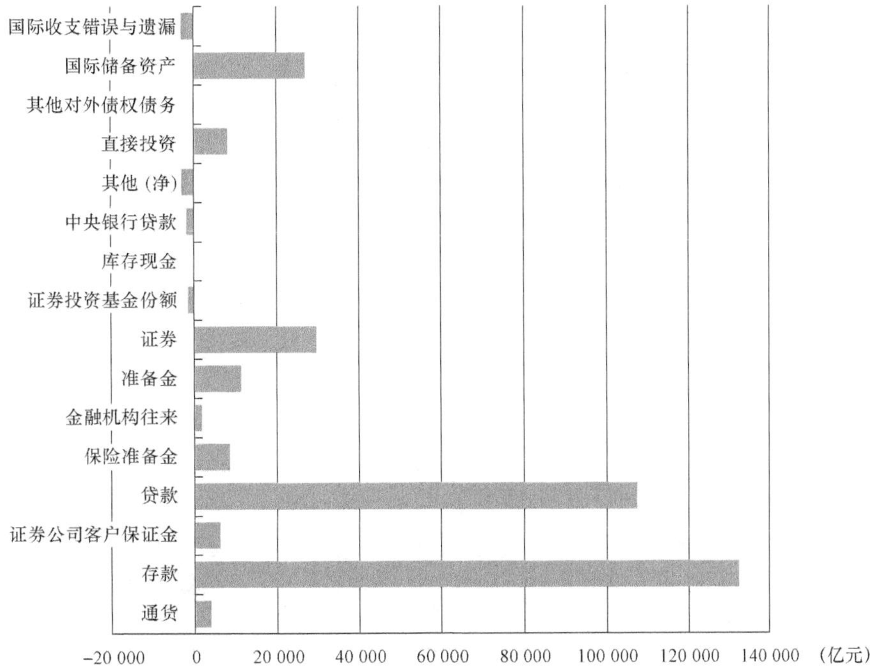

图 5.5－1 2009 年金融交易结构

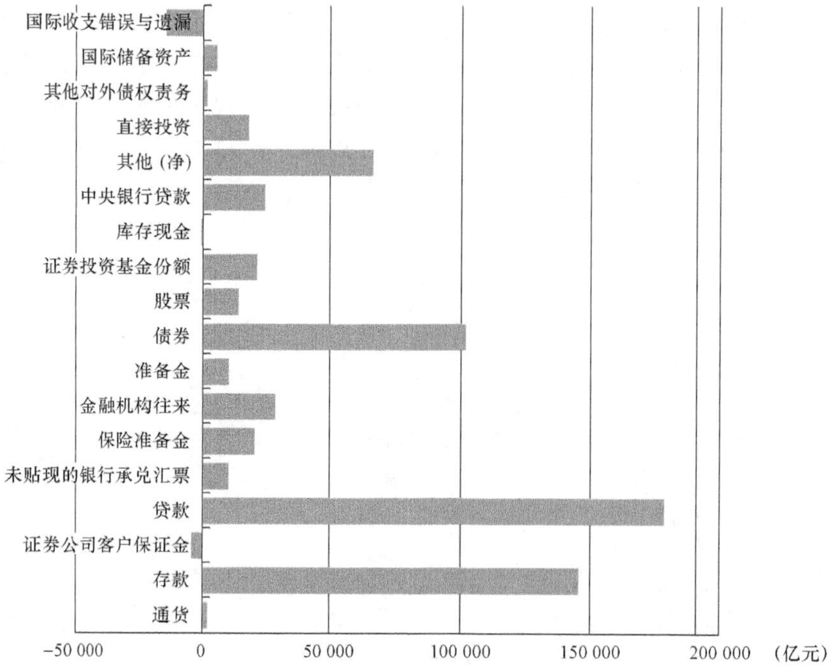

图 5.5－2　2017 年金融交易结构

进一步通过国内部门净金融投资的金融交易（各种金融交易国内合计的资金运用减去国内合计的资金来源）结构，分析国内部门参与国际金融市场的交易方式。由图 5.6 可知，2017 年国内部门的各种金融交易中，净金融投资显著为正的是贷款（以外汇贷款方式）和国际储备资产。可见，在 2017 年中国整体上的正的净金融投资主要由这两种投资方式驱动。净金融投资显著为负的金融交易有直接投资、金融机构往来、其他对外债权债务以及存款。这说明国内部门通过这些交易方式获得的资金来源要明显大于相应交易项目的资金运用。中国进行国际金融投资也仍然以贷款等间接投资方式为主。

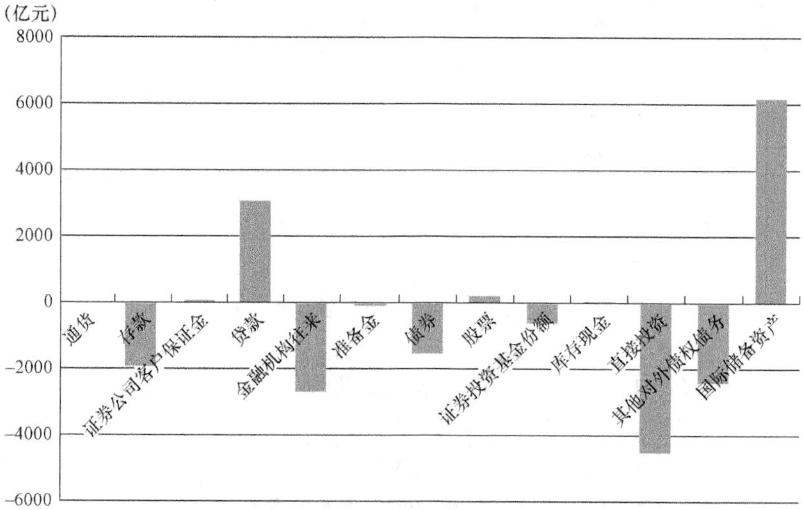

图 5.6　2017 年国内部门净金融投资的金融交易结构

5.3.2 机构部门的投融资结构分析

前文分析发现，住户部门和非金融企业部门分别是最大的资金盈余方和资金短缺方。进一步地，我们将分析这两个机构部门的投融资结构。如图 5.7 所示，2017 年，住户部门的资金运用方占比较大的金融交易项目是存款、其他（净）和保险准备金。与 2009 年住户部门的金融交易结构对比可见：存款类间接投资仍然是住户部门最主要的金融投资方式；其他（净）项目的金融交易显著增多，主要体现在一些未在资金流量表中体现的金融交易上，如理财产品、金融衍生产品等方式投资的增多；2017 年保险准备金产生的资金运用金额是 2009 年的 2.4 倍，体现住户部门对保险投资的增加；证券投资基金份额投资有所增加，但证券（债券和股票）投资占比仍然较低，体现了直接投资方式的发展滞后。

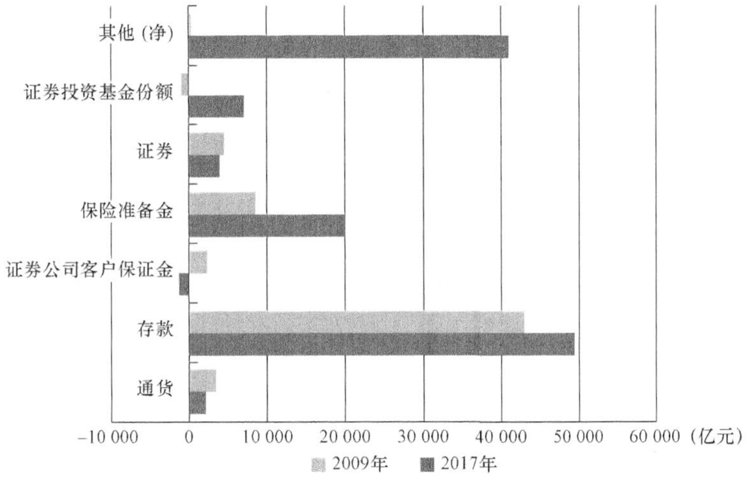

图 5.7　住户部门资金运用的金融交易结构

作为最大的资金短缺方的非金融企业部门，2017 年获得资金来源的主要金融交易方式是贷款、证券（债券和股票）和国外部门的直接投资（见图 5.8）。另外，相较于 2009

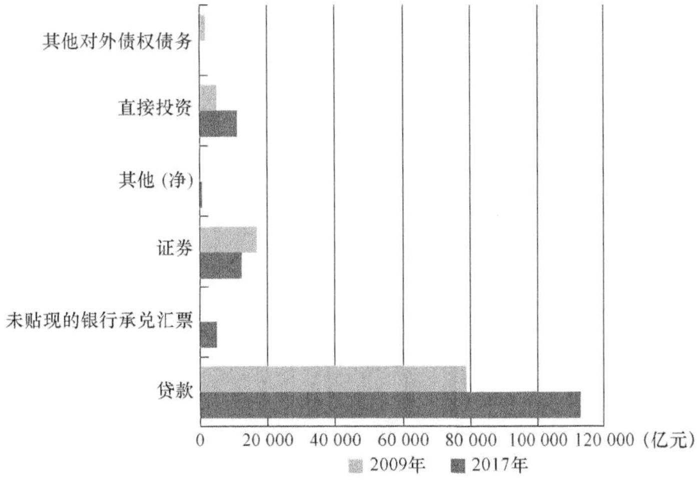

图 5.8　非金融企业部门资金运用的金融交易结构

年，非金融企业部门增加了通过未贴现的银行承兑汇票方式进行融资的规模。非金融企业部门的金融交易结构呈现出以间接融资方式为主的特征，而依靠资本市场的直接融资比重较低。

习　题

1. 中国资金流量核算的非金融交易部分与金融交易部分有何区别与联系？
2. 严格的金融交易与以货币为媒介的非金融交易有何区别？
3. 阐述为何说非金融交易产生的净金融投资是金融交易部分资金流量核算的起点？
4 阐述可以从哪些方面对资金流量表（金融交易）进行统计分析？

参考文献

[1] 高敏雪，李静萍，许健．国民经济核算原理与中国实践（第 4 版）[M]．北京：中国人民大学出版社，2018.
[2] 杜金富．货币与金融统计学（第四版）[M]．北京：中国金融出版社，2018.

第 6 章　货币供应量统计分析

货币在生产经营、日常生活中起着重要的作用。在货币还没有出现的原始社会，人们需要进行“物物交换”才能满足消费需求，交易效率非常低。货币的出现承担起了交换媒介职能，克服了物物交换下“需求的双重巧合”的弊端，大大降低了交易成本。同时，暂时不被使用的货币又以其他形式被贮藏起来，成为“购买力的暂栖所”。虽然货币发挥了重要的作用，但是它的出现也隐含了金融危机发生的可能性。如果不顾及实体经济的真实需求而大肆发行货币，必然会导致商品通货膨胀并推高资产价格，最终可能会带来严重的金融危机。既然货币具有如此重要的作用，一国经济体就需要准确地了解当前经济中的货币供应总量。

本章主要讨论广义货币的概念、货币供应量的统计方法，预期完成本章的学习后，读者能够全面地认识货币供应量的总量、结构以及形成，能够正确解读不同层次的货币供应量数据，并利用相关数据进行货币统计分析。

6.1　货币供应量的相关概念

6.1.1　金融性公司部门的分类

在介绍货币供应量及其统计方法之前，需要对货币统计对象即金融性公司部门进行分类。国际货币基金组织《货币与金融统计手册》（MFS）主要将金融性公司部门分为三类：中央银行、其他存款性公司和其他金融性公司。中央银行是领导与管理货币金融体系的机构，其主要活动包括发行货币、管理国际储备、与国际货币基金组织（IMF）交易以及向其他存款性公司提供信贷等。中国的中央银行是中国人民银行，并且由其管理的国家外汇管理局属于中央银行子部门，它主要行使国际收支管理、外汇市场管理和国际储备管理等职能。中国人民银行和国家外汇管理局也被称为中国的货币当局。

其他存款性公司包括除中央银行以外的所有常住存款性公司和准公司，这些公司主要从事金融中介活动，其负债被包括在广义货币中。最主要的其他存款性公司就是商业银行。中国的其他存款性公司包括国有控股商业银行、股份制商业银行、城市商业银行、邮政储蓄银行、农村存款类金融机构、财务公司等。

除存款性公司外的金融性公司可以统称为其他金融性公司，它与存款性公司的主要区别在于货币创造过程中的地位和作用不同，除非特殊情况，通常其他金融性公司的负债不构成广义货币。中国的其他金融性公司主要包括信托投资公司、金融租赁公司、保险公司、证券公司、证券投资基金管理有限公司、养老基金公司、资产管理公司、担保公司、期货公司、证券交易所和期货交易所等。

中央银行和其他存款性公司统称为存款性公司，并且存款性公司和其他金融性公司统称为金融性公司。金融性公司的这种分类方式决定了货币统计的组织框架层次。在中国的货币统计实践中，也主要基于 MFS 的分类方式对金融性公司进行分类，见图 6.1。

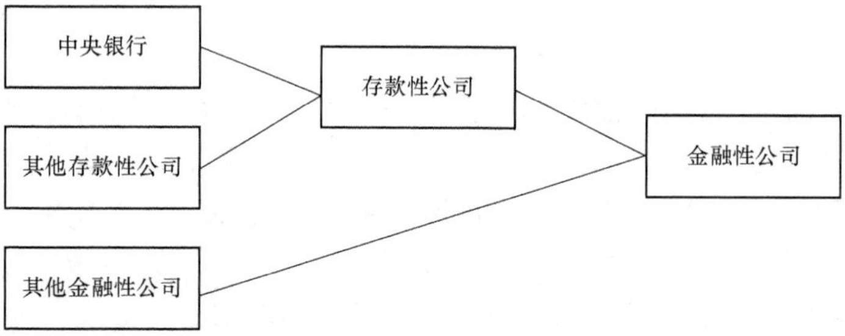

图 6.1　MFS 中的金融性公司部门分类

6.1.2　广义货币的概念及构成

货币统计的前提是明确构成货币供应量的各组成部分，即明确广义货币的概念和构成。由于各国的金融体系发展情况不同，对广义货币的定义也存在差异。根据《货币与金融统计手册》的建议，广义货币一般可以从以下三个方面定义：① 属于广义货币的金融资产；② 货币的持有部门；③ 货币的发行部门。第一方面说明了哪些金融资产可以纳入广义货币的范畴；第二方面说明了哪些部门持有的金融资产可以纳入广义货币；第三方面则说明哪些部门发行的金融资产可以纳入广义货币。MFS 对于广义货币的定义相对灵活，各个国家根据实际情况确定广义货币的具体构成。总的来说，广义货币就是特定部门发行的，由特定部门持有的，具有充分货币性的金融资产。

1. 纳入广义货币的金融资产

MFS 建议可以从金融资产的流动性和价值储藏职能角度评估金融资产的货币性，以便确定是否将其包括在广义货币范围内。通常认为货币具有交换媒介、价值贮藏、价值尺度、支付手段四个基本职能。交换媒介职能是指货币作为工具在无须进行易货交易的情况下获得物品、服务和金融资产，是货币充当商品交换的中介或媒介的职能。货币的这一职能克服了物物交换下“需求的双重巧合”的弊端，降低了交易成本，提高了交易效率。价值储藏是指货币充当购买力储藏的工具，是持有财富的一种方式。在收入和支出的时间间隔，货币一般作为价值储藏手段而存在，正如弗里德曼所说，“货币是购买力的暂栖所”。价值尺度职能是指货币表现产品和服务价格以及金融和非金融资产价值的标准，因此为进行价值对比和编制财务报表提供了途径。支付手段职能是指货币在长期合同交易中作为计价支付的单位，此时货币将金融合同的目前价值与未来价值联系起来。也就是说，作为支付手段的货币更多地反映债权、债务关系。

以不同金融资产形式表现出来的货币，无非是用来作为交换媒介或者价值储藏的手段，或者两者兼而有之。因此，在评估金融资产的货币化程度时，通常认为前两个职能是主要的，后两个职能是次要的，重点评估各种金融资产在多大程度上提供流动性和储藏价值。这里的流动性指的是金融资产在多大程度上能够在短时间内以全部或接近市场的价值出售。最具有流动性的金融资产是现钞和可转让存款，它们在执行交换手段职能时能够以全部面值立即购买产品、服务以及金融和非金融资产。纳入广义货币的金融资产必须至少具有某种程度的流动性。另外，金融资产具有不同程度的储藏价值，因此对广义货币包含的金融资产的选择反映了对流动性和作为实际价值储藏手段的作用的权衡。

在 MFS 中，主要讨论了现钞、可转让存款、其他存款、债务性证券以及其他种类的金融资产是否应该纳入广义货币。现钞包括能直接用作交换工具的纸币和铸币，它是最具有流动性的金融资产，也是广义货币中最基础、最活跃、最典型的部分。同时，如果外国货币在一个国家广泛用作交换工具，那么居民单位持有的部分（不包括存款性公司持有的部分）在原则上也应当纳入广义货币的现钞部分。可转让存款指的是：① 能够在无任何惩罚或限制的情况下以面值进行交换的存款；② 能够以支票、汇票、转账指令或其他直接支付工具进行第三方支付的存款。如果可转让存款由属于货币持有者范围的部门持有，就应该纳入广义货币。其他存款包括所有不可转让存款：定期存款，储蓄存款，外币存款，不能直接用于第三方支付的活期存款，股份或由储蓄贷款协会、建筑协会、信用社等机构发行的其他存款凭证，以及其他种类的存款。除非特别限制，这类金融资产通常也纳入广义货币范围。债务性证券包括债券、企业票据和大额存单。根据它们的期限、流动性不同，有的被纳入广义货币范围，有的则被排除在外。其他种类的金融资产包括贷款、股票和其他股权、金融衍生工具、保险技术准备金和其他应付/应收账户等，它们通常不包括在广义货币之内。然而，在货币市场基金中持有的股份是一个例外。这种基金的投资对象只是或主要是国库券、存单和商业票据等短期货币市场证券。在货币市场基金中持有的某些股份是可以转让的，在某些情况下可以纳入广义货币。另外，不可转让的货币市场基金股份也可能被归入广义货币总量，因为它的流动性较高。

2. 货币的持有部门

通常只有经济体系中的特定部门持有的某些金融资产被纳入广义货币总量当中。货币持有部门通常包括除存款性公司和中央政府之外的所有居民部门（注：在本章中，“居民”指前面章节中介绍的“常住单位”）。具体包括：ⓐ 非金融性公司；ⓑ 中央政府之外的其他政府单位；ⓒ 住户和为住户服务的非营利机构；ⓓ 金融性公司部门中除存款性公司之外的所有机构单位。存款性公司即中央银行和其他存款性公司持有的货币，不包括在广义货币之内，因为作为货币发行部门，它可以不受约束地发行并持有货币，并且除非是被货币持有部门持有，这些货币一般不对经济产生影响。中央政府被排除在货币持有部门之外，主要是因为其持有的金融资产是由中央政府的融资约束、支出决定的，主要受财政政策而非货币政策影响。通常非居民也被排除在货币持有部门之外，但是也存在例外。比如在国外的劳务人员，其可能在本国存款性公司持有存款，这些存款可以自由地被指定家庭成员或其他指定方在本国交易。这种情况下，非居民持有的存款也纳入广义货币。

3. 货币的发行部门

讨论货币的发行部门是要确定哪些部门发行的金融资产被纳入广义货币。同时，如果某一部门的负债被纳入广义货币中，该部门即成为货币的发行部门。有些国家存款性公司是唯一的货币发行者，而有些国家金融性公司以外的机构单位也可能是货币发行者，它们的负债也被纳入广义货币中。比如，发行短期票据的企业也可能成为货币发行部门，其发行的短期票据因具有较强的流动性而被纳入广义货币中。一些国家中央银行可能是通货的唯一发行机关，其发行的通货（除存款性公司和中央政府持有的部分）被纳入广义货币。另一些国家会由财政部发行铸币、纸币，这种情况下，财政部发行的货币也是广义货币的组成部分，并且财政部也成了货币发行部门。

存款性公司通常被大多数国家确定为货币的发行部门。其他存款性公司也可能成为货币的发行部门，其吸收的存款作为其负债而被纳入广义货币中。如果一国居民持有的流通中的外币被纳入该国的广义货币中，那么非居民部门同样可能成为货币的发行部门。由此可见，货币发行部门可能包括：存款性公司、中央政府、非金融性公司、非居民。被排除在货币发行部门之外的可能有：住户部门、不发行票据和债券的非金融公司；地方政府；未把外币纳入广义货币的非居民。

4. 广义货币的构成及层次

国际货币基金组织总结了代表性的广义货币构成以及广义货币的持有者和发行者。大部分国家广义货币的构成中包括由存款性公司发行的本币现钞、可转让存款和其他存款。少数国家广义货币中包括存款性公司发行的债务性证券和其他负债。另外，个别国家的广义货币中可能还包括其他部门发行的负债。表 6.1 给出了代表性的广义货币构成及持有者和发行者。

表 6.1　　代表性的广义货币构成及持有者和发行者

广义货币持有者	广义货币负债
中央政府（通常仅指其持有的本币）	**由存款性公司发行**
其他金融性公司	本币现钞
州及地方政府	可转让存款
公共非金融性公司	其他存款
其他非金融性公司	债务性证券
其他居民部门	其他负债
非居民（通常仅指其持有的本币）	**由其他部门发行**
	中央政府发行的本币现钞
	外币现钞（适用于外币作为交换工具流通的国家）
	可转让存款
	中央政府或邮政系统接受的其他存款
	其他负债

国际货币基金组织对广义货币总量进行了层次划分，主要分为 M0（现金）、M1（M0＋可转让存款）、M2（M1＋其他存款）和 M3（M2＋其他金融资产）四个层次。M0

和 M1 囊括了发挥货币交换媒介职能的具有较强货币性的金融资产。M2 在 M1 的基础上包括了一些发挥货币价值储藏手段的金融资产，如定期存款，这些“准货币”通常必须在转化成 M1 后，才能执行货币的交换媒介的职能。除金融机构的各种存款外，其他金融工具也具有相当程度的流动性，能够在发达的二级市场中较为方便地变现，因此这些其他金融资产被包括在 M3 的定义中。

由于各国的金融发展水平不同，广义货币总量的层次划分也并不一致。美国的广义货币按照 M3 进行四个层次的统计，其中 M1 中包括 M0 流通中的现金和旅行支票、活期存款、其他可兑现存款、存款性金融机构中的自动转账服务账户等，M2 中包括 M1 和储蓄存款、小额定期存款和货币市场的共同基金，而 M3 包括 M2 和大额定期存款、机构货币基金、存款机构的回购协议以及欧洲美元等。考虑到金融市场的发展情况，中国的广义货币总量划分为三个层次：M0、M1 和 M2。M1 也被称为“狭义货币”，主要包括 M0 流通中的现金和单位活期存款。广义货币 M2 在 M1 的基础上包括了单位定期存款、个人存款和其他存款等“准货币”。在广义货币的具体统计口径方面，中国人民银行也经历了几次修订。中国的广义货币 M2 统计口径历经的调整如下：

- 2001 年 6 月，中国人民银行第一次修订货币供应量口径，将证券公司客户保证金计入 M2。
- 2002 年初，中国人民银行第二次修订货币供应量，将在中国的外资、合资金融机构的人民币存款，分别计入不同层次的货币供应量。
- 自 2006 年起，中国人民银行将金融机构划分为存款性公司和其他金融性公司，信托投资公司和金融租赁公司则不再包含在存款性公司中，即排除了“特定存款机构”信托投资公司和金融租赁公司存款。
- 自 2011 年 10 月起，中国人民银行将非存款类金融机构在存款类金融机构的存款和住房公积金存款纳入广义货币供应量（M2）统计范围。
- 2018 年 1 月，中国人民银行完善货币供应量中货币市场基金部分的统计方法，用非存款机构部门持有的货币市场基金取代货币市场基金存款（含存单）。

6.1.3 基础货币及广义货币的形成

1. 基础货币的概念及构成

前面我们给出了广义货币的概念，讨论了何种部门发行的、由何种部门持有的、何种类型的金融资产可能构成广义货币，下面我们要讨论广义货币是如何创造的。首先我们要讨论基础货币的概念和特征。基础货币是中央银行为广义货币和信贷扩张提供支持的负债。由于基础货币的变化能够导致货币与信贷更大规模地增长，因此也被称作“高能货币”。这里需要强调的是，虽然能够创造出货币总量，但基础货币并不是广义货币总量，两者具有显著的区别。基础货币是中央银行的负债，其主要构成是其他存款性公司的资产（如商业银行的存款准备金），并且基础货币测算的只是支持广义货币总量的资金基础。与基础货币不同，广义货币是存款性公司的负债，并且全部是除存款性公司之外的部门的资产。

基础货币中的某些部分可能被纳入广义货币，但也包含不纳入广义货币的部分。比如，公众持有的流通中的现金是被纳入广义货币的，它同时属于基础货币。这部分通货既可以作为基础货币起到广义货币扩张的作用，又是社会公众的资产，具有交换媒介和价值储藏等基本的货币功能，从而构成广义货币总量的一部分。其他存款性公司被排除在货币持有部门之外，因此其他存款性公司在中央银行的存款和它们持有的货币，作为其持有的金融资产自然不属于广义货币总量，但是这两部分是基础货币的重要组成部分，能够起到货币扩张的作用。

基础货币包括中央银行对其他金融性公司、非金融性公司和其他居民部门的负债的某些组成部分。基础货币的代表性构成包括：① 流通中的现金；② 中央银行对其他存款性公司的负债；③ 属于广义货币的中央银行负债；④ 属于广义货币的中央银行证券。当然，以上所列示的基础货币的代表性构成可能并不适合所有国家。许多中央银行并不发行证券，也有许多国家的中央银行不接受非金融性公司和其他居民部门的存款，只接受其他存款性公司的存款。但是大多数国家将前两部分即流动中的现金和中央银行对其他存款性公司的负债（主要是存款准备金）作为基础货币的重要组成部分。

美国联邦储备银行的基础货币构成包括非银行公众持有的通货、存款机构在联邦储备银行的存款以及存款机构持有的通货。中国自 1994 年开始进行基础货币统计，最初的基础货币构成包括金融机构库存现金、流通中的现金、金融机构准备金存款、金融机构特种存款、邮政储蓄转存款以及机关团体在人民银行的存款等。随着中国金融系统组织结构的变化以及金融创新的发展，基础货币的构成也经历了一些调整。比如，随着第三方支付机构的出现，客户在使用第三方支付消费或转账时，由于结算周期时间差，一定规模的资金将被沉淀在备付金账户中，形成备付金存款。原本这部分备付金存款不受中央银行监管，从而对广义货币的派生产生扰动。自 2017 年开始，中国人民银行逐渐要求第三方支付机构向其缴存客户的备付金存款，以便于监管。因此，备付金存款就作为非金融机构存款成为基础货币的构成之一。目前中国的基础货币构成包括由金融机构库存现金和流通中的现金组成的中央银行货币发行、金融性公司在中央银行的存款和非金融机构存款。

2. 广义货币的形成

前面提到基础货币对广义货币的创造具有扩大倍数的基数作用，那么广义货币又是如何基于基础货币而被创造出来的呢？本小节主要讨论广义货币的形成问题。虽然各个国家广义货币的具体构成和层次划分存在差异，但代表性的构成都是流通中的现金和存款。下面主要针对这两个组成部分讨论广义货币的创造过程。

（1）流通中的现金的创造

流通中的现金也称通货，通常指存款性公司外的部门持有的现金。由于中央银行和其他存款性公司不属于货币持有部门，因此这两个部门持有的现金自然也就不属于构成广义货币的流通中的现金范畴。然而，流通中的现金是通过中央银行和其他存款性公司两个部门间的业务往来被创造出来的。从发行过程来说，通货是其他存款性公司从中央银行提取并支付给客户从而投放到市场中的。通货是由中央银行的发行库支付给商业银行的业务库，再由商业银行通过贷款或对客户进行支付而投放市场进入流通领域的。从人民币的具体发行来看，通货是由中国人民银行设置的发行基金保管库和商业银行的业务库之间的划拨创造的。

从通货创造的机制来看，流通中的现金是通过中央银行与其他存款性公司，以及其他存款性公司与客户间的信贷关系而被创造出来的。其他存款性公司一般会在中央银行开立存款账户，当其他存款性公司从中央银行的存款账户中提取存款或者向中央银行贷款时，现金就从中央银行转移到其他存款性公司。从中央银行转移到其他存款性公司的现金不是流通中的现金，还需要支付给客户投放到市场中。由于客户同样会在其他存款性公司开设存款账户，当客户提取存款或者向其他存款性公司贷款时会提取现金，此时流通中的现金才真正被创造出来。

（2）存款的创造

为了说明存款的创造过程，将其他存款性公司的存款分为原始存款和派生存款两部分。原始存款是其他存款性公司未使用它放贷的存款。这部分存款是其他存款性公司接受客户的现金所形成的存款，体现为流通中的现金的减少，原始存款的增加，而并不改变广义货币总量。派生存款则是在原始存款的基础上，通过其他存款性公司的贷款等资产业务被创造出来的存款。派生存款的具体创造过程体现为：其他存款性公司在获得客户的原始存款后，部分缴存中央银行准备金，其余部分用于贷款；获得贷款的客户如果将全部或大部分贷款存入自己的存款账户，对于银行等其他存款性公司而言就多了一笔新的存款；获得新存款的银行缴存准备金后又将剩余部分发放贷款，取得贷款的客户再存入银行，又形成新的存款。如此持续下去，各个银行通过自身的贷款等资产业务，会在原始存款的基础上创造出乘数倍的派生存款。在不存在现金漏出银行系统、超额存款准备金全部贷出等假设下，可以通过简化的过程分析存款的乘数派生。假设法定存款准备金率为 10%，如果银行 A 具有 100 万元的原始存款，整个银行系统的存款增加过程体现为：100 万元→90 万元→81 万元→72.9 万元……，合计为 1 000 万元。

（3）广义货币和基础货币的关系

原始存款是由流通中的现金存放到其他存款性公司形成的，同时流通中的现金是通过其他存款性公司在中央银行的存款而投放到市场中的，因此可以将原始存款追溯到其他存款性公司在中央银行的存款，即基础货币的重要组成。那么上文讨论的原始存款的乘数倍的存款派生过程，也就是从基础货币到广义货币的形成过程。这也说明了为何基础货币会为广义货币和信贷扩张提供支持。存款的派生有个乘数的作用，我们把广义货币与基础货币的比值称为货币乘数。广义货币的形成过程与中央银行的货币政策调控机制密切相关。在信用货币体系下，中央银行通过资产扩张创造基础货币，商业银行则通过发放贷款等资产扩张创造广义货币，中央银行通过调节基础货币来调控商业银行创造广义货币的能力。

6.2　货币供应量的统计方法

货币统计是对货币的总量、构成、结构及形成的统计，并且其最主要的任务是对货币供应量的统计。货币统计过程中将其统计对象，即金融性公司部门的所有机构单位分成不同次部门。将某一次部门中机构单位的资产负债表的各项指标汇总，得到次部门资产负债表。将一个或多个次部门的资产负债表合并，就可以进一步得到综合反映金融性公司部门的资产和负债情况的概览。MFS 建议以编制部门资产负债表和概览的方式收集和表述货币统计数据，这就是货币统计的基本方法。不同层次的货币供应量可以通过货币统计的概览获得。

货币统计中的概览是将金融性公司次部门的资产负债表合并后形成的，反映的仍然是金融性公司部门的资产和负债情况。因此，无论概览表述形式如何，其本质仍然是资产负债表。概览在部门资产负债表数据的基础上编制而成，并对部门资产负债表的表述方式进行重新安排。货币统计的概览可以分为两个层次，第一个层次是金融性公司的三个次部门的概览，即中央银行概览、其他存款性公司概览和其他金融性公司概览；第二个层次是更高层次的概览，包括存款性公司概览和金融性公司概览。存款性公司概览由中央银行概览和其他存款性公司概览合并而成，而金融性公司概览由上面三个次部门的概览合并而成。存款性公司概览及其次部门概览（中央银行概览和其他存款性公司概览）是货币供应量统计的主要内容，也是用于宏观经济分析的重要数据。下文我们着重分析中央银行概览、其他存款性公司概览以及存款性公司概览的编制和基本构成，从而讨论货币供应量的统计方法。

6.2.1 中央银行概览

1. MFS 建议的中央银行概览框架

中央银行的业务活动可以由资产负债表体现，中央银行概览则是对资产负债表的有关项目重新归类而组成的，是中央银行资产和负债业务的综合反映。表 6.2 给出了 MFS 建议的中央银行概览包含的基本项目。

表 6.2　　中央银行概览的框架

资产	负债与资本
国外净资产	**基础货币**
对非居民的债权	流通中的货币
减：对非居民的负债	对其他存款性公司的负债
国内资产	纳入广义货币的存款
对其他存款性公司的债权	纳入广义货币的债务性证券
对中央政府的净债权	其他广义货币负债
对中央政府的债权	**不纳入广义货币的存款**
减：对中央政府的负债	**不纳入广义货币的债务性证券**
对其他部门/子部门的债权	**贷款**
其他资产	**金融衍生工具**
	商业信贷和预付款
	股票和其他股权
	其他项目（净）

基础货币是中央银行概览负债方的重要组成部分，通过分析中央银行概览，不仅可以了解基础货币的总量和构成情况，还可以清楚基础货币如何通过中央银行的各种资产业务产生。可以对基础货币的构成进行分析，即分析基础货币各子项目所占的比例，并可以进一步分析流通中的货币、对其他存款性公司的负债等项目的比例变化及原因。中央银行主要通过各项资产业务产生基础货币，因此还可以通过资产项目分析基础货币的形成渠道。可以通过下面的中央银行概览中的平衡关系，分析其他资产负债项目对基础货币形成的影响。比如，中央银行购买外汇资产会使得等式右边的国外净资产增加，同时会投放基础货币；中央银行通过各种货币政策工具可以增加对其他存款性公司的债权，同样会使等式右边的国内资产增加，也会相应地投放基础货币。

基础货币＝国外净资产＋国内资产其他负债和资本

2. 中国货币当局资产负债表的构成

依据 MFS 中关于中央银行概览的基本框架，中国人民银行通过编制货币当局资产负债表来体现基础货币的总量、结构及形成过程。货币当局资产负债表类似上面的中央银行概览，但在具体编制的科目及构成上存在一些差异。中国货币当局资产负债表如表 6.3 所示。

表 6.3　　中国货币当局资产负债表（节选）　　（单位：亿元）

项目	2018.01	2018.02	2018.03	2018.04	2018.05	2018.06
国外资产	220 677.03	220 369.03	220 277.91	220 101.22	220 168.94	220 183.33
外汇	214 833.15	214 873.66	214 952.04	215 026.26	215 117.7	215 193.78
货币黄金	2 541.5	2 541.5	2 541.5	2 541.5	2 541.5	2 541.5
其他国外资产	3 302.38	2 953.87	2 784.37	2 533.47	2 509.75	2 448.05
对政府债权	15 274.09	15 274.09	15 274.09	15 274.09	15 274.09	15 274.09
其中：中央政府	15 274.09	15 274.09	15 274.09	15 274.09	15 274.09	15 274.09
对其他存款性公司债权	97 888.52	103 154.71	99 901.88	93 847.46	97 160.5	103 424.01
对其他金融性公司债权	5 986.62	5 949.94	5 949.94	5 949.94	5 949.94	5 947.94
对非金融性部门债权	99.03	98.57	35.65	57.64	53.99	54.37
其他资产	17 874.92	17 681.82	18 168.93	17 994.91	17 541.98	17 818.71
总资产	**357 800.2**	**362 528.16**	**359 608.4**	**353 225.27**	**356 149.44**	**362 702.44**
储备货币	307 499.28	318 288.71	321 350.16	307 283.61	304 487.07	318 471.19
货币发行	81 557.19	91 477.8	79 452.59	77 626.23	75 912.6	75 657.75
其他存款性公司存款	224 704.52	224 608.56	238 740.05	224 662.34	223 565.24	237 805.08
非金融机构存款	1 237.57	2 202.35	3 157.52	4 995.04	5 009.23	5 008.36
不计入储备货币的金融性公司存款	4 492.57	4 405.05	4 168.46	4 001.42	3 886.66	3 746.5

续表

项目	2018.01	2018.02	2018.03	2018.04	2018.05	2018.06
发行债券	0	0	0	0	0	0
国外负债	1 024.71	1 005.51	928.59	1 233.27	2 741.2	1 117.8
政府存款	38 144.22	32 023.11	26 373.97	33 433.49	37 393.81	32 041.47
自有资金	219.75	219.75	219.75	219.75	219.75	219.75
其他负债	6 419.66	6 586.02	6 567.48	7 053.74	7 420.95	7 105.73
总负债	**357 800.2**	**362 528.16**	**359 608.4**	**353 225.27**	**356 149.44**	**362 702.44**

货币当局资产负债表体现了中国货币当局的资产、负债以及资本业务，显示了国外资产、国内信贷、储备货币（基础货币）以及其他科目的构成。货币当局的资产业务包括黄金外汇储备业务、再贷款业务、再贴现业务、证券买卖业务以及其他资产业务等。黄金外汇储备业务形成的对国外部门的债权体现在国外资产项目中，该项目指中国人民银行掌握以人民币计值的国家外汇储备、黄金和特别提款权以及在国际金融机构的存款等。中国人民银行作为“银行的银行”，通过再贷款、再贴现、借贷便利类工具等证券买卖业务，形成对其他存款性公司的债权，这些资产业务会体现在对其他存款性公司债权项目中。中央银行如果对政府提供贷款与透支以及包销国债等，会体现在对政府债券项目中。然而，《中华人民共和国中国人民银行法》规定，“中国人民银行不得对政府财政透支，不得直接认购、包销国债和其他政府债券”。因此，中国货币当局资产负债表的对政府债权项目，主要体现为中国人民银行持有的政府发行的国债。中国人民银行具有“最后贷款人”职能，为了维持金融稳定而对其他金融性公司的再贷款等形成的债权，体现在对其他金融性公司债权中。如图 6.2 所示，对其他金融性公司债权项目的数据增加，均与金融市场存在风险事件时中国人民银行向金融市场提供流动性支持有关。比如 2004—2007 年，中国人民银行对其他金融性公司债权出现较大增幅，主要有两个原因：

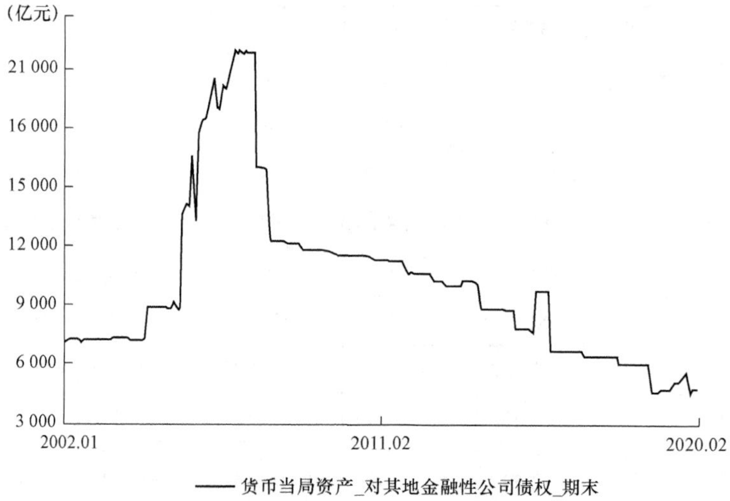

图 6.2　货币当局资产负债表中对其他金融性公司债权

一是处置中国工商银行、中国银行、中国建设银行三家国有商业银行改制过程中的可疑类再贷款；二是证监会对华安证券、南方证券等证券公司进行综合治理，处置不良资产，中国人民银行对部分高危证券公司进行资金支持。2015 年 7 月对其他金融性公司债权出现跳涨，至 9 696 亿元，比 6 月上升 2 000 亿元，这是为了应对 2015 年 6 月底出现的金融市场风险而提供的流动性支持。另外，由于非金融性公司一般不可以直接向中国人民银行申请贷款，因此对非金融性公司债权主要是中国人民银行支持老少边穷地区发展形成的贷款，这部分贷款占比较少，并且在逐步消化。对于货币当局的其他未作分类的资产，如固定资产等则在其他资产项目中体现。

货币当局的负债业务包括货币发行业务、存款业务、其他负债业务等。货币发行业务主要是现金的发行，包括流通中的现金和其他存款性公司持有的库存现金，这类业务体现在储备货币中的货币发行项目。存款业务包括其他存款性公司存款、其他金融性公司存款、政府存款等，这些业务在货币当局资产负债表负债方的各部门存款项目中体现。其他负债业务包括发行证券、对非居民债务、各种应付款业务等，这些分别在发行债券、国外负债以及其他负债项目中体现。另外，自有资本项目中体现货币当局的资本业务。

3. 中国货币当局资产负债表的分析

通过货币当局资产负债表可以重点分析储备货币是如何形成的，即中国人民银行如何通过各项资产、负债业务推动负债方的基础货币发生变化。当中央银行通过再贷款、再贴现、流动性便利类工具以及资产购买（如购买外汇，外汇占款增加）等方式投放流动性时，储备货币同步增加，央行资产负债表出现“扩表”；反之，当中央银行通过上述货币政策工具回收流动性时，储备货币则会同步减少，央行资产负债表相应“缩表”。通过分析货币当局资产方和负债方各项目的历史变化，可以了解货币当局基础货币的投放方式，以及货币政策的执行情况。

货币当局资产负债表资产方的国外资产项下的外汇占款（见图 6.3）的历史数据显示，2010—2014 年外汇占款不断增长，并且成为导致资产负债表扩张的压倒性因素。然而，

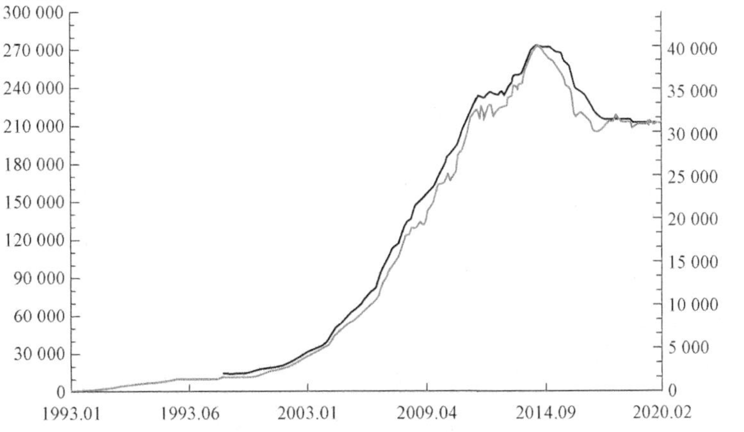

图 6.3　货币当局资产负债表外汇占款

2014年下半年开始，外汇占款在波动中下行且下降速度加快。2017年开始下降速度逐渐放缓，外汇占款水平维持在21万亿元人民币的水平。外汇占款的降幅扩大除反映了2014年之后资本的外流外，也反映了中国货币当局基础货币投放渠道的调整。对比观察货币当局资产负债表资产方对其他存款性公司债权（见图6.4）的历史数据可以发现，2014年下半年开始，该项目保持较快的增长速度。对其他存款性公司债权的增加，反映了货币当局使用逆回购等传统公开市场操作和流动性便利类工具进行的大量基础货币投放。过去外汇占款是基础货币投放的主要来源，但随着央行逐渐退出外汇市场常态式干预，在外汇占款趋势性下降后，央行对其他存款性公司债权成为新的基础货币投放渠道。

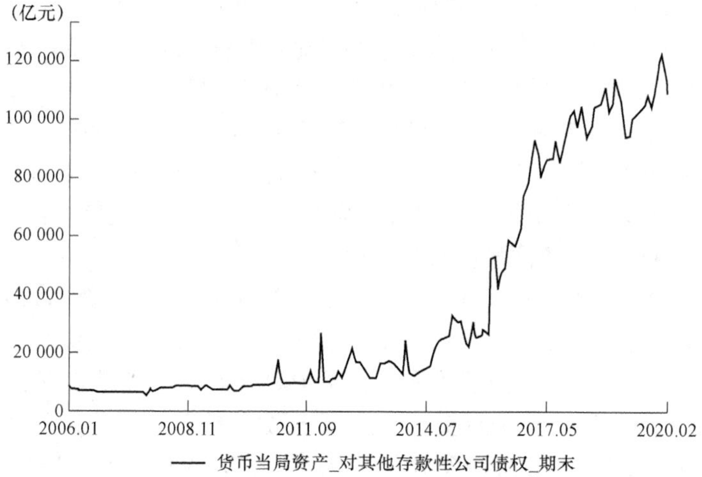

图6.4　货币当局资产负债表对其他存款性公司债权

专栏：2018年四季度货币政策执行报告（节选）

● 我国的货币发行机制主要服务于经济发展和宏观调控需要，并根据不同阶段需要适时进行调整。进入21世纪以来十多年的时间里，我国经济运行中的一个显著特征是国际收支持续大额双顺差和外汇储备的积累。为适应形势需要，在启动汇率市场化改革、增强人民币汇率弹性的同时，人民银行主要通过在市场上买入外汇相应投放基础货币。

● 2014年以来，我国国际收支更趋平衡，人民银行主要通过公开市场操作、中期借贷便利（MLF）、抵押补充贷款（PSL）等工具，向市场投放基础货币，并为国民经济重点领域和薄弱环节提供有力支持。中央银行主动供给和调节流动性的能力进一步增强。

● 我国基础货币发行机制的改变，不仅适应了经济金融发展的新情况、新变化，有效地满足了银行体系创造广义货币的需要，也为加快推进货币政策调控框架从数量型调控为主向价格型调控为主转变创造了条件。

当中央银行通过上述方式投放或回收流动性时，最初表现为负债方储备货币项下的其他存款性公司存款（主要是超额存款准备金）的增加或减少，但是最终可能会通过其他存款性公司与客户之间的信贷关系而投入或流出市场，因此最终改变的也可能是储备货币中的货币发行。比如，2018 年 2 月相较于 1 月，储备货币由 307 499.28 亿元增长到 318 288.71 亿元，增加了 10 789.43 亿元。通过分析货币当局资产负债表的资产方可以发现，推动储备货币增加的主要资产方因素是对其他存款性公司债权的变化，由 97 888.52 亿元增长到 103 154.7 亿元，增加了 5 266.18 亿元。除此之外，其他资产方项目变化不大。推动储备货币增加的另一要素则是负债方的政府存款（财政存款）的减少，由 38 144.22 亿元减少到 32 023.11 亿元，减少了 6 121.11 亿元。这两个因素共同导致了基础货币在 2018 年 2 月的大幅增加。同时，通过分析储备货币的构成因素的变化会发现，2018 年 2 月储备货币的增加最终体现为货币发行由 81 557.19 亿元增长到 91 477.8 亿元，增加了 9 920.61 亿元。由此可见，2018 年 2 月，中国人民银行为了应对春节期间居民部门短期流动性需求，而通过其他存款性公司债权方式投放了基础货币。此时银行体系的流动性基本稳定，基础货币的投放最终体现为流通中的现金的增加。为了对比，我们再看一下 2018 年 6 月相较于 5 月货币当局资产负债表的变化。储备货币由 304 487.1 亿元增长到 318 471.2 亿元，增加了 13 984.1 亿元。推动储备货币增加的资产方因素同样是对其他存款性公司债权，增加了 6 263.51 亿元。推动储备货币增加的另一要素是负债方的政府存款，减少了 5 352.34 亿元。然而，2018 年 6 月储备货币的变动最终体现为对其他存款性公司存款增加了 14 239.84 亿元，货币发行反而减少了 254.85 亿元。这意味着 2018 年 6 月中国人民银行通过增加其他存款性公司债权的方式投放了基础货币，主要用于补充银行体系的流动性。货币当局资产负债表的分析对于了解货币政策传导过程具有重要作用。货币当局通过资产负债表的调整，对存款性公司的资产负债表产生影响，从而改变广义货币供应量，最终对实体经济产生影响。

6.2.2　其他存款性公司概览

1. MFS 建议的其他存款性公司概览框架

其他存款性公司概览是由其他存款性公司的部门资产负债表合并汇总，将部门之间的债权和债务冲销调整得到的，它可以反映其他存款性公司的业务活动。表 6.4 给出了其他存款性公司概览包含的基本项目。

表 6.4　　其他存款性公司概览框架

资产	负债与资本
国外净资产	**对中央银行的负债**
对非居民的债权	**纳入广义货币的负债**
减：对非居民的负债	可转让存款
对中央银行的债权	其他存款
对中央政府的净债权	**纳入广义货币的货币市场基金**
对中央政府的债权	可转让货币市场基金
减：对中央政府的负债	其他货币市场基金

续表

资产	负债与资本
对其他部门的债权	纳入广义货币的债务类证券
	不纳入广义货币的存款
	不纳入广义货币的债务类证券
	贷款
	金融衍生工具和雇员股票期权
	保险、养老金和标准化的担保计划
	商业信贷和预付款
	股权
	其他项目（净）

其他存款性公司概览是其他存款性公司部门资产负债情况的综合反映，通过分析其他存款性公司概览，可以全面了解其他存款性公司部门与国内部门、国外部门之间的债权和债务关系。区分纳入广义货币的负债和不纳入广义货币的负债，是其他存款性公司概览编制的重点，也是编制存款性公司概览和统计广义货币的基础。

2. 中国其他存款性公司资产负债表的构成

依据 MFS 中关于其他存款性公司概览的基本框架，中国人民银行通过编制其他存款性公司资产负债表，来体现其他存款性公司部门与国外部门和国内部门之间的债权、债务关系。中国的其他存款性公司资产负债表与表 6.4 类似，但是在具体编制的项目及构成上存在差异。特别强调的是，中国的其他存款性公司资产负债表中并没有将其他存款性公司部门内部的债权、债务关系抵销，在资产方和负债方仍然有对其他存款性公司债权和对其他存款性公司债务项目。中国的其他存款性公司资产负债表如表 6.5 所示。其他存款性公司资产负债表显示了国外资产、国内债权的构成以及国外负债、国内负债的构成等数据。

表 6.5　　中国其他存款性公司资产负债表　　（单位：亿元）

项目	2018.01	2018.02	2018.03	2018.04	2018.05	2018.06
国外资产	56 454.28	56 601.69	55 832.74	56 160.04	56 519.87	57 794.57
储备资产	230 492.35	234 146.03	244 963.13	230 474.36	229 952.2	244 261.4
准备金存款	223 571.45	224 092.48	238 203.17	224 324.59	223 814.41	238 192.99
库存现金	6 920.9	10 053.56	6 759.96	6 149.78	6 137.79	6 068.41
对政府债权	224 066.91	224 449.29	226 080.86	230 414.33	232 310.73	237 190.21
其中：中央政府	224 066.91	224 449.29	226 080.86	230 414.33	232 310.73	237 190.21
对中央银行债权	0	0	0	0	0	0
对其他存款性公司债权	290 198.65	285 868.7	283 166.59	279 778.29	279 693.16	282 344.92

续表

项目	2018.01	2018.02	2018.03	2018.04	2018.05	2018.06
对其他金融机构债权	291 755.62	285 977.49	281 990.8	274 305.97	273 536.1	273 811.88
对非金融机构债权	907 099.57	914 599.42	921 704.53	924 912.71	926 259.91	937 323.23
对其他居民部门债权	408 562	411 286.74	417 090.85	422 419.96	428 539.95	435 680
其他资产	103 319.76	104 665.03	101 405.82	103 814.87	105 051.68	101 297.61
总资产	**2 511 949.13**	**2 517 594.39**	**2 532 235.32**	**2 522 280.54**	**2 531 863.6**	**2 569 703.82**
对非金融机构及住户负债	1 552 147.35	1 548 988.3	1 573 169.12	1 561 542.52	1 563 044.74	1 591 689.75
纳入广义货币的存款	1 455 204.89	1 453 219.87	1 476 017.03	1 468 505.61	1 473 899.03	1 501 221.44
单位活期存款	468 610.84	435 611.75	450 847.45	453 971.31	456 501.91	474 355.38
单位定期存款	328 169.8	330 531.73	332 605.89	335 348.35	336 063.23	334 425.29
个人存款	658 424.25	687 076.39	692 563.69	679 185.94	681 333.9	692 440.77
不纳入广义货币的存款	48 139.49	48 109.75	48 087.93	47 137.85	46 885.13	47 684.68
可转让存款	15 255.36	15 716.69	15 642.98	14 745.37	14 695.08	15 028.96
其他存款	32 884.13	32 393.06	32 444.96	32 392.48	32 190.05	32 655.72
其他负债	48 802.97	47 658.68	49 064.16	45 899.06	42 260.58	42 783.62
对中央银行负债	94 666.82	99 017.28	95 168.1	88 331.78	91 705.57	94 314.95
对其他存款性公司负债	121 814.21	117 704.04	112 176	111 014.75	108 953.03	110 739.06
对其他金融性公司负债	182 949.96	185 843.3	179 402.83	184 044.88	184 548.62	184 889.67
其中：计入广义货币的存款	178 195.2	180 828.4	175 839.38	179 056.47	180 179.85	181 610.05
国外负债	19 950.04	20 154.3	19 733.67	19 654.15	18 541.28	19 713.55
债券发行	225 329.41	227 729.95	230 069.3	230 032.68	235 234.78	236 917.4
实收资本	51 766.91	51 838.83	51 908.07	51 976.98	52 169.93	52 832.4
其他负债	263 324.44	266 318.4	270 608.23	275 682.81	277 665.65	278 607.05
总负债	**2 511 949.13**	**2 517 594.39**	**2 532 235.32**	**2 522 280.54**	**2 531 863.6**	**2 569 703.82**

其他存款性公司资产负债表的资产方反映了该部门与国外、国内部门之间的贷款、证券投资、中央银行存款等各种资产业务。国外资产项目体现其他存款性公司以人民币计价的对非居民的债权，主要包括购买有价证券、国外存款和库存外币现金等。储备资产项目体现了其他存款性公司在中央银行的准备金存款以及库存现金，本质上属于对中

央银行的债权。除储备资产外，对政府债权、对中央银行债权、对其他金融机构债权、对非金融机构债权以及对其他居民部门债权项目，体现了其他存款性公司部门对国内其他部门之间的债权。其他存款性公司资产负债表的资产方还有对其他存款性公司债权项目，用以体现其他存款性公司内部部门之间的各种债权关系。其他资产项目体现了未作分类的资产，如固定资产等。

对其他存款性公司资产负债表的负债方反映了该部门与国外、国内部门之间的存款、借款、发行证券、其他负债等负债业务以及资本业务。对非金融机构及住户负债体现其他存款性公司吸收的非金融机构及住户的本币、外币存款以及其他负债，细分为纳入广义货币的存款、不纳入广义货币的存款以及其他负债三个项目。纳入广义货币存款又被细分为单位活期存款、单位定期存款、个人存款三个子项目，这是广义货币层次划分的基础。对中央银行负债体现为向中央银行借入的款项，包括央行再贷款、再贴现以及流动性便利类货币政策操作工具产生的对中央银行的负债。该项目与货币当局资产负债表中对其他存款性公司债权基本一致，产生差异的主要原因是统计实践中统计时点的不同。其他存款性公司资产负债表负债方对其他存款性公司负债，并没有与资产方的对其他存款性公司债权冲销，该项目汇总了其他存款性公司内部部门之间的债务。对其他金融性公司负债主要体现为从证券、基金、信托等机构吸收的存款和拆入的款项。具体包括证券公司的客户保证金存款、证券公司资产管理存款、基金公司存款以及住房公积金管理中心存款等。国外负债体现为其他存款性公司以人民币计价的对非居民的负债，如非居民外汇存款、境外筹资和境外同业存放等。债券发行体现为其他存款性公司为筹措资金而发行的债券。实收资本是其他存款性公司的资本金。另外，其他存款性公司资产负债表的负债方列示了其他负债项目，用以体现未作分类的其他负债。

3. 中国其他存款性公司资产负债表的分析

通过其他存款性公司资产负债表可以分析其他存款性公司部门与国内、国外部门之间的债权、债务关系，并可以通过不同年份数据的时序图，研究各种债权、债务关系的变动趋势，研究其对宏观经济以及金融系统稳定性的影响。这里重点分析其他存款性公司部门内部以及与其他金融性公司之间的债权、债务关系。其他存款性公司负债方也包含广义货币的重要组成部分，这部分分析在后文存款性公司概览的分析中进行。

在中国的其他存款性公司资产负债表中，对其他存款性公司债权与对其他存款性公司债务两项并没有进行冲销。观察两个项目的历史数据可以发现，对其他存款性公司债权与对其他存款性公司负债并非一一对应关系，且前者总是大于后者（见图 6.5）。这主要是因为对其他存款性公司债权中除存放同业、同业拆出外，还包括同业存单、股权投资和债权投资等，但是对其他存款性公司负债主要集中在从其他存款性公司吸收的同业存款和同业拆入款。例如，A 银行持有 B 银行的股权，这项股权投资体现为对其他存款性公司债权，但是负债方体现为其他存款性公司的实收资本，而不是对其他存款性公司负债。另外，可以注意到这两个项目的差值自 2011 年开始快速增长，伴随着 2014 年各种同业监管新规的出台开始出现小幅下滑，目前保持基本稳定。这个差值的变化体现了其他存款性公司部门的同业存单、股权投资等“新型同业”业务规模的变化。

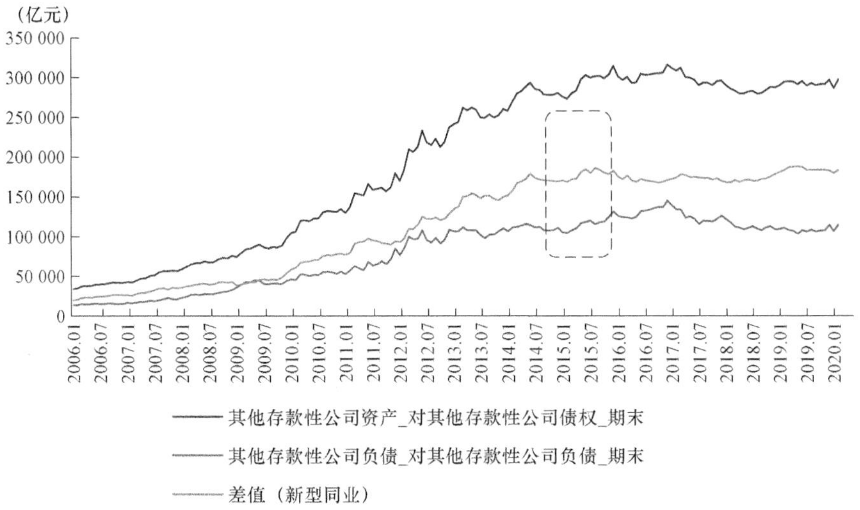

图 6.5　其他存款性公司资产负债表中对其他存款性公司债权、负债

其他存款性公司资产负债表的资产方的“对其他金融性公司债权”（见图 6.6－1）历史数据显示，该项目自 2010 年开始快速增长，这是“大资管”时代的必然结果。自 2010 年开始，银信合作、银证合作等业务逐步兴起，银行资金购买信托计划、券商资管计划的规模不断攀升，导致了该项目的快速增长。然而，随着 2014 年的各项同业监管政策的出台，该项目出现小幅下调。2015 下半年到 2016 年，对其他金融性公司债权再次快速扩张，这与商业银行同业链条中的委外产品增加密切相关。自 2016 年下半年开始，针对同业扩张的金融监管再次加强，银行通过其他金融机构开展委外、通道业务受限，特别是 2017 年同业业务进一步受限，银行清理部分委外业务，该项目的同比增速明显放缓。由此可见，其他存款性公司资产负债表中的对其他金融机构债权的同比增速，是跟踪金融去杠杆进度的重要参考指标。

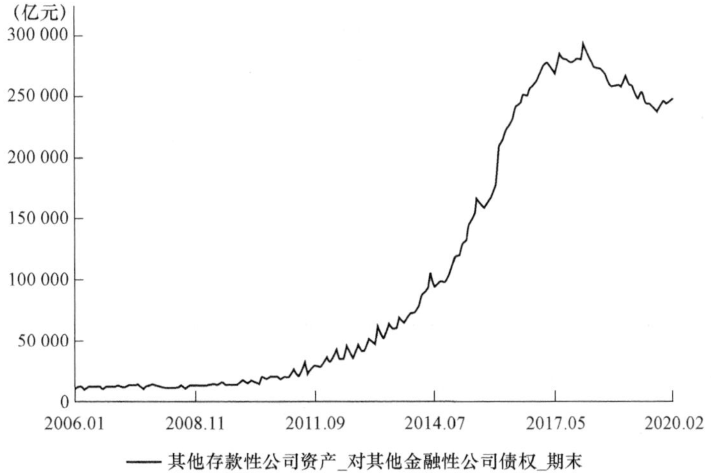

图 6.6－1　其他存款性公司资产负债表中对其他金融性公司债权、债务

其他存款性公司资产负债表的负债方的“对其他金融性公司负债”（见图 6.6–2），体现了从其他金融性公司吸收的存款和拆入款项。同时，该项目下还单独列示了“其中纳入广义货币的存款”。由于对其他金融性公司负债中纳入广义货币的部分的统计口径存在变化，因此该数据在 2011 年出现显著的增加。2011 年以前，对其他金融性公司负债中纳入广义货币的存款主要是证券公司的客户保证金，而自 2011 年 10 月起住房公积金中心存款和非存款类金融机构在存款类金融机构的存款也被纳入广义货币。

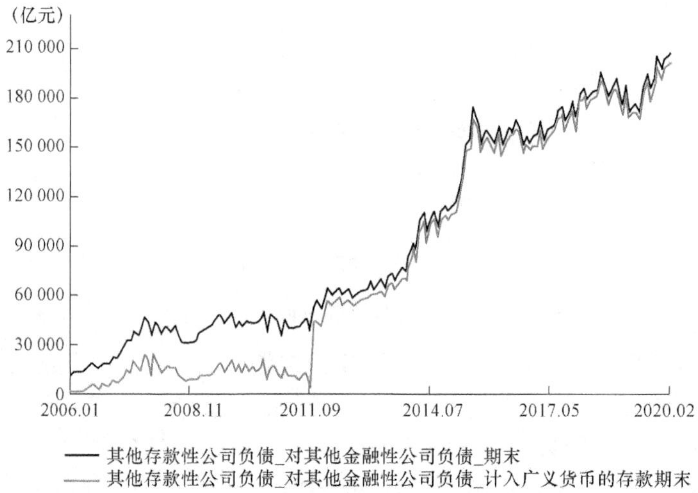

图 6.6–2　其他存款性公司资产负债表中对其他金融性公司债权、债务（续）

6.2.3　存款性公司概览

1. MFS 建议的存款性公司概览框架

中央银行概览和其他存款性公司概览合并就形成了存款性公司概览，该概览可以反映存款性公司部门的货币与信贷活动。在编制存款性公司概览时，将中央银行概览资产方的对其他存款性公司债权，与其他存款性公司概览负债方的对中央银行的负债合并；将中央银行概览负债方的对其他存款性公司的负债，与其他存款性公司资产方的对中央银行的债权合并。因此，存款性公司概览中不再包含存款性公司内部的债权、债务关系。存款性公司概览对于宏观经济分析，尤其是对于货币政策的制定和实施具有重要作用。表 6.6 给出了存款性公司概览包含的基本项目。

表 6.6　　存款性公司概览框架

资产	负债和资本
国外净资产	**广义货币负债**
对非居民债权	存款性公司之外的货币
减：对非居民负债	可转让存款

续表

资产	负债和资本
国内债权	其他存款
对中央政府净债权	可转让货币市场基金份额
对中央政府债权	其他货币市场基金份额
减：对中央政府负债	债务类证券
对其他部门债权	**不纳入广义货币的存款**
对其他金融性公司债权	**不纳入广义货币的债务类证券**
对州和地方政府债权	**贷款**
对公共非金融公司债权	**金融衍生工具和雇员股票期权**
对其他非金融公司债权	**保险、养老金和标准化的担保计划**
对居民部门债权	**商业信贷和预付款**
	股权
	其他项目（净）

广义货币是存款性公司概览负债方的重要组成部分，通过分析存款性公司概览，不仅可以了解货币供应量的总量和构成情况，还可以分析存款性公司的资产、负债业务对广义货币形成的影响。广义货币的构成分析主要是分析存款性公司之外的货币、可转让存款、其他存款、货币市场基金份额以及债务类证券等项目的比重及变化。广义货币的形成分析主要通过存款性公司概览中的平衡关系，分析各项目的影响。

$$\begin{aligned}\text{广义货币负债} &= \text{国外净资产} + \text{国内债权} - \text{其他净额}\\ &= \text{国外净资产} + \text{国内净债权}\end{aligned}$$

式中，国内债权包括对中央政府的净债权和对其他居民部门的债权；其他净额中由不纳入广义货币负债等其他负债减去其他资产得到。国外净资产、国内债权和其他净额的变化都可能带来广义货币负债的变化。因此，可以通过这些项目的流量分析广义货币的流量。另外，国外净资产和国内债权可以进一步通过下面的恒等式进行拆解。

$$\begin{aligned}\text{国外净资产} &= \text{国外资产} - \text{国外负债}\\ &= \text{储备资产} + \text{非储备国外资产} - \text{国外负债}\end{aligned}$$

$$\text{国内债权} = \text{对中央政府债权} + \text{对其他居民部门债权}$$

国外资产和国外负债的流量变化部分反映在国际收支统计中，对中央政府的债权变化则反应在政府财政统计中。因此，可以将存款性公司概览与国际收支统计和政府财政统计相结合分析。例如，可以通过对中央政府净债权的交易流量数据，分析存款性公司与中央政府之间的金融交易对广义货币扩张或收缩的影响。存款性公司增加对政府债权持有、增加对政府贷款或者减少政府存款会导致对中央政府净债权的上升，从而带来广义货币的扩张。反之，则会带来广义货币的收缩。

2. 中国存款性公司概览的构成

中国人民银行通过编制存款性公司概览，来反映货币当局和其他存款性公司作为一个整体与其他部门的债权、债务关系。中国的存款性公司概览依据 MFS 的基本框架进行编制，但是在具体的项目构成上仍然存在差异。中国的存款性公司概览如表 6.7 所示。

表 6.7　　存款性公司概览　　（单位：亿元）

项目	2018.01	2018.02	2018.03	2018.04	2018.05	2018.06
国外净资产	256 156.6	255 810.9	255 448.4	255 373.8	255 406.3	257 146.6
国内信贷	1 814 700	1 825 612	1 841 753	1 839 901	1 844 531	1 873 240
对政府债权（净）	201 196.8	207 700.3	214 981	212 254.9	210 191	220 422.8
对非金融部门债权	1 315 761	1 325 985	1 338 831	1 347 390	1 354 854	1 373 058
对其他金融部门债权	297 742.2	291 927.4	287 940.7	280 255.9	279 486	279 759.8
货币和准货币	1 720 814	1 729 070	1 739 859	1 737 684	1 743 064	1 770 178
货币	543 247.1	517 036	523 540.1	525 447.8	526 276.7	543 944.7
流通中货币	74 636.29	81 424.24	72 692.63	71 476.46	69 774.81	69 589.33
单位活期存款	468 610.8	435 611.8	450 847.5	453 971.3	456 501.9	474 355.4
准货币	1 177 567	1 212 034	1 216 319	1 212 236	1 216 787	1 226 234
单位定期存款	328 169.8	330 531.7	332 605.9	335 348.4	336 063.2	334 425.3
个人存款	658 424.3	687 076.4	692 563.7	679 185.9	681 333.9	692 440.8
其他存款	190 973.3	194 426	191 149.8	197 701.7	199 390	199 367.6
不纳入广义货币的存款	48 139.49	48 109.75	48 087.93	47 137.85	46 885.13	47 684.68
债券	225 329.4	227 730	230 069.3	230 032.7	235 234.8	236 917.4
实收资本	51 986.66	52 058.58	52 127.82	52 196.73	52 389.69	53 052.16
其他（净）	24 586.15	24 454.94	27 056.6	28 224.02	22 363.86	22 554.19

中国的存款性公司概览的资产方的项目有国外净资产和对政府债权（净）、对非金融部门债权以及对其他金融部门债权三个国内信贷的子项目。对表 6.3 的货币当局资产负债表和表 6.5 的其他存款性公司资产负债表的国外资产和国外负债分别轧差后相加，可以得到表 6.7 的存款性公司概览资产方的国外净资产；货币当局对政府债权与政府存款轧差后与其他存款性公司的对政府债权相加，得到存款性公司概览的对政府债权（净）；货币当局的对非金融性部门债权、其他存款性公司的对非金融机构债权和对其他居民部门债权三者相加，得到存款性公司概览的对非金融部门债权；货币当局的对其他金融性公司债权和其他存款性公司的对其他金融机构债权两者相加，得到存款性公司概览资产方的对其他金融部门债权。

存款性公司概览负债方的货币和准货币即为中国定义的广义货币供应量。负债方广义货币负债的细分科目按照层次划分的方式列示，其中货币项目就是通常定义的“狭义货币 M1”，它又细分为流通中货币 M0 和单位活期存款两个项目。准货币包括单位定期存款、个人存款和其他存款三个项目。除广义货币外，中国存款性公司概览负债方列示了不纳入广义货币的存款、债券、实收资本以及其他（净）四个项目。不纳入广义货币的存款项目数据与表 6.5 其他存款性公司资产负债表中的不纳入广义货币的存款一致。债券和实收资本两个项目的数据，是由货币当局资产负债表和其他存款性公司资产负债表对应科目加总得到的。货币当局和其他存款性公司之间的资产、负债冲销之后的余数，计入存款性公司概览的其他（净），另外，不在存款性公司概览中单独列示的货币当局和其他存款性公司的项目也计入其他（净）。

3. 中国存款性公司概览的分析

存款性公司概览分析的重点是对负债方的广义货币供应量的总量、构成、结构以及形成的分析。广义货币供应总量 M2 及其期末同比增速历史数据如图 6.7 所示。1996 年 1 月 M2 期末余额只有 5.8 万亿元，而到 2020 年 3 月为 208.09 万亿元，是 1996 年的 35.9 倍。M2 的同比增速在 2009 年处于历史高位，之后却呈现下降的趋势。2017 年 3 月后 M2 期末同比增速一直低于 10%，在 2018 年 9 月，M2 期末同比增速仅为 8.3%，之后有所提升但比较平稳。然而，2020 年开始 M2 期末同比增速有所回升，从 2020 年 1 月的 8.4% 增长到了 2020 年 3 月的 10.1%。广义货币 M2 的历史变化与中国的货币政策和宏观经济形势密切相关。

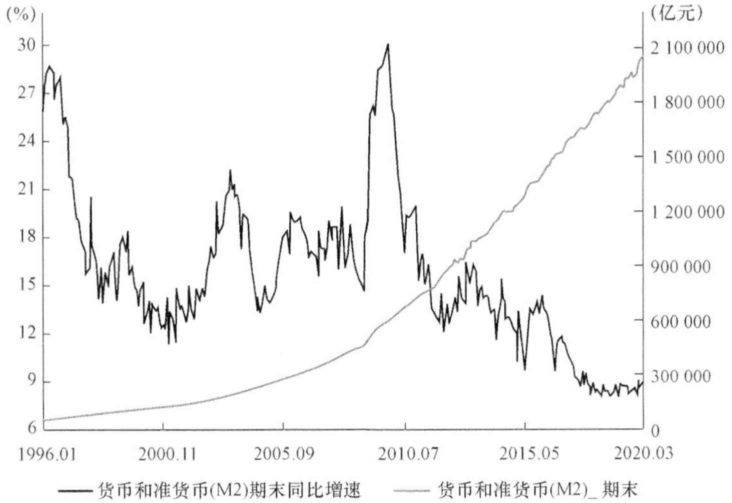

图 6.7　广义货币供应量 M2 及期末同比增速

同样可以分析狭义货币供应量 M1 及其期末同比增速（见图 6.8）的动态变化。可以发现，M1 期末同比增速的周期性更明显，并且其对经济景气的信号作用更强。2009 年、2010 年，在各项经济刺激政策下，M1 期末同比增速达到历史高点，而 2012—2014 年，M1 期末同比增速位于低位水平波动。虽然 2015 年、2016 年 M1 期末同比增速有所回升，但自 2017 年开始又不断下行，M1 增速与“新常态下”的经济增长速度放缓也比较契合。在 2018 年 9 月，M1 期末同比增速仅为 4%。进入 2020 年以后，在新增企业贷款增加等因素影响下，M1 期末同比增速小幅回升，2020 年 3 月达到 5%。

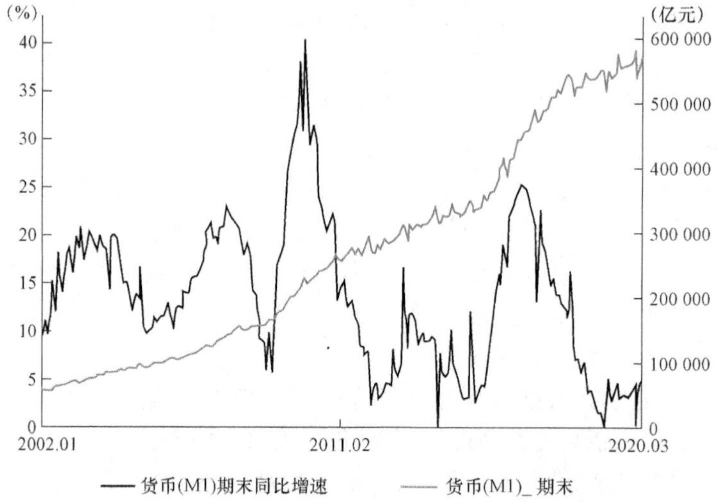

图 6.8　狭义货币供应量 M1 及期末同比增速

对于广义货币供应量的结构分析，可以从分析狭义货币 M1 和准货币两部分的结构变化着手。狭义货币 M1 期末同比增速较快，意味着消费需求和终端市场活跃。而准货币的增速较快，则可能是投资和中间市场活跃。准货币增速较快狭义货币增速过低，有可能出现投资过热而消费需求并不旺盛的情况，预示着金融风险的存在。反之，如果狭义货币的增速较快，而准货币的增速较慢，则表明需求强劲但是投资可能不足，这通常意味着有通货膨胀的可能性。

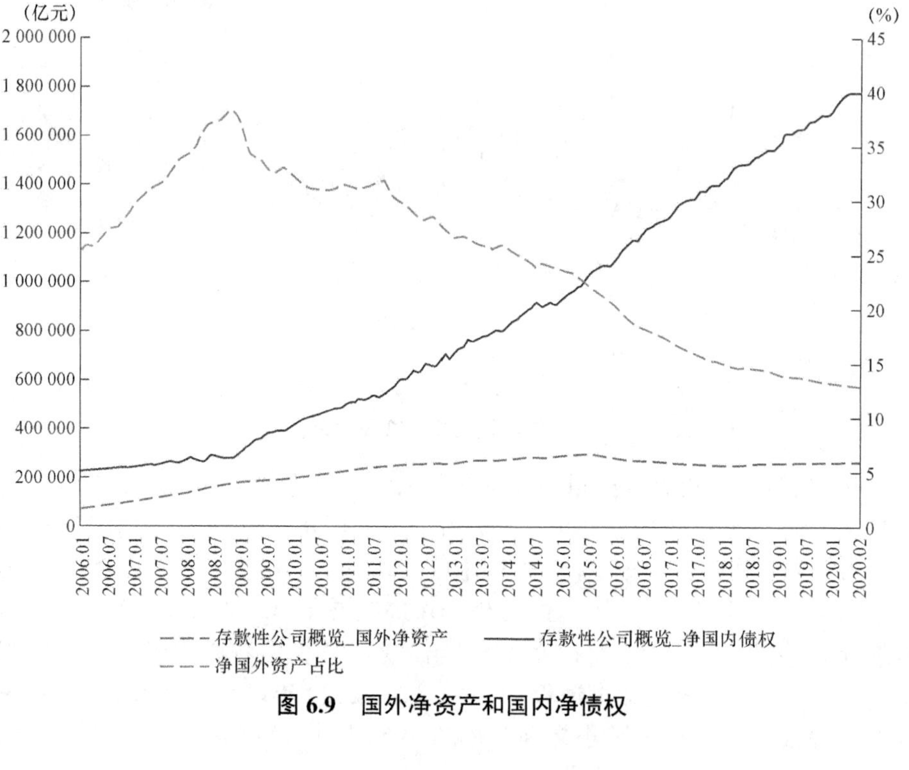

图 6.9　国外净资产和国内净债权

由存款性公司概览的平衡关系可知（见图 6.9），国外净资产和国内净债权是广义货币形成的重要驱动因素。通过分析这两个因素的历史变动可以发现，广义货币派生的主要渠道是国内净债权，其占比呈现逐年增大的趋势，2020 年 2 月占比为 86.9%。2008 年金融危机后，特别是 2011 年之后，由国外净资产派生广义货币的比重逐年下降，由 2008 年 10 月最高点 38.56%，下降到 2020 年 2 月的 13.1%。

6.3　货币供应量统计的局限

随着金融体系的发展，广义货币供应量的构成和层次划分受到冲击。一方面，具有货币性的新型金融工具不断涌现，纳入广义货币的金融资产范围需要相应调整。例如，银行承担到期无条件付款责任的银行承兑汇票，它可以贴现和转让，具有较强的流动性和货币特征。类似的新型金融工具应该成为纳入广义货币的金融资产。另一方面，创新型准金融机构，如货币市场基金、表外理财产品、信托投资计划等迅猛发展，广义货币的发行部门需要相应扩充。这类金融机构具有类似存款性金融机构的特征，其负债类似于银行存款，也具有较大的流动性。另外，金融体系的发展也使得部分金融工具的流动性发生变动，原有的层次划分方式也可能受到挑战。例如，新型支付方式的出现使得个人存款中活期储蓄存款的流动性大大提高，应根据金融工具的流动性变动调整原有的货币供应量层次定义。

金融创新的不断深化，融资渠道的拓宽和融资手段的多样化，导致货币供应量的政策导向性地位逐步降低。以往主要依靠银行信贷为市场提供资金，但是随着股市融资、债券融资、信托市场、金融机构表外业务、民间融资等各种融资方式的迅速崛起，许多流动性已经超出了原有的广义货币的统计范畴。为了全面监测全社会的流动性状况，应当不断扩充货币供应量的统计范围。同时，应当探索其他角度监测流动性状况的统计方法，作为对货币供应量的补充。中国人民银行设计并推出了社会融资规模统计指标，以完整、全面地监测和分析整体社会融资状况，全面反映金融体系对实体经济的影响。

社会融资规模是全面反映金融与经济关系，以及金融对实体经济资金支持的总量指标。它指一定时期内（每月、每季或每年）实体经济从金融体系获得的全部资金总额。这里的金融体系为整体金融的概念，从机构来看，包括银行、证券、保险等金融机构；从市场来看，包括信贷市场、债券市场、股票市场、保险市场以及中间业务市场等。社会融资规模的构成包括三个方面：一是金融机构通过资金运用直接对实体经济提供的全部资金支持，主要包括人民币各项贷款、外币各项贷款、信托贷款、委托贷款、金融机构持有的企业债券及非金融企业股票、保险公司的赔偿和投资性房地产等；二是实体经济利用规范的金融工具在正规金融市场通过金融机构信用或服务所获得的直接融资或信用支持，主要包括银行承兑汇票、非金融企业境内股票筹资及企业债券的净发行等；三是其他融资，主要包括小额贷款公司贷款、贷款公司贷款等。社会融资规模统计以社会融资规模增量统计表、社会融资规模存量统计表以及地区社会融资规模增量统计表进行表述。社会融资规模的数据来源于中国人民银行、中国银行保险监督管理委员会、中国证券监督管理委员会、中央国债登记结算有限责任公司、银行间市场交易商协会等部门。

不同于货币供应量从金融性公司负债方的统计角度，社会融资规模主要是从金融机构资产方和金融市场发行方的角度进行统计，是从全社会资金供给的角度反映金融对实体经济的支持。我国的社会融资规模增量统计表如表 6.8 所示。也就是说，社会融资规模是金融体系的资产，是实体经济的负债，其内容涵盖了金融性公司资产负债表中资产方的多数项目。货币供应量则正好相反，它是从金融机构负债方进行统计的，是金融体系对实体经济提供的流动性和购买力，反映了社会的总需求。虽然两者的统计角度不同，社会融资规模衡量的是货币如何被创造出来，而货币供应量衡量的是经济总共创造了多少货币，但是，从资产负债的角度来看，社会融资规模和货币供应量又能够相互补充、相互印证。

表 6.8　　社会融资规模增量统计表　　（单位：亿元）

项目	社会融资规模增量	其中：									
		人民币贷款	外币贷款（折合人民币）	委托贷款	信托贷款	未贴现银行承兑汇票	企业债券	政府债券	非金融企业境内股票融资	存款类金融机构资产支持证券	贷款核销
2020.01	50 513	34 924	513	−26	432	1 403	3 945	7 613	609	478	166
2020.02	8 737	7 202	252	−356	−540	−3 961	3 894	1 824	449	−549	263
2020.03	51 845	30 390	1 145	−588	−21	2 818	9 937	6 344	198	−161	1 117
2020.04	31 042	16 239	910	−579	23	577	9 252	3 357	315	−202	460
2020.05	31 866	15 502	457	−273	−337	836	2 879	11 362	353	−88	413
2020.06	34 679	19 029	204	−484	−852	2 190	3 684	7 450	538	−15	2 044

习　　题

1. 存款性公司概览的分析可以从哪些方面展开？

2. 央行发行中期借贷便利 MLF 会对货币当局资产负债表产生哪些影响？

3. 对比分析 2020 年货币当局资产负债表 1 月和 2 月的数据，讨论基础货币的构成发生何种变化？推动基础货币变化的原因是什么？

4. 在其他存款性公司资产负债表中，负债方对中央银行的负债与货币当局资产负债表的哪一科目存在对应关系？为何该科目自 2014 年开始快速增长？

5. 分析货币供应量的历史变动轨迹，讨论其与经济增速和通货膨胀水平之间的联系。

参 考 文 献

[1] 杜金富. 货币与金融统计学（第 4 版）[M]. 北京：中国金融出版社，2018.
[2] 肖萌. 中国货币当局资产负债表分析 [J]. 金融评论，2015（5）：70－81.

第 7 章　资产负债核算

2020 年 5 月 24 日，时任国家统计局局长宁吉喆在国务院新闻办公室举行的新闻发布会上表示“最新的资产负债表表明，我国的总资产已经超过 1 300 万亿元”，据此可计算出我国人均总资产约为 100 万元。其后，时任总理李克强在 5 月 29 日“两会”记者会上提到，“我们人均年收入是 3 万元人民币，但是有 6 亿人每个月的收入也就 1 000 元，1 000 元在一个中等城市可能租房都困难”。对此，一些网友认为国家统计局发布的资产数据与自身实际感受偏差较大，并指出我国居民拥有的人均财富并未有 100 万元。针对网友的疑问，国家统计局在其网站上专门发表文章进行解释与回应①。那么，该如何对以上两组数据进行正确解读呢？这就需要我们学习和掌握资产负债核算的相关知识。

通过本章内容的学习，预期读者能够掌握国民资产负债核算的基本原理，并且能够正确运用相关数据进行资产负债分析。

7.1　资产负债核算的基本问题

前面的章节中已经涉及了资产和负债的定义与分类，本章进一步将国民资产负债作为一个完整的核算对象进行介绍。本章将首先对资产的定义与分类进行回顾与梳理，然后阐述资产负债核算的意义与内容，最后讨论资产负债核算中的估价问题。

7.1.1　经济资产的定义与分类

国民经济核算讨论的资产是传统经济学意义上的经济资产。根据 SNA－2008，经济资产被定义为一种价值储备，反映经济所有者在一定时期内通过持有或使用该实体而产生的一次性或连续性的经济利益。它是价值从一个核算期向另一个核算期结转的载体。从该定义可以看出，一个经济实体成为资产至少应该满足两方面的条件。即资产所有权明确和资产有未来收益性。例如，对于空气和海洋来说，虽然它们都很有用，但是由于无法确定其所有权，故而不能将它们视为资产。又如，某地区具有丰富的矿藏资源，但是由于开采费用过高，以致在可见的未来无法开采，也就无法给该地区带来经济收益，故而也不能将矿藏当作资产对待。相反，当森林、鸟类和鱼类等自然资源为某个机构单位所有，并且能够为其所有者带来经济利益时，它们都属于资产的范畴。

另外值得一提的是，国民经济核算中的经济资产并不仅是企业会计资产负债表上的资产，也不仅是住户部门所拥有的资产，而是包括企业和住户部门在内的所有机构部门

① 详见国家统计局网站：http://www.stats.gov.cn/。

所拥有的资产。在本章引言部分的案例中，国家统计局公布的 1 300 万亿元总资产并非仅是住户部门所有，而是非金融企业部门、金融机构部门、政府部门和住户部门拥有的资产之和。另外，在住户部门资产中，除居民的家庭资产之外，还包括个体工商户的资产。对于总资产概念的误解，是造成部分网民对于数据解读偏误的原因之一。

在界定经济资产的基础上，SNA－2008 进一步给出了如图 7.1 所示的经济资产的分类。可以看到，经济资产的第一级分类包括金融资产（financial asset）和非金融资产（non－financial asset）。其中，前者形成于金融交易过程，是建立在信用基础上的资产，后者则主要是在实物交易过程中积累起来的。与非金融资产相比，金融资产（除货币黄金之外）的特点是资产会对称地形成负债。

- 经济资产
  - 非金融资产
    - 生产资产
      - 固定资产
      - 存货
      - 贵重物品
    - 非生产资产
      - 自然资源
      - 合约、租约和许可
      - 商誉与营销资产
  - 金融资产
    - 货币黄金和特别提取权
    - 通货和存款
    - 债务性证券
    - 贷款
    - 股权和投资基金份额
    - 保险、养老金和标准化担保计划
    - 金融衍生工具和雇员股票期权
    - 其他应收/应付款

图 7.1　经济资产分类

非金融资产还可以进一步划分为生产资产（produced asset）和非生产资产（non-produced asset）。生产资产与非生产资产的区别在于资产是不是在生产过程中产生。其中，生产资产是生产过程中产生的资产，同时它又会用于生产过程。生产资产是经济资产中最重要的类别，对应着经济学中所定义的资本。在生产资产的三个类别中，固定资产和存货是生产者为了生产目的持有的资产，贵重物品则是作为价值贮藏手段持有的资产；与生产资产相对应，非生产资产是指“通过生产过程以外的方式形成的非金融资产”（SNA－2008），包括自然资源，合约、租约和许可，商誉与营销资产三种类型。非生产资产的形成不是生产过程中产出的成果，不能通过生产进行复制，非生产资产的使用也不作为生产过程的投入。

7.1.2 资产负债核算的意义与内容

资产负债核算通过对经济体各部门所拥有的经济资产、负债以及净资产进行系统核算，反映资产、负债和净资产的总量、结构及其变动情况。

资产负债表是理解经济运行过程的重要基础。一方面，资产负债作为经济存量，既是经济流量形成的基础，也是经济运行的起点。回顾前文学习的内容，不难发现生产和收入创造都是以资产为基础的。比如，生产资产直接投入于生产活动中，是形成产出的关键要素，也是收入创造的重要保障。另一方面，经济流量也会引起作为存量的资产的变化。在生产价值和收入创造的基础上，各部门可根据当期获取的可支配收入，将消费结余后的储蓄进行投资，进而形成新的资产，由此带来资产的进一步增加。由此可见，资产负债与各种经济流量之间具有非常紧密的联系。资产负债总量反映了经济体所具有的生产和收入创造的能力，其结构则反映了经济体的资源配置状况。然而，值得一提的是，尽管以资产负债体现的存量指标与收入等流量指标具有紧密联系，但是二者在指标性质和内涵上仍然存在显著差别。正因如此，在本章引言部分的案例中，一些网友通过居民收入水平对资产拥有水平进行推估的做法也是缺乏严谨性的，这是部分网民对于数据解读偏误的原因之二。

另外，资产负债状况还可能反映对经济体经济正常运行所造成的威胁。比如，自 1978 年改革开放以来，中国经济实现了持续快速增长，创造了举世瞩目的经济发展成就，但在此过程中也消耗了大量的自然资源，对经济社会的可持续发展造成了较大压力①。对此，为了摸清包括土地资源、林木资源和水资源等自然资源资产的“家底”及其变动情况，我国已在部分试点地区开展了自然资源资产负债表的编制工作。又如，近年来在国际经济下行压力加大、金融风险不断暴露以及国内资金呈现出一定“脱实向虚”趋势的背景下，党的十九大报告提出了“坚决守住不发生系统性金融风险的底线”。如果某些部门的可变现资产无法覆盖其负债，则容易产生金融风险，并可能对其他部门产生影响，进而波及整个经济体。编制资产负债表可以及时反映各部门的资产负债结构及其动态变化，这对监测和防范金融风险具有重要的意义。

综上所述，资产负债表可以说是国民经济核算体系不可或缺的“拼图”。只有将资产负债核算与其他四个流量核算子体系相结合，才能全面地观察经济运行的全貌及其产生的综合效果。但是，囿于资料来源和估价方法，我国资产负债核算实务进展相对缓慢。目前，我国已经完成国民资产负债表的试编，但是尚未公开发布资产负债表。

从资产负债的核算内容来看，其包括时点存量的总量核算和不同时期内的存量变化核算两个相互联系的部分：时点存量的总量核算对象是各机构部门以及经济总体在特定时点上的资产总量、负债总量和资产净值；存量变化核算的内容是期初和期末两个时点资产负债总量的变化，可以解释资产负债总量在不同时期的变动。

① 根据《中国环境经济核算研究报告：2013—2014》中的估算，2013 年我国环境退化成本和生态破坏损失合计 20 547.9 亿元，约占当年 GDP 的 3.3%（马国霞等，2019）。

7.1.3 资产负债核算的估价方法

除准确界定资产和负债的范围之外，针对各种资产负债的估价方法也是需要讨论的重要问题。根据国民经济核算的总体估价原则，资产负债核算原则上要求采用现期市场价格进行估价。具体来说，对于资产负债存量核算而言，需要采用核算时点的现期市场价格估价。针对资产负债变化核算，则应按照交易发生时的价格或者资产其他物量变化发生时的资产的现行市场价格计价。那么，为什么对资产的核算要采用现期市场价格呢？这是因为从经济学原理来看，资产价值取决于该资产在使用期限内预期获得的租金收入的价值。这也意味着资产价值取决于未来可以获得的租金收入，而非当初购置时所支付的价款，购买者（或持有者）对资产未来收入的预期则体现为现期市场价格。

然而，从现实情况来看，对资产按照现期市场价格估价是一项非常复杂的工作，这也是资产负债核算中的主要难点。因为各机构部门以及经济总体当前拥有的资产是在不同时期积累而成的，然而构成国民经济核算重要微观基础的企业会计资产负债表是以企业当初购置资产的价格——历史成本价格编制的。由于资产的购置价格在不同时期（特别是较长的时间内）通常会发生变化，资产的现期购置价格往往会异于历史成本价格。对于资产价值总量的核算来说，从操作层面来看，虽然对不同时期积累的资产按照历史成本价格进行加总具有简单易行的优点，但是与资产负债核算的计价原则相背离。因此，在资产负债的核算中，需要将所持有的不在当期购置的资产按照当期价格水平进行重估价，将其转化为资产仿佛在当期购买的价格。另外，在涉及不同时期资产价值的动态分析中，通常还需要进行不变价处理，即选定某一时期价格作为固定价格，将不同时期的资产存量按照该固定时期的价格进行计量。

那么，该如何对以往购置的资产进行重估价呢？对于不同的资产来说，因为数据条件和属性特征的差异，对其采用的重估价方式也有所不同，可采取的主要方法如下：在持有资产的价格指数可获得的情况下，可采用物价指数法，即借助价格指数将相应资产的价值调整为以核算期价格计价的方式；若所持有资产的价格指数无法获取，则可采用现行市价法、重置成本法和未来收益现值法等进行资产价值的估算与调整。

在资产估价过程中，除需要对不同时期资产按照现期市场价格估价之外，对于固定资产来说还需要考虑资产消耗所引起的计价问题，即固定资本消耗问题。这是因为固定资产在使用期限内提供了资本服务，往往会出现资产磨损等问题，资产价值也将随着资产功能的下降而减少。因此，固定资产的价值由总价值（假定资产始终处于全新状态的价值）减去固定资本消耗得到，即固定资产净价值。

7.2 资产负债时点核算

资产负债时点核算的对象是各机构部门以及经济总体在特定时点上拥有的资产总量、负债总量和资产净值，其核算结果可通过国民资产负债表进行系统表述。如前文所讨论的，由于不同类型资产的特征存在差异，其估价方法也不尽相同。以下首先对不同类型资产的估价方法进行讨论。

7.2.1　固定资产的估价与总量核算

由前文的讨论可知，固定资产的估价既要将不同时期的价格转换为当期水平，又要考虑固定资本消耗的问题。也就是说，在固定资产的价值核算中，需要得到按现期价格估算的固定资产净价值。

那么，该如何从总量层面，对各机构部门以及经济总体的固定资产净价值按照现期市场价格进行核算呢？一个直观的思路是将资产价值从微观汇总至宏观，即对每一项资产进行单独估价，然后加总得出各机构部门和经济总体的资产价值。然而，这通常不具备操作性，因为现实中很难对单项资产进行逐一估价。为了解决这一难题，国民经济核算从宏观层面提出了利用投资流量数据间接测算固定资产价值的方法——永续盘存法。

永续盘存法（Perpetual Inventory Method，PIM）的主要思想为通过连续不断地记录和计算资产的获得与处置，在资产的累加过程中考虑资产磨损和退役，并辅以必要的价格指数，对核算期当期现价固定资产净价值进行估算。以下以一个简化的例子对永续盘存法的应用进行说明。

表 7.1 给出的是某经济体 6 年的固定资本形成总额（当年现价）和定基形式的固定资产价格指数数据资料①。假设固定资产为直线折旧的方式，使用年限为 4 年，同时假定第 1 年以前固定资产的存量为 0，则利用永续盘存法估算该经济体各年固定资本存量净额的主要步骤如下（以第 5 年的数据为例）。

表 7.1　　　　永续盘存法应用举例　　　　（单位：亿元）

	第 1 年	第 2 年	第 3 年	第 4 年	第 5 年	第 6 年
固定资本形成总额（现价）	1 172	1 234	1 377	1 632	1 913	2 212
固定资产价格指数（第 1 年 = 100）	100	120	144	119	127	138
固定资本形成总额（不变价）	1 172	1 028	956	1 371	1 506	1 603
年末固定资本存量总额（不变价）	1 172	2 200	3 156	4 527	4 861	5 436
固定资本消耗（不变价）	293	550	789	1 132	1 215	1 359
固定资本形成净额（不变价）	879	478	167	239	291	244
年末固定资本存量净额（不变价）	879	1 357	1 524	1 763	2 054	2 298
年末固定资本存量净额（现价）	879	1 628	2 195	2 098	2 609	3 171

资料来源：高敏雪，刘晓静，王思瑶.《国民经济核算原理与中国实践（第 4 版）》学习指导书 [M]. 北京：中国人民大学出版社，2018.

① 定基价格指数是指对比基期固定不变的价格指数，此处的基期即为第 1 年。本书第 9 章将对定基价格指数进行详细介绍。

（1）为了对不同时期的投资流量（通过固定资本形成总额体现）进行有效加总，将各年现价固定资本形成总额除以定基形式的固定资产价格指数（第 1 年=100），可得到以基年（第 1 年）价格计算的各年固定资产形成总额。对于第 5 年而言，可求得不变价固定资产形成总额为 1 913÷127%=1 506（亿元）。

（2）计算以基年价格计算的年末固定资本存量总额。考虑到固定资产在使用过程中存在退役（寿命结束）的情况，而本例假定固定资产的使用年限为 4 年，因此固定资本存量总额应为以连续 4 年不变价固定资本形成总额的加总。对于第 5 年末的固定资本存量总额，可由第 2 年至第 5 年（注意：不包括第 1 年）的固定资本形成总额加和得出。即 1 028+956+1 371+1 506=4 861（亿元）。

（3）在得到年末固定资本存量总额的基础上，结合折旧函数可计算出以基年价格计算的不变价固定资本消耗。本例假设固定资产为直线折旧的方式，并且资产的使用年限为 4 年，由不变价年末固定资本存量总额除以 4 即可计算出不变价固定资本消耗。第 5 年固定资本消耗的计算公式为 4 861÷4=1 215（亿元）。

（4）通过以基年价格计算的固定资本形成总额减去不变价固定资本消耗，即可计算出不变价固定资本形成净额，这也是当年固定资产价值的实际变化额。例如，第 5 年的固定资本形成净额的计算方法为 1 506−1 215=291（亿元）。

（5）通过以基年价格计算的上年末不变价固定资本存量净额加上不变价固定资本形成净额，即可得到当年末不变价固定资本存量净额。第 5 年不变价固定资本存量净额的计算公式为 1 763+291=2 054（亿元）。

（6）利用基年价格计算的固定资本存量净额乘以定基形式的固定资产价格指数，即可得到以各年价格计算的现价固定资本存量净额，也就是国民资产负债核算中所需要的固定资产净价值。就第 5 年而言，现价固定资本存量净额的计算方法为 2 054×127%=2 609（亿元）。

7.2.2 其他非金融资产与金融资产的估价与总量核算

除固定资产以外，非金融资产还包括属于生产资产的存货和贵重物品以及非生产资产。就存货而言，可以根据不同的存货内容，分别按照相应的市场价格进行估价，加总之后核算出资产总价值。其中，针对产成品和商品存货，应该根据核算时点的生产者价格和商品销售价格估价。对于生产企业作为原材料储备的存货，应该按照核算时点的购买者价格估价。对于处于在制品状态的存货，应当按照核算时点的基本价格或生产者价格估价；对于贵重物品，一般应按照现期市场上实际的或估计的购买价格估价。如果缺乏有组织的市场，也可以按投保的价值量估价；非生产资产在有相关市场价格参考时可以按照实际或类似的交易价格估价，没有市场价格参考时通常采用未来收益现值法估价。

由于金融资产（除货币黄金之外）会对称地形成负债，因此负债的估价要依附于金融资产的估价，二者应当保持一致。在金融资产的估价和存量核算中，根据一般资产负债估价原则，在有组织的金融市场上经常进行交易的金融资产和负债，应当按照现期市场价格估价；对于不在有组织的金融市场上经常进行交易的金融资产和负债，则应按照债务人为清偿债务必须向债权人支付的金额估价。

7.2.3　资产净值的核算

在对不同机构部门及经济总体的资产与负债存量进行核算的基础上，可进一步计算出一个重要指标——资产净值。资产净值（net worth）又称资产负债差额，其计算公式为

资产净值＝非金融资产＋金融资产－负债

虽然资产净值由资产与负债存量计算得到，并非单独核算出来的项目。但它具有非常重要的经济含义，体现的是各机构部门所拥有的净资产。若将国内各机构部门的资产净值进行加总，即得到经济总体的净资产，可反映一个经济体的国民财富。因此，在本章引言部分的案例中，一些网友通过总资产反映财富水平的做法也是不科学的，因为对财富水平的刻画还需要在资产的基础上进一步扣除负债，此为部分网民对于数据解读偏误的原因之三。

7.2.4　国民资产负债表的编制

如表 7.2 所示，资产负债表是在特定时点上编制的报告，汇集了关于资产、负债以及资产净值存量的核算结果。资产负债表采用国际上一般通用的表式，即资产负债项目与机构部门的二维矩阵平衡表形式。其中，行标题表示各类资产、负债以及资产净值。列标题显示的是机构部门，每个机构部门设有两列。其中，一列为资产存量，另一列为负债和资产净值。

国民资产负债表是一种非常紧凑且重要的核算表式，它集中反映了各机构部门及其总体在特定时点上所拥有的各类资产、负债以及资产净值的详细情况。除上述基本的资产负债存量信息外，资产负债表中还存在以下若干平衡关系：

首先，从纵列看，对每一部门以及经济总体内部，都有“资产总额（非金融资产＋金融资产）＝负债总额＋资产净值”，由此反映了该部门内部资产负债在具体项目上的分布状况以及净资产的形成。比如，对于表 7.2 中的住户部门而言，其资产总额为 4 689，包括的非金融资产与金融资产分别为 1 429 和 3 260。同时，住户部门具有 189 亿元的金融负债，因此该部门的净资产为 4 500。

其次，从横行看，对于每一个资产负债项目，都有各部门资产（负债）合计等于经济总体的资产（负债），反映经济总体内部各资产负债项目的部门构成。以非金融生产资产中的固定资产为例，非金融企业部门、金融机构部门、政府部门和住户部门的固定资产分别为 1 226、52、588 和 713，将各部门加总等于经济总体的固定资产为 2 579。

最后，对于经济总体的资产净值（国民财富）而言，可以从多重平衡关系对其进行深入理解。从机构部门来源来看，其等于国内各机构部门资产净值之和。在表 7.2 中，有 5 090＝（－88）＋（－30）＋708＋4 500；从资产负债平衡关系来看，国民财富还可以通过经济总体的资产合计（各项非金融资产与金融资产之和）减去负债合计（各项金融资产之和）计算得出。即 5 090＝（4 621＋8 231）－7 762＝12 852－7 762；从一国与国外部门经济关系来看，由于一国国内各部门相互持有的金融资产与负债整体上恰好相互抵销，因此一国国民财富还可以表示为国内非金融资产与对外净金融资产之和。其中，对外净金融资产在数值上等于国内金融资产与金融负债之差。故对于表 7.2，有 5 090＝4 621＋

（8 231－7 762）＝4 621＋469。此处，对外净金融资产为469。

表 7.2　　　　　　　　　　资产负债表

	非金融企业部门		金融企业部门		政府部门		住户部门		经济总体	
	资产	负债	资产	负债	资产	负债	资产	负债	资产	负债
一、非金融资产	2 151		93		948		1 429		4 621	
1. 非金融生产资产	1 274		67		621		856		2 818	
1.1　固定资产	1 226		52		588		713		2 579	
1.2　存货	43				23		48		114	
1.3　贵重物品	5		15		10		95		125	
2. 非金融非生产资产	877		26		327		573		1 803	
2.1　自然资源	864		23		321		573		1 781	
2.2　合约、租约和许可	13		3		6				22	
2.3　商誉和营销资产										
二、金融资产/负债	982	3 221	3 421	3 544	568	808	3 260	189	8 231	7 762
1. 货币黄金和SDR			690		80				770	0
2. 通货和存款	382	40		1 281	260	140	840	10	1 482	1 471
3. 债务性证券	90	44	950	1 053	25	212	198	2	1 263	1 311
4. 贷款	50	897	1 187		123	371	24	169	1 384	1 437
5. 股权和投资基金份额/单位	280	1 987	551	765	34	4	1 749		2 614	2 756
6. 保险、养老金和标准化担保计划	25	12	30	435	24	24	391		470	471
7. 金融衍生工具和雇员股票期权	5	4	13	10			3		21	14
8. 其他应收/应付款	150	237			22	57	55	8	227	302
三、资产负债差额（资产净值）		－88		－30		708		4 500		5 090

资料来源：联合国，欧盟委员会，经济合作与发展组织，等. 2008年国民账户体系［M］. 北京：中国统计出版社，2012。通过对第13章“资产负债表”中的数据微调得到。由于该表主要用于展示资产负债表的构成，参考资料中未给出表中数字的具体单位。

7.3　资产负债存量变动核算

资产负债存量变动核算又称积累核算，其核算的对象是引起期初、期末两个时点之间存量变化的各种活动和现象。通过资产负债存量变动核算，可以解释资产负债存量在期初和期末之间的变动。本部分将首先讨论引起资产负债变化的两大方面原因，在此基础上阐述资产其他物量变化与重估价方法，最后介绍积累核算表及其与其他资产负债表的联系。

7.3.1　资产负债存量的变动原因

通常情况下，无论是从经济总体还是各机构部门来看，资产负债的价值额从期初到期末都会发生变化。那么，是什么原因导致资产负债存量的变动呢？由于资产负债的价值额可以表现为物量与价格两个要素的乘积，资产负债存量变化可以通过物量变化与价格变化两大方面来解释。

资产物量变化指的是资产在数量和质量上的变化，可由两方面原因引起。一方面是经济交易因素，如原有资产的购买和销售所导致的资产增加和减少、产品积累形成的资产增加等。另一方面是交易之外的其他因素，如地下矿产资源的发现带来的资产增加，战争和自然灾害导致的资产损毁。与经济交易发生的经常性相比，非交易因素引致的资产物量变化往往具有偶然性和不确定性，一般将这种由非交易因素引起的资产负债变化称为资产其他物量变化。

资产价格变化指的是由于资产价格本身以及汇率和利率等因素的上涨或者下跌所引起的资产价值量的变化，其与资产的任何物量变化无关。

因此，我们可以进一步将引起资产负债存量变化的原因归结为三个具体方面。即交易因素、非交易因素和价格因素。其中，交易因素是引起资产负债变动的主要因素，其实质是投资（包括金融投资和非金融投资）所带来的资产负债变动，前文已对其核算方法做了详细介绍。本章将重点讨论其他两种引起资产负债变化因素的核算方法，即资产其他物量变化核算与重估价核算。

7.3.2　资产其他物量变化核算

资产其他物量变化是指由经济交易之外的因素引起的资产或负债的物量变化。虽然与交易因素相比，资产其他物量变化对于资产负债变动的影响明显更小，但是从国民经济核算体系的完整性来看，其仍是不可或缺的内容。资产其他物量变化涉及的内容十分庞杂。为了核算的需要，SNA－2008 将资产其他物量变化归纳为非交易因素引起的资产出现和消失、外部事件对资产价值的影响和分类变化三大方面。

1. 非交易因素引起的资产出现和消失

在该大类中，主要包括以下三种情形：

（1）非生产资产的经济出现。“经济出现”是指某种资产首次出现在经济体系中，也就是说，原来没有某种资产的记录，后面出现了。这种资产并非生产过程的产物，而是自然形成的，或者以生产过程以外的方式产生的资产增加。比如，发现新的可开采矿藏，林木和鱼类等生物资源在不受机构单位控制和影响下的自然生长，从未利用的自然资源向经济活动的首次转移（如开垦荒地首次用于经济目的等），非生产资产经济用途变化引起的资产质量上升（如从耕地变为建筑物的地基所引起的资产总量的额外增加）等。

（2）生产资产的经济出现。该项主要是贵重物品和历史纪念物的首次被发现或承认。

（3）非生产资产的经济消失。非生产资产的经济消失是一个与非生产资产的经济出现相对立的概念，包括经济活动导致的土地、水资源和其他自然资源的退化，由于经济用途变化引起的非生产资产的质量变化等。

2. 外部事件对资产价值的影响

此类主要包括以下四种情形：

（1）巨灾损失。即由意外大灾害造成经济资产的重大损失。此处的巨灾指的是可能毁灭所有类型资产的自然或社会的大灾难。比如，大地震、火山喷发、海啸、特大飓风等自然灾害，战争、骚乱等政治事件。

（2）无偿没收。政府强行占有机构单位的资产而不给予补偿或者不予充分补偿的行为。

（3）未另分类的非金融资产物量的其他变化。包括固定资产的意外报废、存货的异常损失等。

（4）未另分类的金融资产的其他物量变化。比如，由于债务人破产，债权人被迫注销债务人无法偿还的坏账。

3. 分类变化

此处主要包括两种情形：一是由机构单位分类变化与结构变化所引起的资产负债变动。比如，一个机构单位从一个机构部门（或子部门）调整到另一个机构部门（或子部门），则会导致资产负债的分类和结构变化。二是由资产和负债分类变化引起的资产负债结构变化。比如，如果货币当局从民间购入黄金充实储备资产，则实现了黄金的货币化。在此过程中，所购入的黄金由生产资产转变为金融资产，即引发了资产的分类变化。

7.3.3 重估价核算

1. 重估价与持有损益

重估价（revaluation）核算针对的是由于价格变化引起的资产、负债和资产净值的价值变化。前文已提到，针对资产负债的核算要求采用核算期现期市场价格而非历史成本价格进行计价。按照该计价原则，从期初到期末的任何价格变动都会引起资产负债价值量的增加或减少，进而给资产负债持有者带来一定的收益或损失。这种因资产负债的价格变动而给其所有者带来的收益或损失，称为持有损益（holding gain/loss）。举例来说，投资者持有股票价格的上升将为其带来持有收益。反之，股票价格的下跌将带来持有损失。另外，对于以外币计价的资产而言，持有损益除受资产价格自身波动的影响之外，还受汇率变化的影响。

在理解持有损益核算的过程中，有以下三点值得注意：第一，计算某项资产或负债持有损益的前提是该资产或负债的数量和质量保持不变，但是价格发生了变化。比如，对于固定资本消耗来说，资产价值的减少是由资产的质量变化（资产磨损）造成的，而非价格变化所引起的。因此，固定资本消耗所引起的价值变化不属于持有损益的范畴。第二，核算期内任何时段持有的资产都可能发生持有损益，既包括从期初持有保持到期末的资产，也包括在核算期内进行过购置或者处置的资产。第三，持有损益只是理论值，只有当资产和负债在市场上变现时，才是真正实际的损益。

2. 持有损益的核算方法

在实际核算过程中，该如何对某机构部门或者经济总体的持有损益进行核算呢？前文已经介绍到，持有损益指的是因资产或负债的价格变动而给持有者带来的损失或收益。对于一笔特定的资产而言，假设资产价格和数量分别为 p 和 q，则持有损益 G 的计算公式可表示为

$$G=(p_t-p_0)q \tag{7.1}$$

式中，下标代表的是时点。对于从期初持有保持到期末的资产，t 和 0 分别表示的是期末和期初；对于期初持有但在核算期内处置的资产，t 和 0 分别表示的是资产的处置时点和期初；针对核算期内获得并持有至期末的资产，t 和 0 分别表示的是期末和资产的获得时点；对于在核算期内获得并且在核算期内处置的资产，t 和 0 分别表示的是资产的处置时点和获得时点。

通过式（7.1）可以实现对每一项资产持有损益的计算，在对各机构部门以及经济总体持有损益的核算中，直观的处理思路为对相应资产的持有损益进行加总。这种方法为计算持有损益的直接法。但是，应用直接法计算持有损益，需要掌握充分的基础数据资料，同时计算工作量十分庞大，在实际中很难实现。

对此，在实际核算过程中通常使用间接法来计算持有损益。根据前文的讨论，引起资产负债价值变动的原因可归结为交易导致的资产变化、资产其他物量变化和持有损益三个具体方面，由此可间接推导出持有损益的计算公式为

$$\begin{aligned} G= &（期末资产存量-期初资产存量）\\ &-（交易导致的资产变化+资产其他物量变化）\end{aligned} \tag{7.2}$$

在持有损益的核算过程中，还值得注意的是，对于现金、贷款和存款等价格固定不变的资产而言，其票面价值不受价格影响，因而持有损益恒定为 0；对于市场价格可变的资产而言（如股票），持有损益可以有正、负和 0 三种情形。

3. 持有损益的分解

事实上，前文讨论的持有损益作为由价格变化引起的资产负债全部持有损益，为名义持有损益（nominal holding gains/losses）。在实际分析中，人们通常还十分关心资产的价格变动幅度是高于还是低于国民经济一般物价水平的变化幅度，资产的实际价值（实际购买力）发生了怎样的变化？这就需要对名义持有损益进行分解，将其分解为中性持有损益（neutral holding gains/losses）和实际持有损益（real holding gains/losses）。

在讨论名义持有损益的分解之前，首先对资产价格的变化进行分解。对于某项资产而言，其价格变化幅度可以分解为一般物价水平的变化幅度和资产价格相对一般物价水平的变化两部分，即

$$\left(\frac{p_t}{p_0}-1\right)=\left(\frac{r_t}{r_0}-1\right)+\left(\frac{p_t}{p_0}-\frac{r_t}{r_0}\right) \tag{7.3}$$

式中，r 为国民经济一般物价水平；$\frac{r_t}{r_0}$ 为全社会一般价格指数，通常利用消费价格指数

反映；$\frac{p_t}{p_0}-\frac{r_t}{r_0}$为资产价格相对一般物价水平的变化幅度。

在对资产价格的变化进行分解的基础上，可进一步将名义持有损益分解为中性持有损益 NG 和实际持有损益 RG 之和，具体表达式为

$$\begin{aligned} G &= (p_t - p_0)q = p_0\left(\frac{p_t}{p_0}-1\right)q = p_0\left(\frac{p_t}{p_0}-\frac{r_t}{r_0}+\frac{r_t}{r_0}-1\right)q \\ &= p_0\left(\frac{p_t}{p_0}-\frac{r_t}{r_0}\right)q + p_0\left(\frac{r_t}{r_0}-1\right)q \\ &= RG + NG \end{aligned} \tag{7.4}$$

由式（7.4）可知，中性持有损益的计算公式为

$$NG = p_0\left(\frac{r_t}{r_0}-1\right)q \tag{7.5}$$

中性持有损益反映的是假设资产价格与一般物价水平按照相同幅度变化所形成的持有损益。在资产价格与一般物价水平的变化幅度相同的情况下，资产的实际价值（资产能够换取的全社会其他商品的平均水平）将保持不变。因此，中性持有损益的内涵为保持资产实际价值不变所需要的持有损益的价值。

实际持有损益的计算公式为

$$RG = p_0\left(\frac{p_t}{p_0}-\frac{r_t}{r_0}\right)q \tag{7.6}$$

实际持有损益指的是由于资产价格的相对变化给资产持有者带来的损益。具体地，当某资产价格的涨幅高于一般物价水平的涨幅，或者资产价格的降幅低于一般物价水平的降幅，资产所有者就会获得实际持有收益；相反，则会给资产持有者带来实际持有损失。同时，当资产相对价格出现上升或下降时，其所能换取的货物服务或其他资产的数量将较过去增加或减少。所以，实际持有损益同时反映的是资产所有者实际购买力的变化。在经济分析中，相较于名义持有损益和中性持有损益，实际持有损益通常受到更多的关注。

由于实际持有损益等于名义持有损益减去中性持有损益，对于现金、贷款和存款等价格固定不变的资产而言，其名义持有损益始终为 0，实际持有损益与中性持有损益互为相反数。因此，当一般物价水平上涨（通货膨胀）时，这些资产的中性持有损益为正，但实际持有损益为负，即资产的实际购买力下降。反之，当一般物价水平下降（通货紧缩）时，这些资产的实际购买力将上升；对于市场价格可变的资产来说，实际持有损益的取值将由资产自身的价格变化相对于一般物价水平的变化幅度决定。

7.3.4 国民资产负债变动表及其与资产负债表的衔接

在对经济交易引起的资产负债变动、资产其他物量变化和持有损益进行核算的基础上，可以编制国民资产负债变动表。表 7.3 中间部分的资产负债变动表中列示了资产（包括非金融资产与金融资产）、负债和资产净值的变动及引起其变动的原因。此外，前文已

讨论了资产负债总量变动核算，那么对核算期内资产净值变化该如何核算？结合前文知识，可将资产净值变化的核算公式表示如下：

资产净值变化＝资产存量变化－负债存量变化
＝非金融资产投资＋金融投资－金融负债
＋资产其他物量变化（引起的资产净值变化）
＋名义持有损益（引起的资产净值变化）
＝非金融资产投资＋净金融投资
＋资产其他物量变化（引起的资产净值变化）
＋名义持有损益（引起的资产净值变化）
＝储蓄和资本转移净值＋资产其他物量变化（引起的资产净值变化）
＋名义持有损益（引起的资产净值变化）　（7.7）

在对资产负债变动表进行编制的基础上，根据式（7.8）中资产负债存量变化核算与存量核算之间的平衡关系，可将期初资产负债表与核算期四个资产负债存量变化项目进行叠加，得到期末资产负债表。

期初资产总量＋核算期资产负债存量变化
＝期初资产总量＋（非金融投资＋金融投资）＋资产其他物量变化＋重估价变化
＝期末资产总量　（7.8）

表 7.3　**包含积累核算的资产负债表**

	资产	交易和平衡项	负债和资产净值
期初资产负债表	NFA_0	非金融资产	
	PA_0	生产资产	
	NPA_0	非生产资产	
	FA_0	金融资产	
		负债	FL_0
		资产净值	NV_0
资产负债变化表	$DNFA$	非金融资产变化	
	DPA	生产资产变化	
	PAI	非金融投资	
	$PAOC$	资产其他物量变化	
	$PAHG$	名义持有损益	
	$DNPA$	非生产资产变化	
	$NPAI$	非金融投资	
	$NPAOC$	资产其他物量变化	
	$NPAHG$	名义持有损益	
	DFA	金融资产变化	
	FAI	交易引起的金融资产净增加	

续表

	资产	交易和平衡项	负债和资产净值
资产负债变化表	FAOC	资产其他物量变化	
	FAHG	名义持有损益	
		负债变化	DFL
		交易引起的负债净增加	FAI
		资产其他物量变化	FLOG
		名义持有损益	FLHG
		资产净值变化	DNV
		储蓄和资本转移净值	S&CT
		资产其他物量变化	NVOC
		名义持有损益	NVHG
期末资产负债表	NFA_1	非金融资产	
	PA_1	生产资产	
	NPA_1	非生产资产	
	FA_1	金融资产	
		负债	FL_1
		资产净值	NV_1

利用表 7.3，即可得到各个项目存量和流量之间的平衡关系。以非金融资产为例，可以得到如下等式：

$$NFA_1 = NFA_0 + DNFA = NFA_0 + (DPA + DNPA)$$
$$= NFA_0 + [(PAI + PAOC + PAHG) + (NPAI + NPAOC + NPAHG)]$$

类似地，可得到金融资产、负债和资产净值与相应流量之间的关系。

7.4 资产负债分析

国民资产负债表可以提供丰富的存量信息，对于经济分析具有非常重要的意义。然而，我国官方尚未公开发布资产负债表，国内一些研究机构和学者对此尝试编制研究中国国家资产负债表。其中，李扬教授领衔的中国社会科学院课题组对 2000 年以来我国资产负债表展开了持续编制研究。本章将利用该课题组的研究成果，主要从资产负债总量、资产负债结构和资产负债效益三个层面，讨论国民资产负债的分析。

7.4.1 资产负债总量分析

资产负债总量分析主要是利用资产负债表，从总量层面考察一个国家或地区的资产、负债与净资产的规模，从存量角度体现一国或地区的经济实力。

由图 7.2 可知，从名义值来看①，我国资产、负债以及资产净值在 2000—2016 年呈现出明显的规模增加。其中，2016 年中国的总资产为 1 210.8 万亿元，是 2000 年的 13.3 倍。由资产净值体现的国民财富为 437.5 万亿元，是 2000 年的 11.5 倍，由此体现出中国的经济实力在不断增强。同时，根据中国社会科学院课题组的研究，2016 年中国国民财富为美国同期的 70.7%，分别是日本、德国和英国的 2.2 倍、3.9 倍和 5.2 倍。然而，从人均净资产来看，中国的人均国民财富与以上发达国家相比还存在一定差距。

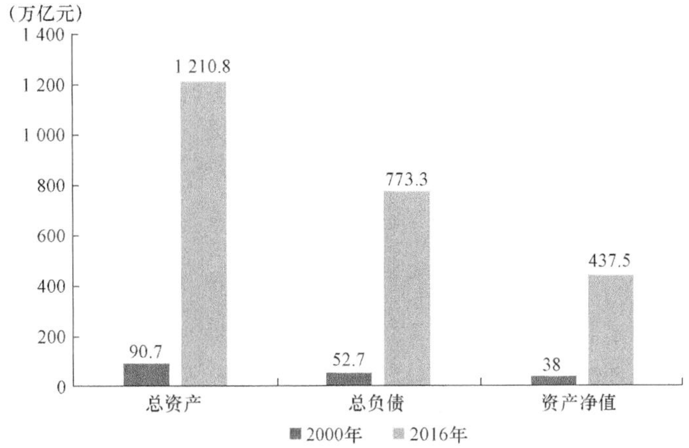

图 7.2　2000 年与 2016 年中国资产负债情况比较

资料来源：李扬，张晓晶，常欣，等. 中国国家资产负债表 2018 [M]. 北京：中国社会科学出版社，2018.

7.4.2　资产负债结构分析

借助资产负债表，针对资产负债展开结构分析对于宏观经济管理具有重要价值，关于资产负债的结构分析主要有两个维度。

一方面是针对资产负债项目的结构分析。典型的指标包括以负债与资产的比值计算的资产负债率，其体现的是经济主体或各部门的资产获得对于负债的依赖程度，反映了核算主体所承担债务负担的大小。同时，还可以对资产和负债的内部构成展开研究，如通过考察金融资产和非金融资产的比重可以分析一国（地区）金融发展与实体经济间的比例关系。

另一方面是部门结构分析。通过研究经济总体中各个机构部门间的资产负债比例关系，可反映各机构部门所拥有的资产负债在整个国民经济中的份额、地位和作用大小。

举例而言，根据中国社会科学院课题组发布的资产负债表，针对中国的资产负债结构展开如下分析：资产负债率（总负债与总资产之比）的计算结果显示，2016 年中国资产负债率为 63.9%，较 2000 年增加了 5.8 个百分点。这反映出从经济总体来看，中国的债务压力近年来有所加大，需要对此引起重视；从资产结构来看，非金融资产由 2000 年的 37.5 万亿元增至 2016 年的 424.5 万亿元，而金融资产由 53.2 万亿元增至 786.2 万亿元，

① 从更严谨的角度来看，关于资产、负债以及资产净值的动态比较分析，应该采用基于不变价格的实际值。

相较于非金融资产，金融资产的增长速度更快，其占总资产的比重也由2000年的58.6%升至2016年的64.9%，反映出中国金融深化进程在不断推进；从总资产的部门结构来看，2016年，非金融企业部门、金融企业部门、政府部门和住户部门所占的比重分别为28.1%、30.3%、12.1%和29.5%。2000年，相应的比例分别为30.5%、23.7%、12.6%和33.2%。可以看到，与2000年相比，中国总资产的部门结构发生了较大变化，具体表现在金融企业部门资产占总资产的比例明显提高，而其他部门所占的份额均有所下降，体现出我国经济金融化程度在显著提升。

7.4.3 资产负债效益分析

通过将资产负债存量核算与其他流量核算相结合，还可以考察资产负债存量所获得的经济效益。比如，要对国民资产的使用效益进行分析，就涉及资本产出率的计算。通过构建诸如GDP/非金融资产总额、GDP/国民财富等指标，即可考察经济总体的资本利用效率。

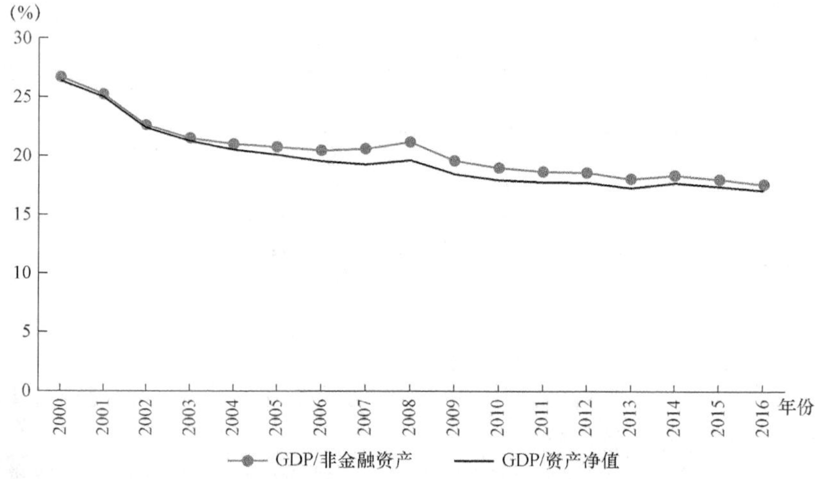

图7.3　2000—2016年中国的资本产出率

结合中国社会科学院课题组编制的国家资产负债表以及《中国统计年鉴》中的GDP数据，计算得到图7.3所示的2000－2016年中国的资本产出率。可以发现，无论是从非金融资产的产出率还是国民财富的产出率来看，中国的资本产出率都基本上呈现出逐年缓慢下滑的态势，反映出我国资本利用效率有待进一步提升。

习　　题

1. 什么是资产？非金融资产与金融资产、生产资产与非生产资产的特点有何差别？

2. 什么是国民财富？在资产负债表中，可以有哪些方法求得经济总体的国民财富？如何理解国民财富与居民收入之间的关系？

3. 在资产负债表的编制中，针对资产存量价值应当采取何种估价原则？永续盘存法的基本思路与主要步骤是什么？

4. 引起期初和期末之间资产负债存量变化的原因有哪些？资产其他物量变化核算包括哪些主要内容？什么是持有损益？

5. 举例说明，利用国民资产负债表，可以开展哪些经济分析？

参 考 文 献

［1］高敏雪，李静萍，许健. 国民经济核算原理与中国实践（第 4 版）［M］. 北京：中国人民大学出版社，2018.

［2］高敏雪，刘晓静，王思瑶.《国民经济核算原理与中国实践（第 4 版）》学习指导书［M］. 北京：中国人民大学出版社，2018.

［3］李扬，张晓晶，常欣，等. 中国国家资产负债表 2018［M］. 北京：中国社会科学出版社，2018.

［4］联合国，欧盟委员会，经济合作与发展组织，等. 2008 年国民账户体系［M］. 北京：中国统计出版社，2012.

［5］马国霞，彭菲，於方，等. 中国环境经济核算研究报告 2013—2014［M］. 北京：环境科学出版社，2019.

［6］杨灿. 国民经济统计学——国民经济核算原理（第二版）［M］. 北京：科学出版社，2015.

第 8 章　国际收支统计与分析

随着经济全球化进程的加快，各国之间的经济贸易活动逐渐频繁，跨国公司对外投资力度不断加大，这为全球经济发展注入新的活力。为科学监测一国或一地区对外经济活动状况，国际货币基金组织（IMF）自 1946 年至 2009 年先后推出六版《国际收支手册》（以下简称《手册》），最新一版为 2009 年的《国际收支和国际投资头寸手册》（简称 BPM6 或《手册》第六版），该手册系统阐述了编制国际收支统计的基本原则，用以指导各经济体编制国际收支统计数据。根据 BPM6，各经济体需从流量和存量两个方面统计该经济体的对外经济活动，其中流量通过国际收支平衡表来反映，该表记录某段时期内一国家或地区与世界其他国家或地区间的经济交易，它是了解一个经济体国际贸易、跨境投融资规模与结构的重要数据来源；存量通过国际投资头寸[①]表来反映，该表记录特定时点一个经济体对外金融资产和负债的规模和结构。在中国，国家外汇管理局每季度会公布国际收支平衡表，随后该机构新闻发言人会针对数据及变化进行解读，并以此判断我国国际收支及经济运行情况[②]。

国际收支状况对一国的汇率、利率、财政、贸易、利用外资、对外投资、外汇管理等方面有着深刻的影响，完善的国际收支统计信息可以帮助我们了解并掌握国内外经济联系。本章将学习国际收支平衡表和国际投资头寸表的基本概念和统计原则，并对表中的统计数据进行分析，透过数据现象看到经济运行本质。

8.1　国际收支统计的基本问题

国际收支统计是在国民经济核算理论框架下，反映一个经济体与世界其他地区之间的经济关系。其中，区分常住单位（居民）与非常住单位（非居民）的概念、确定对外经济活动类型、厘清统计基本原则等是国际收支统计首要面对的基本问题。这些问题一方面有助于科学编制国际收支平衡表，另一方面有助于使用者正确解读国际收支统计数据、理解统计数据的经济含义。

8.1.1　常住性的识别

在开放的经济条件下，一国经济往往与其他国家经济存在各种联系。为了确定经济活动的国别属性，《2008 年国民账户体系》（SNA－2008）引入了常住性概念：在特定的

① 国际投资头寸是指常住单位拥有的国外资产存量、对外负债存量及净头寸，其中净头寸是资产存量减去负债存量的净额。

② 中国政府分别自 1982 年和 2004 年开始公布国际收支平衡表和国际收支投资头寸表。

经济领土上具有显著经济利益中心。判定常住性的可操作定义为事实或意向在某一地方居住的时间达一年或一年以上。选择一年作为标准具有一定主观性，之所以如此是为了避免不确定性，并有利于统一国际标准。大多数单位仅与一个经济体有紧密联系，然而，在全球化背景下，越来越多的单位会与两个及两个以上经济体产生紧密联系。为了避免混淆，本部分以区分不同机构单位（住户、企业、其他实体）的方式归纳常住性的识别原则，并对一些容易产生混淆的情况予以说明。

1. 住户的常住性

如果住户在一个经济领土内保有或意图保有一处住所或住所的继承——该住所被住户成员处理和使用为主要住所，那么，这个住户就是该经济领土上的常住单位。如果不能明确哪一处住所是主要住所，则要根据成员在住所停留的时间长短来确定，而不是根据诸如成本、规模或保有时间等因素来确定。在领土内停留或意图停留一年及以上，这可充分证明其在该领土拥有了主要住所。除一般原则外，特殊情况下确定住户常住性的一些附加指导原则如下：

学生：一般将赴国外进行全日制学习的人继续作为其出国学习前常住领土上的常住单位，包括学习的过程可能超过一年的情形。然而，对于那些学习完成后仍有意继续停留在学习所在领土上的学生来说，他们就会成为其学习场所所属领土的常住者。同一住户中陪读的成员视为与学生常住在相同的经济体。

病人：赴国外就医者的显著利益中心依然在就医前所常住的领土上，即使少数复杂的治疗需要花费一年乃至更多的时间也不能改变这一事实。病人陪同人员的处理方式与学生陪同者的处理方式相同。

船员等：如果船舶、飞机、石油钻探设备、空间站或其他类似设备是在经济领土之外运行或跨越多个经济领土运行，这些设备上的成员可视为其总部所在领土的常住单位。

外交官、军人等：在境外本国飞地工作的外交官、军人和其他公务员及其家眷，视为雇用他们的政府所在经济领土的常住单位。然而，本地招聘人员等其他雇员以及国际组织工作人员等，则属于其主要住所所在地的常住单位。

跨境工作者：有关人员的常住地需依据其主要住所确定，而不是依据就业单位所在的领土确定。

难民：如果难民在另一经济体停留或试图停留一年或一年以上，那么无论他们的法律身份如何，也无论他们有没有回国的意愿，都认为他们的常住国发生了变化，不再是原领土的常住单位。

频繁移动的个人：有些个体与两个或两个以上的经济体都有密切关系。如果他们没有主要住所，或者有两个或两个以上分布在不同经济体的主要住所，那么他们所属的经济领土则要视他们的居住时间而定。如果住户的常住地发生改变，他们所拥有的资产和承担的负债在分类项目上也会发生相应变化。这些变化应在资产物量其他变化账户中记录为再分类。

2. 企业的常住性

当一个企业在经济领土内某个地点进行了有显著规模的货物和服务生产活动时，该企业就是该经济领土的常住单位，即判断企业常住性的主要标准是依据企业在哪个国家长期从事经济活动，而不是该企业财产所有关系所属国家。

3. 其他实体的常住性

一个为住户服务的非营利组织（NPISH）应在其依法建立或得到其他方式官方承认的经济体具有经济利益中心。当 NPISH 从事国际范围内的慈善或救济工作时，如果其在国外的运作具有实质性，则可以确认其为分支机构。

8.1.2　对外经济活动与国际收支统计

对外经济活动是指一国的常住机构单位与国外单位之间发生的各种经济活动。一般地，可以将一国对外经济活动分为以下类别：① 对外贸易活动，包括货物贸易和服务贸易；② 对外投资活动，包括直接投资和间接投资；③ 对外收入分配活动，包括投资收益分配与劳动报酬分配；④ 对外转移活动，包括经常转移和资本转移。

国际收支统计对象为全部对外经济活动，无论这些活动是以交换形式（如贸易）发生还是以转移形式发生（如国际捐赠）。此外，还包括一些非交易性质的对外经济流量，如各种原因引起的对外资产其他物量变化及重估价。由此可见，国际收支统计将对外经济活动视为一个整体，可以系统反映一国参与国际经济往来的规模与影响。

严格来讲，国际收支统计包括国际收支流量统计及国际收支存量统计。在很长时间内，对外经济统计主要工作是编制国际收支平衡表。通过国际收支平衡表，可以较全面地反映一个时期内的对外经济活动，但它无法反映各时期对外经济活动积累形成的对外资产、负债状况。鉴于此，近年来国际货币基金组织倡导扩展对外经济活动的统计范围。一方面是流量统计，数据以国际收支平衡表的形式呈现，集中记录一时期内发生的对外经济交易；另一方面是国际投资头寸核算，数据以国际投资头寸表的形式呈现，记录期初和期末时点的对外资产负债状况及当期非交易因素导致的期末资产负债变动。

8.1.3　国际收支统计的基本原则

没有规矩，不成方圆。国际收支统计的“规矩”之一，就是遵循会计原则确定国际收支流量和存量的记录时间、计价原则和汇率折算方法等。掌握这些基本原则是理解国际收支统计数据的重要前提，本节主要介绍对外经济核算的一般原则，每一个细目的具体原则可以参考《手册》（第六版）。

1. 记录时间

许多对外经济交易的过程比较漫长，以货物出口为例，通常需经历买卖双方签约、货物生产、过境、交割、一次或数次付款至尾款付清等阶段，应该在哪个环节记录交易呢？国际账户统计和其他主要宏观经济统计体系（国民账户体系、政府财政统计、货币和金融统计）都遵循权责发生制原则，即流量在经济价值被创造、转换、交换、转移或者消失时记录。当使用权责发生制来确定商品交易、非生产非金融资产、金融资产的记录时间时，其核心是判定经济所有权是否发生变动。

SNA－2008 引入了经济所有权的概念，它是相对于法定所有权而言的。法律所有权是在法律上拥有货物服务、自然资源、金融资产和负债，并有权持续获得这些相关实体的经济利益；经济所有权是指承担货物服务、自然资源、金融资产和负债，有权享有该实体在经济活动期间运作带来的经济利益。在很多情形下，经济所有权和法定所有权属于同一个所有者。当经济所有权与法定所有权分离[①]时，SNA－2008 建议将资产记录在经济所有者而非法定所有者的资产负债表上，交易记录的时点取决于经济所有权变更的时点。当经济所有权的变化不明显时，应按照交易方将其记录在案或者记入账户的时间确认交易。具体统计项目记录原则如下：

货物交易：应按经济所有权发生变更的时间记录。当交易方记录货物交易及改变其金融资产和负债时，则认为货物发生了经济所有权的变更。通常国际商品交易统计时间与海关统计一致，即按照海关统计要求记录商品过境情况，也就是将商品过境时间近似记录为商品所有权发生变化的时间。但是也有一些特殊情况：有卖出商品的意愿但实际并未售出的寄售代销商品，并不在商品过境时记录，而是在经济所有权发生变更时记录；不涉及经济所有权发生变更的加工贸易过境时，并不属于国际收支下的货物贸易交易。

服务交易：应在服务提供时记录。对于一些在某段时间内持续提供的服务，如建设服务、经营租赁和保险，那么服务只要在提供，就要连续记录；对于在一段时间内提供的服务，之前或者之后进行支付或者结算的，如货运、保险和港口服务等，应该在服务提供时记录相关服务，并将对应资金往来或者欠款记录为贸易信贷或者预付款。

初次收入和二次收入：初次收入应在使用生产要素而产生收益分配时记录相关交易，如雇员报酬、利息、社会缴款和福利记录时间取决于使用生产要素的单位分配营业收入或决定进行转移的时间；二次收入，如所得税和社会缴款应在获得收入时记录，罚金、处罚和没收财产等强制性转移一般是在法院做出裁定或者行政规定公布的时间记录。

非生产、非金融资产交易：主要包括合约租约、许可、商誉和营销资产，应在其经济所有权发生变更时记录相关交易。

金融交易：金融资产交易（包括现金支付）在经济所有权变更时记录。有些金融资产（如贸易信贷）是非金融交易隐含的结果。在这些情况下，将金融债权视为在对应的非金融交易发生时产生。在某些情况下，交易各方对所有权变更日的看法可能不同，因为他们获取交易单证的时间不同。这种差异通常由清算流程或者支票邮寄的时间造成。对于可转让存款和其他应收或应付款来说，这种“在途资金”所涉及的数额可能很大。如果无法确定准确日期，交易的记录时间则根据债权人收到付款或取得其他某种金融债权的日期确定。

其他流量：其他流量包括资产其他物量变化和重估价。

2. 计价原则

国际账户统计计价原则涉及交易计值、金融资产和负债计值及其他流量计值三种类型。不同计值类型遵循特定的计值原则，具体如下：

交易计价：国际账户中的交易按照市场价格记录。在无法观测交易的市场价格时，按等价物的市场价格计算，可以得到近似的市场价格。在没有市场价格时，如易货交易、

---

① 融资租赁的出租人具有法律所有权，承租人具有经济所有权。其中，融资租赁是指出租人根据承租人（用户）的请求，与第三方（供货商）订立供货合同，根据此合同，出租人出资向供货商购买承租人选定的设备。

无偿提供货物和服务、金融租赁下的货物等，被交换的货物或服务应按其在市场上原本可以卖出的价格计值。

金融资产和负债计价：金融资产和负债头寸通常应按其在资产负债表报告日的市场交易价格进行计值。对于那些不在金融市场上交易，或只有不定期交易的金融资产和负债来说，需要按照其等价物的市场价值来计值。此外，贷款、存款和应收/应付款头寸按名义价值记录，指债务人对债权人的欠债余额，包括未清偿的本金和所有应计利息。

其他流量计价：国际账户中的其他流量反映了交易以外的因素引起的金融资产和负债的国际投资头寸变化。每项资产和负债所计算的持有收益和损失值是期初和期末两个时点之间的值。对于折价出售的贷款、存款和其他应收/应付款而言，金融账户中记录的交易值可能不同于国际投资头寸账户中记录的名义值。这种差异作为定值变化记录在金融资产和负债其他变化账户中。

3. 记账单位和货币折算

非金融和金融交易的值，以及金融资产和负债头寸的值，最初可能以各种货币或其他价值标准（如特别提款权）表示，将这些值折算为基准记账单位是确保账户统一的必要条件。

国际账户可以按本币编制，也可按另一种货币编制。按本币编制数据的优点是便于与其他不同宏观经济统计指标联系起来，而按国际计账单位（外币）编制的数据便于进行国际流动性管理，解决高通货膨胀、汇率大幅波动和多重汇率等特殊问题。原则上，以外币计价的交易按照交易发生时的汇率折算为以本币表示的数值，并且应采用交易时买入汇率与卖出汇率之间的中间汇率。为进行全球或地区范围的汇总和国际比较，也有必要使用标准计账单位或国际计账单位[①]。目前，我国公布的国际收支平衡表和国际投资头寸表包含人民币（本币）和美元（外币）两种记账单位。此外，国际货币基金组织采用一定方式将不同记账单位的各国国际收支资料换算为标准的记账单位。

4. 复式记账

国际收支统计采用复式记账法中的借贷记账法编制国际收支平衡表。按照借贷记账法的原则，平衡表的每一个项目都对应借贷两方，其中，借方记录实际资源的流入（形成支出）、金融资产的增加或负债的减少（资金的流出）；贷方记录实际资源的流出（形成收入），金融资产的减少或负债的增加（资金的流入）。如果贷方大于借方，则其正值差额称为顺差，表示交易中获得的价值大于支出的价值；否则贷方小于借方，其负值差额称为逆差，表示交易中获得的价值不足以弥补支出的价值。为更好地理解借贷法记账原理，举以下几个简单的示例：

例如，向非常住单位出售 100 个货币单位的货物，对于卖方而言：

出口 100（贷记）

货币 100（借记——金融资产增加）

只涉及金融资产分录的交易示例是，出售 50 个货币单位的股份。对于卖方而言：

① 国际货币基金组织公布的国际收支统计表和国际投资头寸表中的数据以美元为记账单位。

股份和其他股权 50（贷记——金融资产减少）

货币 50（借记——金融资产增加）

涉及资产换取负债的示例是，借款人收到 70 个货币单位的现金贷款，对于借款人而言：

贷款 70（贷记——负债增加）

货币 70（借记—— 金融资产增加）

在汇总记录中，为了方便数据使用者理解，《手册》第六版关于金融账户的标准表达式中不再使用“贷方”和“借方”表述，而是使用“金融资产的净获得”和“负债的净产生”两个概念。当一国金融资产的净获得为正值时，表明该国对外金融资产增加，反之则为减少。即国际收支经常账户和资本账户采用全值记录原则，汇总金融账户资产和负债采用净额记录原则，然而我国在编制国际投资平衡表时仍采用借贷法记录。

8.1.4 国际收支统计的基本框架

国际收支统计，更确切的提法是国际账户统计，概括了一个经济体常住单位与非常住单位之间的经济关系，包括国际投资头寸、国际收支交易以及金融资产和负债的其他变化。

1. 国际收支交易统计

狭义的国际收支交易统计即国际收支平衡表（Balance of Payments，BOP）统计。国际收支平衡表是特定时期内一国常住单位与非常住单位经济交易的汇总。

根据所支付或收取的经济资源性质，国际收支中的交易可以分为三个部分，即经常账户、资本账户和金融账户。此外，国际货币基金组织还设定了误差与遗漏净额项目，用于反映交易统计误差情况。

2. 国际投资头寸统计

国际投资头寸（International Investment Position，IIP）反映某个时点一国常住单位对非常住单位的债权或作为储备资产持有的货币黄金等金融资产存量，以及一国常住单位对非常住单位的负债存量。

国际投资头寸表包括直接投资、证券投资、金融衍生产品、其他投资和储备资产项目。完整的国际投资头寸表由期初头寸、期间交易、期间非交易变化及期末头寸构成。其中，期初头寸和期末头寸为时点上国际投资头寸值，期间交易为国际收支中金融账户的当期交易流量，期间非交易变化为金融资产和负债的其他变化。

3. 金融资产和负债的其他变化

金融资产和负债的其他变化体现了国际收支交易以外的其他流量的变化，包括金融资产和负债其他物量变化和重估价两部分。通过该账户可使特定时期国际收支与国际投资头寸吻合。

（1）金融资产和负债其他物量变化

所谓物量其他变化是指既不是因为交易，也不是因为价值重估而产生的资产价值变动。这类变动包括因为取消或者销账导致的经济资产存在或者消失及金融资产的重新分类等。例如，如果贷款债权方单方面放弃其债权，这不属于国际收支平衡表的统计内容，但会影响国际投资头寸表中的资产价值。例如，中国居民月初持有美国花旗银行 5%的股票，当月购进 6%的股票，股权或投票权已大于 10%，于是本月内变为直接投资者，则中美两国均需要将中国居民持有的股票从期初的证券投资重新归类为直接投资，这属于其他物量变化。

（2）重估价

重估价类似于持有收益或损失，包括汇率变动及其他价格变动两个类别。例如，美国居民在德国开设存款账户，并存入 10 欧元。对美国而言，由于其编制国际收支报表使用的币种是美元，当欧元对美元升值时，美国存在境外的欧元存款折算成美元的价值会上升，这是汇率变化的影响。又如，美国居民年初持有价值 2 万美元的德国公司股票，整年都没有进行任何交易，年末该股票价格翻番，美国居民期末持有股票价值达到 4 万美元，则其账面增加的 2 万美元属于股票价值重估变动。

8.2　国际收支统计

国际收支统计的对象是一国当期对外经济交易活动，其主要目的是编制国际收支平衡表。下面围绕国际收支平衡表介绍国际收支统计的内容、方法与数据分析。

8.2.1　国际收支平衡表的结构和记录方法

《手册》第六版中国际收支平衡表分为四部分：经常账户、资本账户、金融账户、净误差与遗漏，其中储备资产归入金融账户下。目前，我国公布的国际收支平衡表与国际标准略有不同，从结构上看，我国国际收支平衡表分为三部分：经常账户、资本和金融账户、净误差与遗漏，即我国国际收支平衡表中资本和金融账户继续沿用《手册》第五版标准，尚未实现两者分离，同时借鉴《手册》第六版的思想将储备资产归入金融账户下。将储备资产归入金融账户下有助于还原经常账户、资本和金融账户的对应关系。为了兼顾公众的阅读习惯，我国金融账户下设“非储备性质的金融账户”和“储备资产”两个大项。

《手册》第六版给出了金融账户更新的记录方法，即增减法。增减法是指通过数值的正负说明资产负债的增加/减少，无论是资产还是负债，增加记正值，减少记负值。以储备资产为例，2013 年储备资产增加，用借贷法记为 − 4 314 亿美元，而用增减法记为 4 314 亿美元。IMF 在公布各国时选用增减法，其他国家根据自己的实际情况也选择了不同的方法，如美国、日本选用了增减法，澳大利亚和中国使用了借贷法。我国使用借贷法主要是考虑与《手册》第五版衔接，借贷法可以表示资金的流动方向，如资产增加或负债减少记负值，表示资金的流出。由于各国采用的记录方法不同，建议使用其他国家数据进行国际比较时注意区分。以 2013 年数据为例，表 8.1 列示了我国国际收支平衡表借贷法与《手册》第六版增减法的记录方法，通过比较可以显示我国国际收支平衡表结构与国际标准的差异，即借贷法与增减法的差异。

表 8.1　　我国国际收支平衡表与第六版表式及数据比较

（以 2013 年数据为例）　　（单位：亿美元）

我国公布第六版表式（借贷法）		第六版表式（增减法）	
一、经常账户	1 828	一、经常账户	1 828
贷方	26 003	贷方	26 003
借方	－24 809	借方	24 809
A. 货物和服务	2 354	A. 货物和服务	2 354
贷方	23 626	贷方	23 626
借方	－21 896	借方	21 896
a. 货物	3 518	a. 货物	3 518
贷方	21 475	贷方	21 475
借方	－18 591	借方	18 591
b. 服务	－1 164	b. 服务	－1 164
贷方	2 151	贷方	2 151
借方	－3 305	借方	3 305
B. 初次收入	－438	B. 初次收入	－438
贷方	1 855	贷方	1 855
借方	－2 293	借方	2 293
C. 二次收入	－87	C. 二次收入	－87
贷方	532	贷方	532
借方	－619	借方	619
二、资本和金融账户	－1 052		
A. 资本账户	31	二、资本账户	31
贷方	45	贷方	45
借方	－14	借方	14
B. 金融账户	－1 082	三、金融账户	1 082
资产	－6 465	资产	6 465
负债	5 383	负债	5 383
1. 非储备性质的金融账户	3 232		
1.1　直接投资	1 850	1. 直接投资	－1 850
1.1.1　资产	－732	1.1　资产	732
1.1.2　负债	2 582	1.2　负债	2 582
1.2　证券投资	605	2. 证券投资	－605

续表

我国公布第六版表式（借贷法）		第六版表式（增减法）	
1.2.1 资产	−54	2.1 资产	54
1.2.2 负债	659	2.2 负债	659
1.3 金融衍生工具和雇员认股权	0	3. 金融衍生工具和雇员认股权	0
1.4 其他投资	776	4. 其他投资	−776
1.4.1 资产	−1 365	4.1 资产	1 365
1.4.2 负债	2 142	4.2 负债	2 142
2. 储备资产	−4 314	5. 储备资产	4 314
三、净误差与遗漏	−776	四、净误差与遗漏	−776

资料来源：国家外汇管理局国际收支司. 诠释国际收支统计新标准［M］. 北京：中国经济出版社，2015.

8.2.2 国际收支平衡表主要项目说明

《手册》（第六版）中显示国际收支平衡表的标准组成包括经常账户、资本账户、金融账户、净误差与遗漏。本部分将依次对该账户的主要项目、统计内容及记录方法予以说明。其中，经常账户包括货物、服务、初次收入和二次收入账户。

1. 货物账户

货物账户是经常账户的重要组成部分，记录了常住单位与非常住单位之间的货物和服务交易。货物账户分为三类，包括一般商品、转手买卖下货物的净出口及非货币黄金。为准确理解货物账户数据内涵，下面分别介绍这三种交易的概念、统计内容及记录方法，并对货物账户进行概括说明。

（1）三种交易的概念、内容及记录方法

一般商品的统计内容包括一般贸易，所有权发生变更的加工货物，承运人在港口购买的货物，旅游者超过海关限额的商品，边境贸易，邮递货物和网购商品，违法货物，走私商品，非流通铸币和未发行证券，电力、天然气和水贸易，软件和唱片磁盘，电视和音响整机，金融租赁货物①，境外存货和设备出售②，再出口及其他一般商品等。一般商品贷方记录常住单位向非常住单位出口的一般商品收入，借方记录居民向非居民进口的一般商品支出。收入大于支出显示为商品贸易顺差（+），反之则为逆差（−）。

转手买卖（SNA−2008 将其称为三角贸易）是指常住单位从非常住单位处购买货物，随后向另一非常住单位转售该货物，该货物既没有发生实质的改变，也没有在常住单位经济体中出现。在转手买卖的货物流方面，货物由境外卖方直接运往境外买方，其间不涉及货物进出中介国（编表经济体）的边境；在该类型交易中，转手买卖的中介主体（编

① 金融租赁又称融资租赁，在国际贸易中该租赁货物经济所有权随货物从 A 国移到 B 国，《手册》第六版规定融资租赁货物记录在一般商品项下。

② 境外存货和设备出售指运往国外时没有改变所有权，但后来由于销售、赠送等原因改变所有权的货物或设备。

表经济体的常住单位）既支付给境外卖方货款，又接受境外买方的货款，其间拥有货物的所有权。转手买卖的统计内容为转手买卖净出口，包括转手买卖下采购的货物与转手买卖下出售的货物。对于转手买卖采购的货物，在贷方以负值记录支付的资金；对于转手买卖出售的货物，在贷方下以正值记录获得的资金。二者合计为转手买卖净出口。换言之，这是一个只在贷方记录交易值的项目。

非货币黄金是指货币黄金以外的所有黄金，可以是金条、金粉或者其他未加工或半加工的黄金，但是珠宝首饰、钟表等含有黄金的物品是一般商品而不是非货币黄金。非货币黄金的转手贸易记录在非货币黄金项下。如果黄金交易的双方是将黄金作为储备资产持有的货币当局或国际金融组织，那么黄金的交易记录在金融账户下。

（2）关于货物账户的说明

国际收支货物统计数据多源自海关商品贸易统计数据，但是两者在统计范围及计价方式上存在一定程度的差异。

在统计范围上，海关商品贸易统计以商品是否过境（通关）为统计标准，而国际收支账户货物贸易统计以货物在常住单位与非常住单位之间是否发生所有权变更为统计标准。两者在统计范围内有较大重合，这是因为国际收支货物统计数据多源自海关商品贸易统计数据。但是根据两者的定义可知两者在如下两个方面存在一定程度的差异：第一，国际收支账户货物交易并不一定通过海关，如转手买卖，一国拥有的船舶、飞机等流动设备在他国停留所购买并消耗掉的货物，一国常住单位在国外打捞并直接出售的鱼或者其他水产品；第二，进出海关的货物并不一定都发生了所有权的变更，如进出海关的货物、运输设备或其他设备仅供展览使用，以及退回的出口或进口货物。

在计价方式上，为了反映实际进、出口岸的货物总值，在各国的海关统计中出口一般按离岸价格（在出口国边境港口交货的“船上交货”价，简记 FOB），而进口按照到岸价格（至进口国边界的“成本、保险费和运费”，简记 CIF）。在国际收支统计中，这样计价存在两个问题：第一，估价标准不统一，同样的商品（货物）在出口时采用离岸价格估计，而在进口时采用到岸价格估计，这就相对高估了进口而低估了出口，显然不利于货物贸易的收支平衡分析；第二，概念分类不清楚，采用到岸价格计算进口，实际上将一部分运输和保险服务价值包含到货物贸易之中，这显然也不利于服务贸易的收支平衡分析。而且针对进口物资的运输和保险服务既可能由国外运输和保险企业提供，也可能由国内运输和保险企业提供，在性质上前者属于国内贸易，而后者属于国际贸易。

专栏 8.1　转手买卖与再出口的联系与区别

转手买卖是指编表经济体的常住单位从非常住单位那里购买货物，同时将货物转售给另一非常住单位，货物没有出现在编表经济体内。再出口是编表经济体内的常住单位从境外非常住单位进口货物后，在未对货物进行实质性改变的情况下出售给境外另一非常住单位。两者差异在于是否过境，即转手买卖不在海关统计范围内，而再出口在海关统计范围内。

2. 服务账户

服务与货物一样都是生产活动的成果，其作用在于改善消费者条件，促进产品交换或资本形成。

服务账户包括 12 个子账户：

（1）在由他人拥有的实物投入上发生的制造服务，是指对他人拥有的实物投入的制造服务。包括由不拥有相关货物的企业承担的加工、装配、贴标签和包装等服务。

（2）别处未包括的保养和维修服务，是指常住单位或非常住单位向对方拥有的货物和设备（如船舶、飞机及其他运输设备）提供的保养和维修服务。

（3）运输，是指将人或物体从一个地点运送至另一个地点的过程。包括相关辅助和附属服务，以及邮政和邮递服务。

（4）旅行，是指旅行者在其作为非常住单位的经济体旅行期间消费的物品和购买的服务，包括住房服务、食物、饮料、娱乐、交通和纪念品等。但是，旅行者的国际客运服务一般记录在运输项下。

（5）建设，是指以建筑物形式固定资产的建立、翻修、维修或扩建，也包括相关安装和装配工程，如油漆、管道施工、拆迁和工程管理等，还包括场地准备、测量和爆破等特殊服务。

（6）保险和养老金服务，包括提供人寿保险和年金、非人寿保险、再保险、货运险、养老金、标准化担保服务，以及保险、养老金计划和标准化担保计划的辅助服务。

（7）金融服务，是指除保险和养老基金服务之外的金融中介和辅助服务。

（8）别处未包括的知识产权使用费用，是指常住单位和非常住单位之间经批准使用无形的、非生产/非金融资产和专有权以及经特许安排使用已问世的原件或原型的行为。

（9）电信、计算机和信息服务，是指常住单位和非常住单位之间的通信服务以及与计算机数据和新闻有关的服务交易，如电话、电子邮件、硬件、软件、数据处理服务等。但不包括以电话、计算机和互联网为媒介交付的商业服务，如会计服务①。

（10）其他商业服务，是指常住单位和非常住单位之间可以购买或者再次出售②的其他类型的服务，包括研发服务，专业和管理咨询服务，技术、贸易相关和其他商业服务等内容。

（11）个人、文化和娱乐服务，是指常住单位和非常住单位之间与个人、文化和娱乐服务有关的服务交易，包括视听和相关服务，其他个人、文化娱乐服务。

（12）别处未包括的政府货物和服务，指在其他货物和服务类别中未包括的政府和国际组织提供和购买的各项货物和服务，包括交易一方或双方为一般政府、国际组织和其他拥有相同外交特权的政府机构和个人行为，如在领事馆、军事基地和国际组织驻地等供应或接受的服务等。

3. 初次收入账户

初次收入账户显示的是常住单位与非常住单位之间的初次收入的流动情况。其可以

---

① 会计服务属于其他商业服务。

② A 国企业向 B 国的科研机构购买产品配方的所有权，同时向 B 国支付研发费用；在获取配方所有权并使用一段时间后，A 国企业可以将产品配方的所有权出售给 C 国。

分为两类：一是与生产过程相关的收入，包括雇员报酬（向生产过程投入劳动的收入）及对产品和生产的税收与补贴；二是与金融资产和其他非生产资产所有权相关的收入，包括股息、再投资收益、利息和租金等。

4. 二次收入账户

二次收入账户记录常住单位与非常住单位之间的经常转移，包括现金和实物。其中经常转移是指机构单位向另一个机构单位提供货物、服务、金融资产或其他非生产资产而无相应经济回报。经常转移用于实现经济体间收入的再分配，与初次分配账户一样直接影响可支配收入。二次收入账户统计内容包括个人转移、对所得税和财富征收的经常税、社保缴款、社会福利、非寿险和标准化净保费、非寿险索赔和标准化担保下的偿付要求、经常性国际合作、其他经常转移。其与其他国际收支账户有两点重要的区别：一是二次收入账户记录的是转移而非交换，是一种“非互惠”交易或无偿交易；二是转移既可能是经常性的，也可能是资本性的，只有经常转移才是二次收入账户统计的内容。

5. 资本账户

资本账户主要用于统计常住单位与非常住单位之间非生产非金融资产的取得和处置以及常住单位与非常住单位之间的资本转移。经常账户与资本账户的差额合计反映一个经济体对外提供资金或接受资金情况。

根据《2008 年国民账户体系》，资产包括金融资产和非金融资产，其中非金融资产又包括生产资产和非生产资产（非生产非金融资产）。在国际账户中与非常住单位交易的生产资产计入货物和服务账户，金融资产交易计入金融账户，非生产非金融资产交易计入资本账户；所谓非生产非金融资产交易，包括自然资源、营销资产及契约、租约和许可等的获得和处置。资本转移的统计内容包括债务减免、非寿险保险索赔、投资捐赠、一次性担保和其他债务承担、资本税等税金以及其他资本转移。

资本账户贷方表示常住单位获得非常住单位提供的资本转移，以及处置非生产非金融资产获得的收入；借方表示常住单位向非常住单位提供的资本转移，以及取得非生产非金融资产的支出。

专栏 8.2　经常转移与资本转移的区别

就转移涉及的主体来看，经常转移包括政府间、政府与国际组织之间的转移和其他部门之间的转移，其中政府间的经常转移主要包括政府之间为自然灾害、战争或其他救济活动发生的捐赠；政府与国际组织之间的转移包括政府向国际组织缴纳的款项，政府或国际组织向其他国家提供的技术援助人员的薪水；其他部门的转移包括个人汇款和其他转移（礼赠、赡养费）。资本转移主要包括国家之间债务减免、国际发生的投资补助、金融危机时的紧急援助。一般而言，经常转移包括资本转移以外的所有其他类型转移。同时，经常转移直接影响可支配收入水平和对货物或服务的消费能力，即经常转移减少捐赠方的收入和消费能力，同时增加接受方的收入和消费能力，例如社会福利和食品援助即为经常转移。《手册》（第六版）建议当对两种转移处理存在不确定时，按经常转移处理。

6. 金融账户

金融账户记录金融资产和负债的获得和处置，包括直接投资、证券投资、金融衍生工具（除储备外）和雇员股票期权、其他投资、储备资产 5 个子账户。在我国，金融账户差额反映常住单位对非常住单位的净贷出或净借入[①]。下面分别说明 5 个子账户的统计内容及统计方法。

（1）直接投资

直接投资是指一个国家的常住单位为了在其他国家的企业中获取长远利益而进行的投资。国际惯例是，如果常住单位拥有国外企业 10%及以上的股权或者投票权，该投资即可视为直接投资，由此形成直接投资者（属于一个经济体的常住单位）和直接投资企业（属于另一个经济体的常住单位）之间的对外经济关系。从一个经济体来看，同时存在直接投资流入和流出两个流量，以中国为例，前者属于外商直接投资范畴，形成中国对外负债；后者属于中国对外投资范畴，属于中国对外直接投资，形成中国对外资产。

（2）证券投资

证券投资是指没有被列入直接投资或储备资产的债务或股权证券的跨境交易，以及由此产生的金融资产和负债头寸。此处的证券是具有可流通性的债务和股权工具，且股权持有者持有或有交易的股权比例均达不到发行主体 10%的表决权，并不构成直接投资。

证券投资与直接投资、其他投资有显著区别。这表现在：与直接投资相比，证券投资对未来流量、头寸的价格波动的作用一般较小；而直接投资意在控制或获得显著的影响力，因此虽然直接投资也可能会是短期的，但通常会更倾向于建立持久关系。除资金外，直接投资者还常常带来其他要素，如知识、技术、管理和营销。此外，具有直接投资关系的企业更愿意相互贸易和彼此借贷。与直接投资和其他投资相比，证券投资通常依赖于有组织的金融市场以及诸如券商、交易所和管制者等相关主体；而直接投资和其他投资工具的参与方通常直接进行交易。证券投资工具的可转让性使其成为一种方便和灵活的投资渠道，但也可能带来波动性。

（3）金融衍生工具（除储备外）和雇员股票期权

金融衍生合约是一种金融工具，该金融工具与另一个特定的金融工具指标或商品挂钩，通过这种挂钩可以在金融市场上对特定金融风险本身（如利率风险、外汇风险、期权风险、商品价格风险、信用风险）进行交易，其作用包括规避风险、价格发现和对冲资产风险等。

雇员认股权是一种报酬形式，是向公司雇员提供的一种购买公司股权的期权。某些情况下，发行期权的公司可能是雇员所在经济体之外另一个经济体的常住单位。

金融衍生工具（除储备外）和雇员股票期权是《手册》（第六版）新设立的分类，在《手册》第五版中被记录为证券投资。将其单列是由于此类资产的主要功能是转移风险，而非资金融通。

（4）其他投资

其他投资是一个剩余类别，包括直接投资、证券投资、金融衍生工具（除储备外）

① 在我国，金融账户差额为正为净贷出，表示金融资产减少或负债增加；差额为负为净借入，表示金融资产增加或负债减少。

和雇员股票期权以及储备资产没有覆盖的对外资产。主要有其他股权、货币和存款、贷款（包括国际货币基金组织贷款使用和从国际货币基金组织获得的贷款）、非人寿保险技术准备金、人寿保险和年金权益、养老金权益、启动标准化担保的准备金、贸易信贷及其预付款、其他应收/应付款、特别提款权分配①（特别提款权持有列入储备资产）。

（5）储备资产

储备资产是货币当局为了满足平衡国际收支的资金需要及干预外汇市场以影响汇率等其他目的，而随时可以利用并控制的对外资产，储备资产必须以外币计量和结算。储备资产概念的支撑点在于货币当局的“控制”和“随时可用”这两个概念。

一般而言，只有货币当局实际拥有的对外债权才归为储备资产。然而，所有权不是掌握控制权的唯一条件。如果报告经济体某些货币当局以外的机构，只有经过货币当局同意或批准时才持有外币资产的法定权利，则这种资产也可以视为储备资产。

储备资产具有流动性。它可以以最低的成本和最短的时间购买、出售和清算为外币（现金），且不会过分影响该资产的价值。为了使货币当局能够很容易地加以运用以满足平衡国际收支的资金需要，以及在不利情况下实现其他有关目的，储备资产一般应该是高质量资产，主要包括货币黄金、持有的特别提款权、货币和存款、证券、金融衍生工具和其他债权。

7. 净误差与遗漏

国际收支平衡表采用复式记账法，每笔交易都是由两笔价值相等的账目表示，分别记录在借方和贷方。原则上讲：有借必有贷，借贷必相等，表中全部账目净差额为零。但是在实际编制时，由于统计口径、数据来源及其他技术原因，当将所有账目加总以后，不可避免地出现净借方或者贷方余额。为了维持各账户之间的平衡，国际收支平衡表单独设立了一个平衡项，即误差和遗漏净额。如果贷方总额大于借方总额，误差和遗漏净额计入借方，符号表现为负；反之，误差和遗漏净额计入贷方，符号表现为正②。

专栏 8.3　国际收支平衡表中净误差与遗漏产生的原因

任何国家在编制国际收支平衡表时，都会出现净误差与遗漏。根据国际惯例，只要国际收支平衡表中净误差与遗漏的绝对值占国际收支口径货物进出口额的比重不大于5%即可。造成净误差与遗漏的原因主要有：一是不同渠道不同部门的数据往往在统计时点、统计口径与国际收支统计原则上存在一定差异③；二是某些交易难以全面记录。例如，国外亲友随身携带现金转赠给国内居民，国内只能记录存款的变化，而无法反映其国际收支交易的居民收入来源，这样会造成信息丢失；三是各部门采集数据不可避免地存在一定的统计误差；四是各数据源在货币折算等方面的差异在一定程度上也会造成净误差与遗漏；五是净误差与遗漏可能是未被记录到的跨境资本流动，俗称“热钱”流入或者

---

① 特别提款权是《手册》第六版中“其他投资”项下新增的内容，它是指国际货币基金组织分配给成员国的一种使用资金的权利。当成员国在发生国际收支逆差时，可用其向国际货币基金组织指定的成员国换取外汇。

② 国际收支平衡表中误差与遗漏项，没有明确列示贷方与借方。

③ 我国国际收支平衡表编制以国际收支统计申报数据为基础，综合利用海关、商务部、中国人民银行、原国家旅游局（现文化和旅游部）等其他相关数据。

资本外逃[①]。

8.2.3　国际收支平衡表的平衡关系

国际收支平衡是宏观经济政策的四大目标之一，因此分析一个时期的国际收支平衡状况具有重要的意义。

1. 国际收支平衡表中的平衡关系

在国际收支平衡表的账户内部存在着一系列的平衡关系，这是分析国际收支平衡的基础。一方面，根据项目汇总的层次不同，可以得到不同的差额。例如，在经常账户具体项目层面存在如下平衡关系：

货物贸易差额＝贷方－借方＝货物出口－货物进口

服务贸易差额＝贷方－借方＝服务出口－服务进口

雇员报酬差额＝贷方－借方＝来自国外的雇员报酬－支付给国外的雇员报酬

投资收益差额＝贷方－借方＝来自国外的投资收益－支付给国外的投资收益

其他初次收入差额＝贷方－借方＝来自国外的投资收益－支付给国外的投资收益

进一步，根据具体项目性质不同，还有如下平衡关系：

贸易差额＝贷方－借方＝货物贸易差额＋服务贸易差额

初次收入差额＝贷方－借方＝雇员报酬差额＋投资收益差额＋其他初次收入差额

二次收入差额＝贷方－借方＝来自国外的转移收入－支付给国外的转移收入

此外，经常账户差额＝贷方－借方＝贸易差额＋初次收入差额＋二次收入差额

另一方面，账户之间也存在平衡关系。根据复式记账原理，如果在任一项目下画线，可以把国际收支平衡表分为两部分，其线上所有项目差额的合计必然等于线下所有项目差额合计的相反数。如果在经常项目下画线，有如下平衡关系：

经常账户差额＝－（资本和金融账户差额＋净误差与遗漏）

如果在资本和金融项目下画线，有如下平衡关系：

经常账户差额＋资本和金融账户差额＝－净误差与遗漏

2. 账户间和账户内平衡关系

考察国际收支平衡状况主要分析国际收支的总差额。由于国际收支平衡表内存在一系列平衡关系，如果不考虑净误差与遗漏，依照上一节的画线法进行分析，经常账户差额等于资本与金融账户的相反数。各账户之间的平衡可以考察一国与世界其他国家的经济往来。实际上，国际收支不同的项目对国民经济发展的意义不同。如果一国长期处于经常账户逆差的状况，且数额较大，就可能采取贸易保护主义以削弱逆差，这会对全球自由贸易发展产生影响。美国作为当今世界上第一大经济体，长期经常账户逆差成为全球经济学家及政策制定的关注焦点。与此相对应的是，中国长期的贸易顺差也令全球瞩目，而长期以来的货物贸易顺差与服务贸易逆差被视为产业发展不平衡的表现。

① 多数国民经济核算教材将净误差与遗漏呈现负号，解读为可能存在未被记录的资本外逃；而将净误差和遗漏呈现正号，解读为可能存在未被记录的“热钱”涌入。

8.2.4 国际收支平衡表的分析

围绕国际收支平衡表，可以进行两个角度的分析：一个是从具体项目或账户入手，分析该项目或账户的规模、结构及平衡状况；另一个是可以在国际收支平衡表的适当地方画线，对线上及线下项目之间的平衡关系进行分析。

1. 具体账户或项目分析

（1）经常账户

由表 8.2 可知，考察期内中国经常账户状况保持持续顺差，顺差规模在 2018 年缩小至 255 亿美元之后开始反弹。可以看出：① 货物和服务贸易顺差是导致经常账户顺差的主要因素，并在 2015 年达到最大值 3 579 亿美元，占同期经常账户差额的 117.65%。② 除 2014 年外，初次收入表现为逆差，这主要是因为中国对海外投资收益持续低于外国对中国的投资收益。③ 除了考察期内的首尾年份外，其他年份的二次收入表现为逆差，其背后的原因为，随着中国综合国力的增强，中国接受外部援助的规模下降，而中国对外援助的规模上升。

表 8.2　　2014—2020 年中国国际收支平衡表　　（单位：亿美元）

项　目	2014 年	2015 年	2016 年	2017 年	2018 年	2019 年	2020 年
1. 经常账户	**2 360**	**3 042**	**2 022**	**1 951**	**255**	**1 413**	**2 740**
贷方	27 434	26 193	24 546	27 450	29 257	29 051	30 117
借方	−25 074	−23 151	−22 524	−25 499	−29 002	−27 638	−27 377
1.A 货物和服务	**2 213**	**3 579**	**2 557**	**2 170**	**1 030**	**1 641**	**3 697**
贷方	24 629	23 602	21 979	24 293	26 510	26 434	27 324
借方	−22 416	−20 023	−19 422	−22 123	−25 480	−24 793	−23 627
1.A.a 货物	**4 350**	**5 762**	**4 889**	**4 759**	**3 952**	**4 253**	**5 150**
贷方	22 438	21 428	19 895	22 162	24 174	23 990	24 972
借方	−18 087	−15 666	−15 006	−17 403	−20 223	−19 737	−19 822
1.A.b 服务	**−2 137**	**−2 183**	**−2 331**	**−2 589**	**−2 922**	**−2 611**	**−1 453**
贷方	2 191	2 174	2 084	2 131	2 336	2 444	2 352
借方	−4 329	−4 357	−4 415	−4 720	−5 257	−5 055	−3 805
1.A.b.1 加工服务	213	203	184	179	172	154	127
贷方	214	204	185	181	174	157	132
借方	−1	−2	−2	−2	−3	−4	−5
1.A.b.2 维护和维修服务	0	23	32	37	46	65	43
贷方	0	36	52	60	72	102	77
借方	0	−13	−20	−23	−25	−37	−34

续表

项　目	2014年	2015年	2016年	2017年	2018年	2019年	2020年
1.A.b.3 运输	−579	−467	−468	−560	−669	−590	−381
贷方	382	386	338	373	423	462	566
借方	−962	−853	−806	−933	−1 092	−1 052	−947
1.A.b.4 旅行	−1 833	−2 049	−2 057	−2 193	−2 369	−2 188	−1 163
贷方	440	450	444	386	404	358	142
借方	−2 273	−2 498	−2 501	−2 579	−2 773	−2 546	−1 305
1.A.b.5 建设	105	65	42	36	49	51	46
贷方	154	167	127	123	136	144	126
借方	−49	−102	−85	−86	−86	−93	−81
1.A.b.6 保险和养老金服务	−179	−38	−88	−74	−66	−62	−70
贷方	46	50	41	41	49	48	54
借方	−225	−88	−129	−115	−116	−110	−123
1.A.b.7 金融服务	−4	−3	11	18	12	15	10
贷方	45	23	32	34	33	39	43
借方	−49	−26	−20	−16	−21	−24	−33
1.A.b.8 知识产权使用费	−219	−209	−228	−239	−302	−278	−292
贷方	7	11	12	48	56	66	86
借方	−226	−220	−240	−287	−358	−344	−378
1.A.b.9 电信、计算机和信息服务	94	131	127	75	65	80	59
贷方	202	245	254	269	300	349	389
借方	−107	−114	−127	−194	−235	−270	−330
1.A.b.10 其他商业服务	282	189	147	169	191	194	198
贷方	689	584	580	593	662	692	702
借方	−407	−395	−432	−424	−470	−498	−504
1.A.b.11 个人、文化和娱乐服务	−7	−12	−14	−20	−24	−31	−20
贷方	2	7	7	8	10	10	10
借方	−9	−19	−21	−27	−34	−41	−30
1.A.b.12 别处未提及的政府服务	−10	−15	−20	−18	−27	−21	−11
贷方	11	11	12	17	18	16	25
借方	−20	−26	−32	−35	−45	−37	−36
1.B 初次收入	**133**	**−411**	**−440**	**−100**	**−751**	**−330**	**−1 052**
贷方	2 394	2 232	2 258	2 876	2 469	2 358	2 417

续表

项　目	2014年	2015年	2016年	2017年	2018年	2019年	2020年
借方	−2 261	−2 643	−2 698	−2 976	−3 220	−2 688	−3 469
1.B.1 雇员报酬	258	274	207	149	82	31	4
贷方	299	331	269	217	181	143	147
借方	−42	−57	−62	−68	−99	−112	−144
1.B.2 投资收益	−125	−691	−650	−254	−850	−372	−1 071
贷方	2 095	1 893	1 984	2 652	2 267	2 198	2 244
借方	−2 219	−2 584	−2 634	−2 906	−3 118	−2 570	−3 315
1.B.3 其他初次收入	0	7	3	4	18	11	16
贷方	0	8	6	7	21	18	26
借方	0	−2	−2	−3	−3	−7	−10
1.C 二次收入	**14**	**−126**	**−95**	**−119**	**−24**	**103**	**95**
贷方	411	359	309	282	278	259	376
借方	−397	−486	−404	−400	−302	−157	−281
1.C.1 个人转移	—	—	—	−25	−4	1	4
贷方	—	—	—	70	62	40	42
借方	—	—	—	−95	−66	−40	−38
1.C.2 其他二次收入	—	—	—	−93	−20	102	91
贷方	—	—	—	212	216	219	334
借方	—	—	—	−305	−236	−117	−224
2. 资本和金融账户	**−1 692**	**−912**	**272**	**179**	**1 532**	**567**	**−1 058**
2.1 资本账户	**0**	**3**	**−3**	**−1**	**−6**	**−3**	**−1**
贷方	19	5	3	2	3	2	2
借方	−20	−2	−7	−3	−9	−5	−2
2.2 金融账户	**−1 691**	**−915**	**276**	**180**	**1 538**	**570**	**−1 058**
资产	−5 806	95	−2 320	−4 239	−3 620	−1 987	−6 263
负债	4 115	−1 010	2 596	4 419	5 158	2 558	5 206
2.2.1 非储备性质的金融账户	−514	−4 345	−4 161	1 095	1 727	378	−778
资产	−4 629	−3 335	−6 756	−3 324	−3 432	−2 180	−5 983
负债	4 115	−1 010	2 596	4 419	5 158	2 558	5 206
2.2.1.1 直接投资	1 450	681	−417	278	923	581	1 026

续表

项　目	2014 年	2015 年	2016 年	2017 年	2018 年	2019 年	2020 年
2.2.1.1.1 资产	−1 231	−1 744	−2 164	−1 383	−1 430	−977	−1 099
2.2.1.1.1.1 股权	−1 424	−1 039	−1 470	−1 363	−1 129	−849	−836
2.2.1.1.1.2 关联企业债务	193	−705	−694	−20	−301	−128	−263
2.2.1.1.1.a 金融部门	—	—	—	−178	−208	−175	−200
2.2.1.1.1.1.a 股权	—	—	—	−176	−200	−191	−215
2.2.1.1.1.2.a 关联企业债务	—	—	—	−2	−8	16	14
2.2.1.1.1.b 非金融部门	—	—	—	−1 205	−1 223	−802	−899
2.2.1.1.1.1.b 股权	—	—	—	−1 186	−930	−658	−622
2.2.1.1.1.2.b 关联企业债务	—	—	—	−18	−293	−144	−277
2.2.1.1.2 负债	2 681	2 425	1 747	1 661	2 354	1 558	2 125
2.2.1.1.2.1 股权	2 108	2 118	1 649	1 406	1 859	1 313	1 700
2.2.1.1.2.2 关联企业债务	573	307	98	255	495	246	425
2.2.1.1.2.a 金融部门	—	—	—	121	176	184	200
2.2.1.1.2.1.a 股权	—	—	—	90	149	159	123
2.2.1.1.2.2.a 关联企业债务	—	—	—	32	26	25	76
2.2.1.1.2.b 非金融部门	—	—	—	1 539	2 178	1 374	1 925
2.2.1.1.2.1.b 股权	—	—	—	1 316	1 710	1 153	1 577
2.2.1.1.2.2.b 关联企业债务	—	—	—	223	468	221	348
2.2.1.2 证券投资	824	−665	−523	295	1 069	579	873
2.2.1.2.1 资产	−108	−732	−1 028	−948	−535	−894	−1 673
2.2.1.2.1.1 股权	−14	−397	−382	−328	−177	−293	−1 310
2.2.1.2.1.2 债券	−94	−335	−645	−620	−358	−601	−363
2.2.1.2.2 负债	932	67	505	1 243	1 604	1 474	2 547
2.2.1.2.2.1 股权	519	150	234	362	607	449	641
2.2.1.2.2.2 债券	413	−82	271	881	997	1 025	1 905
2.2.1.3 金融衍生工具	0	−21	−54	4	−62	−24	−114
2.2.1.3.1 资产	0	−34	−65	15	−48	14	−69
2.2.1.3.2 负债	0	13	12	−12	−13	−37	−45
2.2.1.4 其他投资	−2 788	−4 340	−3 167	519	−204	−759	−2 562
2.2.1.4.1 资产	−3 289	−825	−3 499	−1 008	−1 418	−323	−3 142

续表

项　目	2014 年	2015 年	2016 年	2017 年	2018 年	2019 年	2020 年
2.2.1.4.1.1 其他股权	0	0	0	0	−15	−15	−5
2.2.1.4.1.2 货币和存款	−1 856	−550	−643	−571	−150	−863	−1 304
2.2.1.4.1.3 贷款	−738	−475	−1 103	−435	−818	331	−1 282
2.2.1.4.1.4 保险和养老金	0	−32	−3	0	−6	−12	−33
2.2.1.4.1.5 贸易信贷	−688	−460	−1 008	−194	−653	368	−369
2.2.1.4.1.6 其他	−8	692	−743	191	224	−132	−149
2.2.1.4.2 负债	502	−3 515	332	1 527	1 214	−437	579
2.2.1.4.2.1 其他股权	0	0	0	0	0	0	0
2.2.1.4.2.2 货币和存款	814	−1 226	91	1 079	514	−557	774
2.2.1.4.2.3 贷款	−343	−1 667	−174	501	321	425	−354
2.2.1.4.2.4 保险和养老金	0	24	−7	7	2	18	33
2.2.1.4.2.5 贸易信贷	−21	−623	162	−12	408	−288	76
2.2.1.4.2.6 其他	52	−24	259	−47	−31	−35	51
2.2.1.4.2.7 特别提款权	0	0	0	0	0	0	0–
2.2.2 储备资产	−1 178	3 429	4 437	−915	−189	193	−280
2.2.2.1 货币黄金	0	0	0	0	0	0	0
2.2.2.2 特别提款权	1	−3	3	−7	0	−5	1
2.2.2.3 在国际货币基金组织的储备头寸	10	9	−53	22	−7	0	−19
2.2.2.4 外汇储备	−1 188	3 423	4 487	−930	−182	198	−262
2.2.2.5 其他储备资产	0	0	0	0	0	0	0
3. 净误差与遗漏	**−669**	**−2 130**	**−2 295**	**−2 130**	**−1 787**	**−1 981**	**−1 681**

资料来源：国家外汇管理局网站，http://www.safe.gov.cn/。

（2）非储备性质的金融账户

由表 8.2 可知，中国金融和资本账户呈现出由逆差转变为顺差再转变为逆差的变化趋势。其中，2014 年和 2018 年逆差和顺差规模最高，分别为 1 692 亿美元和 1 532 亿美元。由于非储备性质的金融账户是金融和资本账户的重要组成部分，进一步分析非储备性质金融账户的内部结构有助于理解中国资本和金融账户变化的原因。

观察非储备性质金融账户的内部结构（见图 8.1）可以看到[①]：除 2016 年外，其他年

① 金融衍生工具项目规模较小，此处不对其进行分析。

份非储备性质金融账户与资本和金融账户差额的方向一致，但是这一时期非储备性质金融账户内部项目的差额呈现出不同的变化趋势。具体来看：① 其他投资逆差在非储备性质金融账户逆差中占主导作用。其他投资项主要反映跨境企业与金融机构借贷，而其他投资逆差表明中国对外贷款规模超过了外国对中国的贷款规模，这主要由人民币兑美元贬值预期加剧所导致[①]。而在 2017 年，其他投资余额由逆差转顺差，一方面与中国央行加强了对资本外流的管制程度有关，另一方面与人民币兑美元贬值预期消除有关。② 在考察期间，直接投资差额仅在 2016 年出现逆差。这是由于中国政府始终秉持对外开放的态度，加之国内廉价的劳动成本优势，中国一度成为世界各国争相投资的焦点。为了与世界更好地分享中国发展的成果，政府在 2016 年大力鼓励中国企业“走出去”到海外进行直接投资，当年中国对外直接投资规模高达 2 164 亿美元，中国首次成为直接投资的净输出国。③ 除 2015 年和 2016 年外，中国证券投资均表现为顺差，即外国投资者的对内投资额超过了中国投资者的对外投资额。近年来，外汇管理局表示将放宽境内居民对境外的投资限制。综上所述，2014 年以来，非储备性质的金融账户项目总体发展较为平稳，但是其他投资规模较大且逆差问题没有得到扭转，值得特别关注。

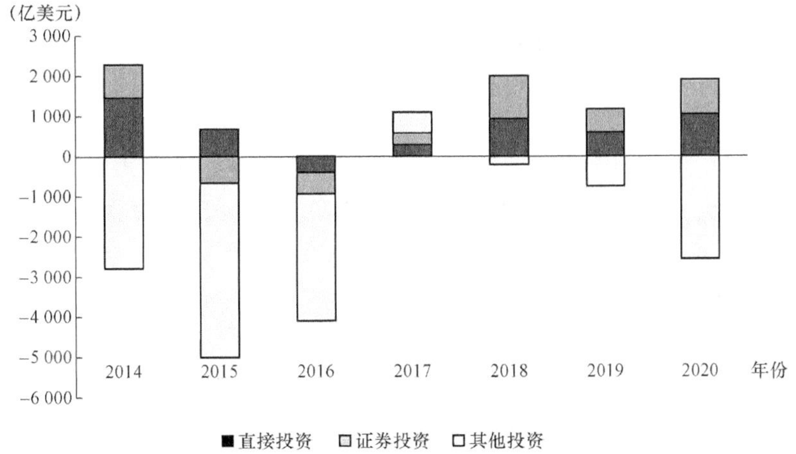

图 8.1　非储备性质金融账户差额结构

请思考，随着中国人均收入的上升与产业结构的升级转型及中国政府逐渐放松对国内机构投资者与外国机构投资者的跨境投资限制，中国非储备性质金融账户差额的变动趋势。

（3）净误差与遗漏

净误差与遗漏是作为残差项推算的，可按从金融账户推算的净贷款/净借款，减去从经常和资本账户中推算的净贷款/净借款来推算。因此，净误差与遗漏为负值时，可能伴随以下几种现象：第一，经常和资本账户中的贷方值过高；第二，经常和资本账户中的

① 假如人民币兑美元的汇率为 6 : 1，中国企业贷给国外 600 亿元人民币，合计 100 亿美元。若人民币贬值，贷款到期后外国归还给中国企业 100 亿美元本金，则可以折合的人民币数量大于 100 亿美元。

借方值过低；第三，金融账户中资产净增加值过低；第四，金融账户中负债净增加值过高（净误差与遗漏为正值时，这些趋势则相反）。

表 8.3 为 2014—2020 年中国国际收支中的统计误差和遗漏情况，可以看出净误差与遗漏一直为负号，而且净误差与遗漏占进出口总额的比例绝对值在 2016 年达到峰值 6.23%之后开始下降，最后低于国际货币基金组织的警戒线，这可能是国家对资本外逃加强管理和提高数据统计质量导致的结果。

表 8.3　　2014—2020 年中国国际收支统计中的净误差与遗漏

	2014 年	2015 年	2016 年	2017 年	2018 年	2019 年	2020 年
净误差与遗漏（单位：亿美元）	−669	−2 130	−2 295	−2 130	−1 787	−1 981	−1 681
占进出口额的百分比（%）	−1.56	−5.39	−6.23	−5.19	−3.87	−4.33	−3.61

2. 账户间平衡状况分析

国际收支平衡是党的十六大报告中确定的宏观调控目标之一，因此分析一个时期的国际收支平衡状况具有重要的现实意义。国际收支平衡状况差额主要从国际收支总差额和国际收支不同项目差额两个角度入手。其中，国际收支总差额是指经常账户、资本和金融账户（储备资产除外）的总差额。如果不考虑净误差与遗漏，由经常账户、资本和金融账户（储备资产除外）的总差额，与储备资产的变化是相对应的。如果经常账户、资本和金融账户（储备资产除外）的总差额为顺差，则储备资产增加，表示国民经济实力有所增强，反之则认为国民经济实力有所减弱。从表 8.2 可以看出，2020 年我国储备资产减少 280 亿美元，这可能是由于新冠肺炎疫情对国民经济产生了显著的负面影响。由于国际收支不同项目对国民经济发展的作用不同，在国际收支分析中要特别关注经常账户、资本和金融账户的平衡状况。

结合中国的实际情况来看（见图 8.2），2014—2020 年中国经常账户差额整体上呈现“下降—上升”趋势。经常账户差额由 2014 年的 2 360 亿美元扩大到 2020 年的 2 740 亿美元，其中 2018 年达到最小值 255 亿美元；而资本和金融账户差额经历了“逆差—顺差—逆差”的转变，具体表现在由 2014 年的逆差 1 692 亿美元转变为 2019 年的顺差 567 亿美元，而后在 2020 年转变为逆差 1 058 亿美元。以 GDP 为参照，中国经常账户顺差与 GDP 比值较为稳定，围绕 2%上下波动；相比之下，资本和金融账户差额与 GDP 比值的绝对值则逐步缩小，由 1.61%下降到 0.40%。这表明近年来，我国采取调整国际收支平衡的对外贸易政策取得了显著效果。

随着中国经常账户顺差的持续增长，外汇储备也日益增加，中国国际清偿能力不断提高，人民币的国际形象也日益积极。但是持续的经常账户顺差也给中国经济带来一些消极的影响，如使人民币饱受巨大的升值压力；规模庞大的外汇储备既可以产生巨大的收益，也面临管理不当带来的巨大风险；从长远来看，逐步恢复国际收支平衡是宏观经济管理的目的。

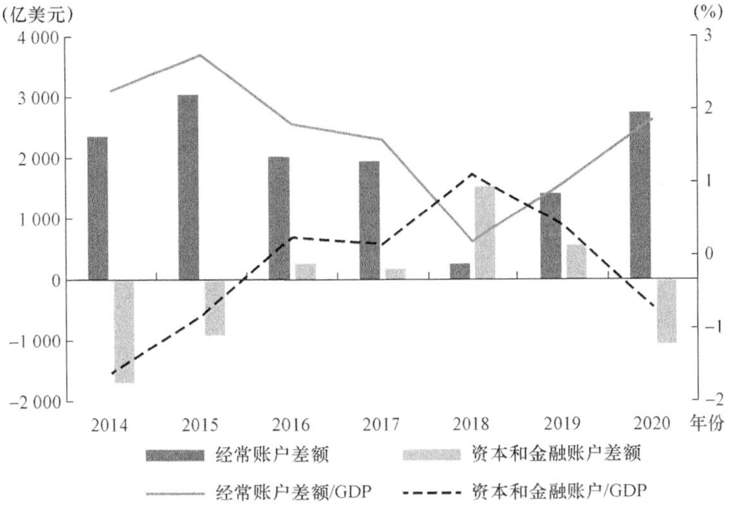

图 8.2　2014—2020 年中国账户差额及其与 GDP 的比例

资料来源：历年《中国统计年鉴》；国家外汇管理局网站，http://www.safe.gov.cn/。

8.3　金融资产和负债的其他变化

金融资产和负债的其他变化表示因常住单位与非常住单位之间交易以外的因素引起的金融头寸变化，包括其他物量变化和重估价（见表 8.4）。值得注意的是，账户中仅对金融资产和负债记录其他变化，这是因为国际投资头寸仅与对外金融资产和负债相关。换言之，金融资产和负债的其他变化同金融账户的交易一起解释了国际投资头寸的变化。这种关系可用以下等式表示：

期初头寸＋期间交易＋期间其他物量变化＋期间的重估价＝期末头寸

其中，期间重估价包括汇率变化和其他价格变化。

8.3.1　金融资产和负债其他物量变化

金融资产和负债的其他物量变化指由交易和重估价以外的因素引起的资产价值的变动。包括因撤销和注销，如金融债权由于破产或其他因素而无法收回时，债权人可以从其资产负债表上移除该债权；因重新分类，如因投资者增加证券持有比例并因此获得直接投资者资格而变为直接投资关系时，以前持有的资产需重新分类为直接投资；由于实体改变其常住单位地位导致金融资产变化，如居民改变国籍导致其金融资产与负债相应的变化；除此之外还包括资产的经济出现和消失等。

8.3.2　重估价

金融资产或负债的货币价值由于其价格水平和结构发生变动而改变时，便出现重估价。重新定值也称持有收益或损失，如字面意思所示，持有收益或损失指在不改变资产形态的情况下因长时间持有资产而发生的资产价值的变化。一般重新定价的价值可分为汇率变化及其他价格变化。汇率变化表明汇率效应导致的价值变化，而其他价格变化则表明其他原因，例如资产价格波动导致的价值变化。

表 8.4　　金融资产和负债的其他变化账户概览

		重估价	
	其他物量变化	汇率变化	其他价格变化
因其他变化导致的金融资产的净变化			
直接投资			
证券投资			
金融衍生产品（储备除外）和雇员股票期权			
其他投资			
储备资产			
合计			
其中：			
股权和投资基金股份			
债务工具			
其他金融资产和负债			
因其他变化导致的负债的净变化			
直接投资			
证券投资			
金融衍生产品（储备除外）和雇员股票期权			
其他投资			
合计			
其中：			
股权和投资基金股份			
债务工具			
其他金融资产和负债			
因其他变化导致的净国际投资头寸变化			

注：本表为解释性表格，标准表见《国际收支和国际投资头寸手册》（第六版）附录 9。

8.4　国际投资头寸统计

8.4.1　国际投资头寸表的结构和内容

国际收支平衡表反映了一段时期内中国对外各种资金流动，而国际投资头寸表反映了特定时点中国对外的资产与负债存量的分布。完整的国际投资头寸表由期初头寸、期间交易、期间非交易变化和期末头寸组成。其内容可以用几种不同的方式列示，表 8.5 是按照职能类别和广义金融工具两种分类对国际投资头寸的结构进行的说明。

表 8.5　　合并国际投资头寸表

	期初国际投资头寸	金融账户	金融资产和负债的其他变化账户			期末国际投资头寸
			由下述原因引起的头寸变化			
		交易	数量的其他变化	汇率变化	其他价格变化	
资产：						
按职能类别						
直接投资						
证券投资						
金融衍生产品（储备除外）和雇员股票期权						
其他投资						
储备资产						
按金融工具：						
股权和投资基金份额/单位						
债务工具						
特别提款权						
货币和存款						
债务证券						
贷款						
保险、养老金和标准化担保						
其他应收/应付款						
其他金融资产和负债						
货币黄金						

续表

	期初国际投资头寸	金融账户	金融资产和负债的其他变化账户			期末国际投资头寸
			由下述原因引起的头寸变化			
		交易	数量的其他变化	汇率变化	其他价格变化	
金融衍生产品和雇员股票期权						
资产总额						
负债：						
按职能类别						
直接投资						
证券投资						
金融衍生产品（储备除外）和雇员股票期权						
其他投资						
按金融工具：						
股权和投资基金份额/单位						
债务工具						
特别提款权						
货币和存款						
债务证券						
贷款						
保险、养老金和标准化担保						
其他应收/应付款						
其他金融资产和负债						
金融衍生产品和雇员股票期权						
负债总额						
净国际投资头寸						

注：本表为解释性表格，标准表见《国际收支和国际投资头寸手册》（第六版）附录3。

在国际投资头寸表中，各指标存在如下平衡关系：

资产＝直接投资＋证券投资＋金融衍生产品（储备除外）＋雇员股票期权
　　＋其他投资＋储备资产

负债＝直接投资＋证券投资＋金融衍生产品（储备除外）＋雇员股票期权＋其他投资

净国际投资头寸 = 资产 − 负债

期初国际资产 + 金融账户交易和其他变化引起的国际资产变化 = 期末国际资产

期初国际负债 + 金融账户交易和其他变化引起的国际负债变化 = 期末国际负债

期初净国际头寸 + 金融账户交易和其他变化引起的国际资产变化

− 金融账户交易和其他变化引起的国际负债变化 = 期末净国际头寸

专栏 8.4　国际投资头寸表与国际收支平衡表的关系

国际投资头寸表反映特定时点一个经济体对外金融资产负债情况，包括直接投资、证券投资、金融衍生工具（储备除外）和雇员股票期权、其他投资、储备资产。其与国际收支平衡表共同构成了一个经济完整的国际账户体系。

国际投资头寸表与国际收支平衡表的主要区别：

一是组成项目不同。国际收支平衡表包括经常项目、资本项目、金融项目（含储备资产）和净误差与遗漏；国际投资头寸表仅包括金融项目（含储备资产）。

二是经济含义不同。国际收支平衡表是一段时期国际收支交易的流量，反映的是交易发生时的市场价值；国际投资头寸表是金融资产负债在某个时点的存量（余额），其随核算期间金融资产负债交易而增加或减少，或因价格变化而变化，反映不同时点的重估价值。

三是呈现方式不同。国际收支平衡表采用会计复式记账法记录，存在“有借必有贷、借贷必相等”的平衡关系；国际投资头寸表则相当于企业的资产负债表，金融资产负债经交易或市场估价以及货币折算后，在某一时点呈现为净资产（资产大于负债）或者净负债（资产小于负债）。

国际投资头寸表与国际收支平衡表的内在联系：

一是两者都遵循常住性原则。国际收支平衡表反映常住单位和非常住单位之间发生的一切经济交易；国际投资头寸表反映常住单位对非常住单位金融资产和负债的存量情况。

二是国际收支平衡表金融项目交易影响国际投资头寸表净资产或净负债的变动。例如，我国服务贸易出口带来外汇收入增加，平衡表经常账户贷方记录服务出口，同时金融账户借方记录外汇储备增加，头寸表中外汇储备余额相应增加。再如，外商投资企业经营中产生利润，在没有分配给外商所属经济体时，平衡表金融账户贷方记录直接投资负债增加，同时经常账户借方记录财产收入支出，与此对应的是头寸表中来华直接投资负债增加。但是，不涉及金融项目的国际收支交易对国际投资头寸表没有影响，如我国支援境外物资，平衡表经常项目贷方记录货物出口，借方记录经常转移支出，头寸表中不反映此交易内容。

三是国际收支平衡表金融项目交易影响国际投资头寸表资产负债结构的变化。例如，国内常住单位用现金购买国外证券时，平衡表金融项目贷方记录现金资产减少，同时借方记录证券资产增加，与此对应的是国际投资头寸表中记录现金资产减少，对外证券资产增加，净资产不变。

四是国际收支平衡表金融项目交易不是引起金融资产负债头寸的全部因素，金融资产非交易变动（价格变动、汇率变动及其他调整等非交易变动）也是引起头寸表变动的因素。例如，某一经济体常住单位持有股票，如果期末价格比期初购买价格显著上涨，那么这些股票资产价值也随之增加，然而这种与交易无关的价格变动是影响期末资产余额的因素；再如，我国储备资产不仅以美元计价，还会以欧元、日元等其他币种计价，在编制头寸表时将各币种资产均按期末汇率折算为美元或人民币计价，这种汇率折算也是影响期末资产余额的因素。其他如分类变化（股本投资达到 10%，证券投资转化为直接投资）、债务人单方面取消债务、统计误差和数据补报也属于非交易变动范畴。鉴于此，非交易变动会使国际投资头寸表期初、期末余额的差异与当期国际收支平衡表金融账户流量发生偏离。

8.4.2 国际投资头寸数据的统计分析

国际投资头寸表中的净头寸可以显示一个国家处于净债权或债务状态，利用特定年份的国际投资头寸表，可以分析一国持有国外资产负债的规模和结构，而连续年份的国际投资头寸表可以分析一国对外资产与负债的变化情况。由表 8.6 可以对中国近年资产负债情况进行简要分析。

表 8.6　　2014—2020 年中国国际投资头寸表　　（单位：亿美元）

项　目	2014 年	2015 年	2016 年	2017 年	2018 年	2019 年	2020 年
净头寸	16 028	16 728	19 504	21 007	21 461	21 240	21 503
资产	64 383	61 558	65 070	71 488	74 049	77 145	87 039
1 直接投资	8 826	10 959	13 574	18 090	19 823	20 945	24 134
1.1 股权	7 408	9 123	11 274	15 590	16 830	17 811	20 844
1.2 关联企业债务	1 418	1 836	2 300	2 501	2 993	3 135	3 290
1.a 金融部门	—	—	—	2 371	2 518	2 839	3 077
1.1.a 股权	—	—	—	2 276	2 416	2 739	2 990
1.2.a 关联企业债务	—	—	—	95	102	100	87
1.b 非金融部门	—	—	—	15 719	17 305	18 107	21 057
1.1.b 股权	—	—	—	13 314	14 415	15 072	17 854
1.2.b 关联企业债务	—	—	—	2 405	2 891	3 035	3 203
2 证券投资	2 625	2 613	3 670	4 925	4 980	64 60	8 999
2.1 股权	1 613	1 620	2 152	2 977	2 700	3 738	6 043
2.2 债券	1 012	993	1 518	1 948	2 279	2 722	2 955
3 金融衍生工具	0	36	52	59	62	67	191
4 其他投资	13 938	13 889	16 797	160 55	17 505	17 443	20 149
4.1 其他股权	0	1	1	54	69	84	89

续表

项　目	2014 年	2015 年	2016 年	2017 年	2018 年	2019 年	2020 年
4.2 货币和存款	4 453	3 598	3 653	3 611	3 896	4 179	4 865
4.3 贷款	3 747	4 569	5 768	6 373	7 097	6 963	8 389
4.4 保险和养老金	0	172	123	101	106	135	166
4.5 贸易信贷	4 677	5 137	6 145	5 319	5 972	5 604	5 972
4.6 其他	1 061	412	1 107	597	364	479	668
5 储备资产	38 993	34 061	30 978	32 359	31 680	32 229	33 565
5.1 货币黄金	401	602	679	765	763	954	1 182
5.2 特别提款权	105	103	97	110	107	111	115
5.3 在国际货币基金组织的储备头寸	57	45	96	79	85	84	108
5.4 外汇储备	38 430	33 304	30 105	31 399	30 727	31 079	32 165
5.5 其他储备资产	0	7	2	5	−2	0	−5
负债	48 355	44 830	45 567	50 481	52 588	55 905	65 536
1 直接投资	25 991	26 963	27 551	27 257	28 271	29 281	31 793
1.1 股权	24 076	24 962	25 370	25 150	25 858	26 748	28 814
1.2 关联企业债务	1 915	2 002	2 181	2 107	2 413	2 533	2 979
1.a 金融部门	—	—	—	1 351	1 422	1 605	1 826
1.1.a 股权	—	—	—	1 241	1 277	1 426	1 627
1.2.a 关联企业债务	—	—	—	110	145	179	199
1.b 非金融部门	—	—	—	25 906	26 849	27 676	29 967
1.1.b 股权	—	—	—	23 909	24 581	25 321	27 187
1.2.b 关联企业债务	—	—	—	1 997	2 268	2 354	2 780
2 证券投资	7 962	8 170	8 111	10 994	10 964	13 646	19 545
2.1 股权	6 513	5 971	5 795	7 623	6 842	8 617	12 543
2.2 债券	1 449	2 200	2 316	3 370	4 122	5 029	7 002
3 金融衍生工具	0	53	60	34	60	65	122
4 其他投资	14 402	9 643	9 844	12 197	13 294	12 913	14 076
4.1 其他股权	0	0	0	0	0	0	0
4.2 货币和存款	5 030	3 267	3 166	4 365	4 833	4 245	5 266
4.3 贷款	5 720	3 293	3 205	3 922	4 169	4 605	4 555
4.4 保险和养老金	0	93	88	100	109	135	167

续表

项　目	2014 年	2015 年	2016 年	2017 年	2018 年	2019 年	2020 年
4.5 贸易信贷	3 344	2 721	2 883	3 523	3 931	3 644	3 719
4.6 其他	207	172	408	188	154	189	267
4.7 特别提款权	101	97	94	100	97	97	101

注：1. 净头寸是指资产减负债，“+”表示净资产，“-”表示净负债。2. 从 2015 年一季度开始，本表按照国际货币基金组织《国际收支和国际投资头寸手册》（第六版）标准进行编制和列示。3. 2017 年末以来贸易信贷数据根据最新调查结果修订，未追溯调整之前数据。资料来源：国家外汇管理局网站，http://www.safe.gov.cn/。

1. 对外资产负债规模分析

近年来，中国对外资产和负债的规模在 2015 年轻微下降之后又逐步扩大。如图 8.3 所示，2014 年末，对外资产存量为 64 383 亿美元，到 2020 年末扩大到 87 039 亿美元，年均增长 5.15%；与此同时，对外负债在轻微下降之后有所增长，2014 年末，对外负债存量为 48 355 亿美元，到 2020 年末则增长到了 65 536 亿美元，年均增长 5.20%。这些数据表明，中国对外开放的步伐正在加快，与世界经济的联系日益紧密。

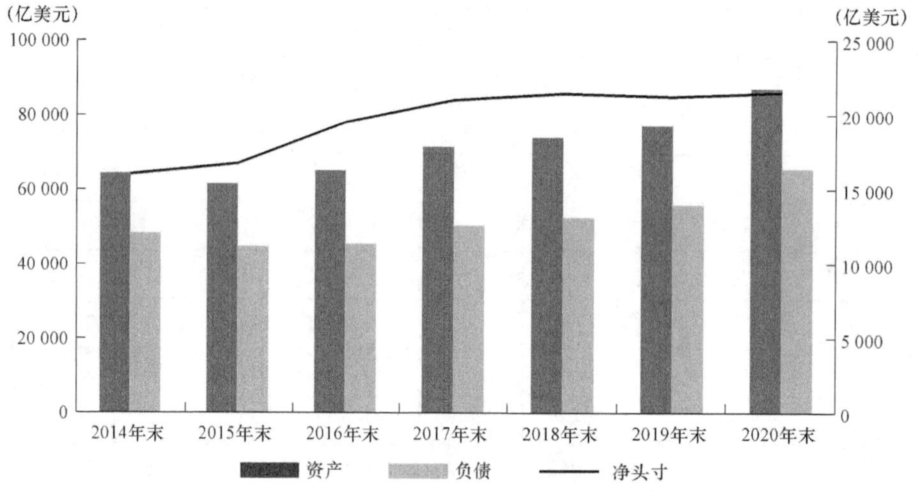

图 8.3　中国的对外资产、负债及净头寸

注：左轴为资产与负债，右轴为净头寸。

对外资产规模大于负债规模，净资产一直为正，并且资产的增长速度大于负债的增长速度，因此净资产的规模在增大。可知，中国在长期的对外经济活动中已经积累了一定的经济实力，具备较强的国际清偿能力。

2. 对外资产负债结构分析

从资产方来看，图 8.4 显示，中国的对外资产分布结构非常集中，主要集中在储备资产上，其历年在全部对外资产中所占的比例尽管呈明显的下降趋势，但是均在 48%以上；考察期间直接投资在全部对外资产中所占的比例均呈逐年上升趋势，由 2014 年末的

8.97%上升到 2020 年末的 27.73%；部分原因为“一带一路”倡议的实施，加快了中国对外投资步伐。2020 年末，其他投资和证券投资占比分别为 23%和 10%。

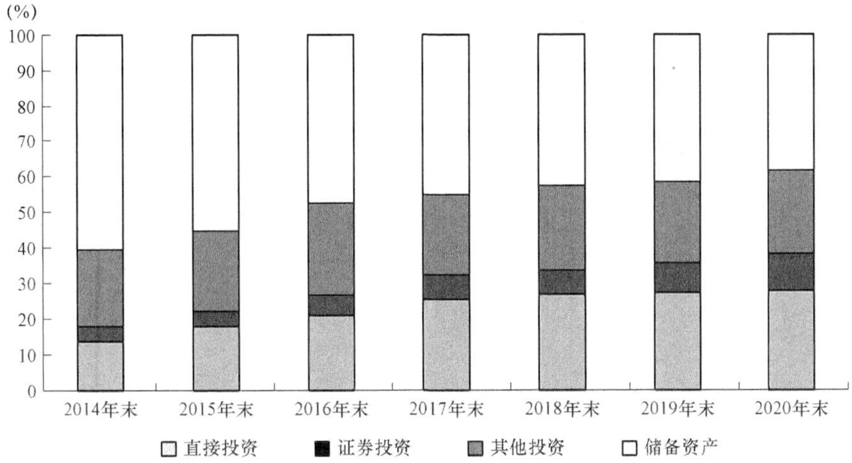

图 8.4　中国的对外资产结构

注：鉴于金融衍生工具数量较少，为分析便利将其合并到其他投资中。

从负债方来看，中国对外负债则主要集中在外国对华直接投资方面（见图 8.5）。外国来华直接投资在外债中占据最大份额，考察期间呈先上升再下降的态势，比重由 2014 年末的 53.75%上升到 2016 年末的 60.46%再下降到 2020 年末的 48.51%。其次是包括货币和存款、贷款、贸易信贷的其他投资，占比由 2014 年末的 29.78%下降到 21.66%；证券投资占比最少却呈显著的上升趋势，2020 年末占比为 29.82%，超过了同年其他投资的占比。由于海外资产与负债的结构性差异导致中国成为净资产的海外净债权人，但中国每年的海外投资净收益（这会反映在国际收支平衡表经常账户的初次收入项中）持续为负（对外直接投资收益显著高于储备资产的收益）。

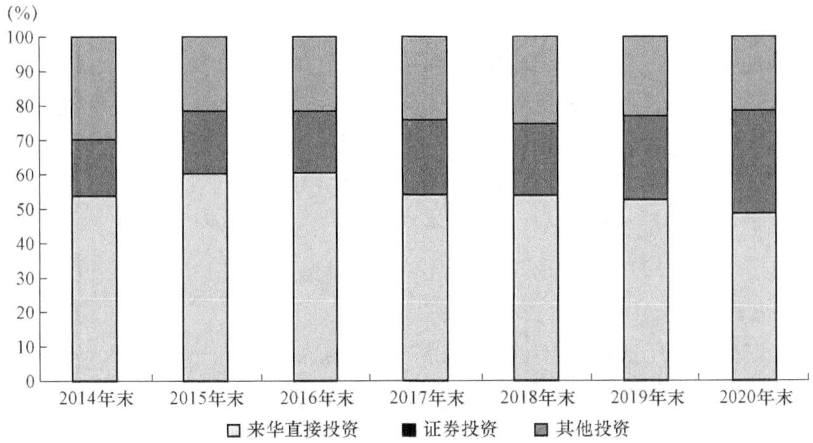

图 8.5　中国的对外负债结构

3. 对外净头寸分析

从表 8.6 可以看出，考察期内我国对外净头寸均大于 16 000 亿美元，表明始终处于净债权状态。2014 年末中国的对外净头寸为 16 028 亿美元，并在此后的四年中呈现明显的递增态势，2020 年末中国的对外净头寸增长到 21 503 亿美元。具体来看：① 中国的对外净债权主要表现为巨额的储备资产，而直接投资、证券投资都一直处于净负债状态，其他投资一直处于净债权状态（见图 8.6）。② 2016—2020 年净头寸在 21 000 亿美元附近波动，主要是由于各项投资都趋于平稳。

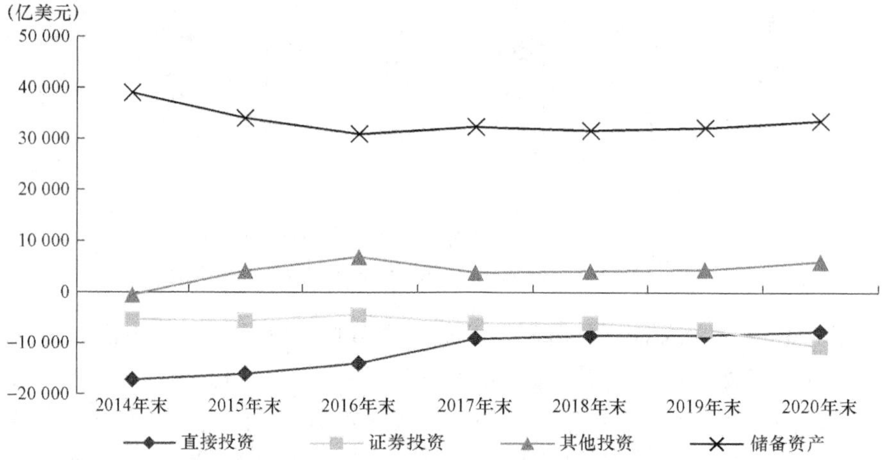

图 8.6　2014—2020 年末中国净头寸分类结构

习　题

1. 简述国际收支平衡表中经常账户、资本与金融账户、净误差与遗漏之间的关系。
2. 简述国际收支平衡表中经常账户和金融账户顺差/逆差的经济含义。
3. 结合当今国内外经济发展现状，请简述中国国际收支未来可能的发展趋势。
4. 简述国际投资头寸表的统计内容及各指标之间的关系。
5. 简述国际收支平衡表与国际投资头寸表之间的关系。
6. 试解释作为全球的债权人，中国投资收益却呈现负值的现象。
7. 试比较中国、美国、日本三国的资产与负债结构差异及原因（提示：数据来自 IMF 的 International Financial Statistics 数据库）。
8. 试分析 2014—2020 年中国经常账户差额结构特征。
9. 试分析 2014—2020 年中国服务贸易差额结构特征。

参 考 文 献

[1] 国际货币基金组织．国际收支和国际投资头寸手册（第六版 BPM6）[M]．华盛顿：国际货币基金组织，2009．

[2] 联合国，欧盟委员会，经济合作与发展组织，等．2008 年国民账户体系 [M]．北京：中国统计出版社，2012．

[3] 国家外汇管理局国际收支司．诠释国际收支统计新标准 [M]．北京：中国经济出版社，2015．

[4] 高敏雪，李静萍，许健．国民经济核算原理与中国实践（第三版）[M]．北京：中国人民大学出版社，2016．

[5] 杨灿，周国富．国民经济核算教程 [M]．北京：中国统计出版社，2016．

[6] 陈卫东，梁婧，范若滢．从国际收支的变化和国际比较理解中国经济增长模式 [J]．国际金融研究，2019（3）：13－23．

[7] 张明．改革开放四十年来中国国际收支的演变历程、发展趋势与政策涵义 [J]．国际经济评论，2018（6）：38－51．

[8] 徐乾宇．中国国际投资头寸结构特点及变化趋势 [J]．世界经济研究，2018（3）：127－135．

[9] 周学智，张明．中国对外资产价值变化的轨迹与原因——基于国际投资头寸表的视角 [J]．国际经济评论，2019（6）：36－55．

第 9 章　国民经济动态比较

在宏观经济分析中，经常会涉及动态比较的问题。比如，在研判一个经济体经济运行状况的过程中，经济增长与物价变化通常备受瞩目。一个国家或地区的经济增长状况一般通过 GDP 增长率来衡量。根据《中华人民共和国 2021 年国民经济和社会发展统计公报》，初步核算 2021 年中国 GDP 为 114.37 万亿元，而 2020 年为 101.36 万亿元。据此可计算得到 2021 年中国的 GDP 增长率为 12.8%，但是国家统计局公布的数据为 8.1%。为何国家统计局发布的 GDP 增长速度与按照当年价 GDP 计算得出的结果存在如此大的差异？另外，面对一个经济体生产的成千上万种最终货物和服务，该如何对其在不同时期物价水平的综合变化进行考察？哪些统计指标可以用来反映一个经济体的通货膨胀水平？以上问题都是本章重点讨论的内容。

通过本章内容的学习，预期读者能够全面地掌握国民经济动态比较的基本原理，正确运用统计数据进行宏观经济动态比较分析。

9.1　国民经济动态统计的基本问题

所谓国民经济动态统计，就是针对国民经济核算所提供的经济指标进行不同时期的比较。通常将比较中的当前时期称为报告期（current period），将用作比较参照的时期称为基期（base period）。通过比较，即可反映国民经济运行及其结果的动态特征。比如，在引言中所要分析的 2021 年中国 GDP 增长率，报告期为 2021 年，基期为 2020 年。

在国民经济核算体系下，无论是经济流量还是经济存量，其均是以货币单位表示的价值数据得以体现的，并且都是依照当期价格水平进行计量的。不难发现，每一个指标的价值额中实际上都包含物量和价格两个要素。例如，支出法 GDP 就是各种最终产品的当期产量与当期价格的乘积之和，出口额由各种货物和服务的出口数量与出口价格的乘积加总得到。因此，将各指标的价值额进行动态比较，其变化同时包括了物量和价格两方面的变化。比如，如果报告期钢铁行业增加值与基期相比增长了 4.5%，则 4.5%的增长水平由钢铁物量变动（比如下降了 5%）和钢铁价格变动（比如增长了 10%）两方面因素综合决定。所以说，国民经济动态变化受物量和价格两方面影响。

既然国民经济指标的动态变化由物量变动和价格变化共同决定，那么在进行国民经济动态统计时，最本质的是要反映价值额变化、物量变化还是价格变化呢？比如，我们假定某经济体只生产钢铁一种产品，钢铁行业名义增加值与基期相比增长了 100%，而钢铁产量下降了 50%，钢铁价格增长了 300%。那么，你认为以上哪个指标可以客观地反映该地区国民经济（钢铁行业）的运行状况呢？显而易见，应该是钢铁产量的变化！因为该经济体钢铁行业名义增加值快速增长的原因在于钢铁价格的大幅上涨。如果在经济运行分析中，以该经济体钢铁行业名义增加值的增长速度作为判断依据，则会掩盖钢铁生产出现萎缩的实际情况，进而无法对经济形势进行正确把握。所以说，国民经济动态统计的实质是体现物量变化，即扣除价格因素的宏观经济指标的动态变化。据此，你是否能够解释引言中所提出的问题——为什么统计局发布的 2021 年中国 GDP 增长速度与按照当年价格计价的 GDP 计算得出的结果存在如此大的差异？

既然国民经济动态统计的实质在于体现物量变化，也就是剔除价格变化之后的国民经济实际变化，那么，这是否意味着在国民经济动态比较中，价格及其变化并不重要？显然并非如此。在市场经济机制下，价格是反映国民经济运行的重要指示信号。在宏观经济调控的四大目标中，实现物价稳定就是其中的重要目标之一，价格变化本身也是国民经济动态分析的重要组成内容。因此，物量变化和价格变化都是国民经济动态比较的主要内容。

从物量（价格）变化的计算方法来看，一个经济体的物量（价格）变化是否可以通过对该经济体在报告期和基期不同商品的物量（价格）直接加总后对比，从而进行动态分析？这显然是不可行的！因为一个经济体往往生产成千上万种货物和服务，而不同商品的物量（价格）通常不能进行简单加总。比如，一个经济体生产的产品中包括打火机和手机，两种商品物量的计量单位分别为只和部，对其物量进行加和是没有实际意义的。那么，该借助何种工具与方法对国民经济的物量变化和价格变化进行数量刻画呢？

9.2 物量指数与价格指数的编制方法

9.2.1 物量指数与价格指数

正如前文所讨论的，国民经济核算所针对的是一国经济活动的综合核算，其所涉及的各项经济指标均为多项事物的集合。由于计量单位差异等原因，不同产品的物量和价格往往是不具有可加性的。面对经济现象中涉及的纷繁杂多的产品，统计指数是对其进行有效综合、科学反映国民经济动态变化的有力工具。

按照一般定义，统计指数指的是测定多项内容数量综合变动的相对数。在多种产品的情况下，利用统计指数进行国民经济动态比较的基本思路是将不同性质产品的物量或价格综合起来转化为价值，以此解决因不同产品异质性所造成的不可加的问题。举例而言，假定某经济体只生产打火机和手机两种产品，其在 2020 年和 2021 年的产量与价格信息如表 9.1 所示。如果要对该经济体的物量变化进行分析，通过对报告期打火机和手机的产量加总（20+10），再将其与基期两种产品产量的加和（15+5）进行对比的做法是不合理的。但是，如果对报告期和基期生产的打火机和手机的数量乘以报告期或者基期的价格，得到以货币单位计价的价值额，再进行不同时期的对比则是可行的。也就是说，将价格作为同度量因素（也称媒介因素）转化为价值额，即可实现物量动态比较的目的。类似地，借助物量作为同度量因素，则可以进行不同时期价格的动态比较。

表 9.1 某经济体 2020 年和 2021 年生产产品的产量与价格信息

	2020 年（基期）		2021 年（报告期）	
	产量（q）	价格（p）	产量（q）	价格（p）
打火机	15	2	20	3
手机	5	1 000	10	800

注：打火机和手机产品的单位分别为万只与万部，价格单位为元/只和元/部。

对应于国民经济动态分析的主要内容，在国民经济动态统计中，主要涉及物量指数（Volume Index）和价格指数（Price Index）两类指数。其中，物量指数反映的是在两段时期之间各种经济活动实物量（以及资产实物量）的平均动态变化程度，包括生产物量指数、消费物量指数、投资物量指数和资产物量指数等。价格指数则刻画的是价格水平在不同时间的动态变化程度，包括生产者价格指数、消费者价格指数和投资价格指数等。

9.2.2 物量指数和价格指数的构建

如上文所分析的，物量指数的构建需要借助价格作为同度量因素，而价格指数的编制则以物量为同度量因素，故其计算公式分别为

$$\text{物量指数}=\frac{\sum_{i=1}^{n}p_i q_{1i}}{\sum_{i=1}^{n}p_i q_{0i}} \qquad \text{价格指数}=\frac{\sum_{i=1}^{n}q_i p_{1i}}{\sum_{i=1}^{n}q_i p_{0i}} \tag{9.1}$$

式中，对于商品 i 而言[①]，p 为价格，q 为物量；下标 1 为报告期，下标 0 为基期。通过式（9.1）可以直观地发现，在物量指数中价格 p 既是保证不同物量可加的同度量因素，同时还起到了权数的作用。以表 9.1 中的数据为例，手机的价格远高于打火机的价格。因此，相对打火机来说，手机在该经济体物量指数的计算中理应扮演更加重要的角色。在式（9.1）的物量指数构建中，通过价格的引入，即对手机赋予了比打火机更高的权重（抛开计量单位差异的问题，如果不引入价格，则二者具有相同的权重）。对于价格指数而言，物量 q 的作用亦是如此。

显然，要使式（9.1）中的基本公式能够实现物量和价格的动态比较，其重要前提是指数计算中的权数（同度量因素）应该保持固定，也就是说物量（价格）指数中要保证分子分母中的价格（物量）为同一时期的数值，这样才能纯粹地反映出物量（价格）的变化程度。那么，权数应当固定在基期还是报告期呢？这就催生了著名的拉氏指数和帕氏指数。

拉氏指数（Laspeyres Index）是德国统计学家拉斯贝尔斯（Laspeyres）于 1684 年提出的一种指数计算方法。它在计算指数时将作为权数的同度量因素固定在基期，故拉氏物量指数 L_q 和拉氏价格指数 L_p 的计算公式为

① 出于表达简洁性方面的考虑，本章在后文的公式中将 i 进行省略。

$$L_q = \frac{\sum p_0 q_1}{\sum p_0 q_0} \qquad L_p = \frac{\sum p_1 q_0}{\sum p_0 q_0} \tag{9.2}$$

帕氏指数（Paasche Index）是由德国统计学家帕舍（H.Paasche）于 1874 年提出的另外一种指数计算方法。其将作为权数的同度量因素固定在报告期，帕氏物量指数 P_q 和帕氏价格指数 P_p 所对应的计算公式为

$$P_q = \frac{\sum p_1 q_1}{\sum p_1 q_0} \qquad P_p = \frac{\sum p_1 q_1}{\sum p_0 q_1} \tag{9.3}$$

可以预见，在物量指数或者价格指数的计算过程中，将权数固定在不同时期得到的计算结果将存在差别。比如，针对表 9.1 中的数据，若计算物量指数，则基于拉氏指数和帕氏指数得到的计算结果分别为 199.60%和 199.26%。这也意味着，如果借助拉氏指数进行分析，则认为该经济体 2021 年生产的产品产量较 2020 年平均增长了 99.60%。若使用帕氏指数，则得到的是产品产量平均增长 99.26%的不同结论。那么，为了更好地考察国民经济的动态特征，在实际中该如何确定权数的固定时期呢？

从理论上看，拉氏指数将权数固定在基期，在技术上保证了不同时期指数结果的可比性，可用于反映长期连续性的物量和价格变动，但是其未能考虑新产品出现的问题。以物量指数为例，如果我们考虑如下将比较基期固定在第 0 期的包含 n 期的定基拉氏指数序列 $\frac{\sum p_0 q_1}{\sum p_0 q_0}$，$\frac{\sum p_0 q_2}{\sum p_0 q_0}$，…，$\frac{\sum p_0 q_n}{\sum p_0 q_0}$，不难发现，由于不同时期的物量指数均以第 0 期的商品价格为权重，以此可确保计算结果在不同时期的可比性。然而，拉氏指数未能考虑新产品的出现及其对旧产品的替代，特别是在计算期离固定基期时间相对久远的情况下，不同商品的价格可能会发生很大的变化，由此形成的权重结构变化将影响到指数结果的表现力。帕氏指数将权数固定在报告期，权数随时间而不断变换，可以反映新产品出现对旧产品替代的问题，但是也存在各期指数结果缺乏可比性的不足。类似地，以价格指数为例，若考虑如下将比较基期固定在第 0 期的包含 n 期的定基帕氏指数序列 $\frac{\sum p_1 q_1}{\sum p_0 q_1}$，$\frac{\sum p_2 q_2}{\sum p_0 q_2}$，…，$\frac{\sum p_n q_n}{\sum p_0 q_n}$，可以看到，由于第 i 期价格指数的计算以第 i 年的物量为权重，可以反映最新商品结构下的平均价格变化，能够较好地反映客观实际，但是，不同时期指数计算中权数的不断变化，也带来了指数结果可比性差的问题。

一般认为，在计算物量指数时，权数价格应当固定在基期，即选择拉氏指数。因为拉氏指数为假定价格不发生变化下的物量综合变动，较为符合物量指数计算的实际要求。在计算价格指数时，则将权数物量固定在报告期，即选择帕氏指数。因为帕氏指数反映的是现实商品结构下价格的整体变动，商品结构变化的影响可以融合到价格指数中，因而更具现实经济意义。另外，由于价值额指数可以表现为拉氏物量指数与帕氏价格指数的乘积，如 $\frac{\sum p_1 q_1}{\sum p_0 q_0} = \frac{\sum p_0 q_1}{\sum p_0 q_0} \times \frac{\sum p_1 q_1}{\sum p_0 q_1}$，这为利用价格指数推算物量指数和物量总值创造了条件。在下文中我们将介绍，基于以上表达式推算的价格指数缩减法在国民经济不变价核算中具有十分广泛的应用。

另外还值得一提的是，在指数的实际应用中，一般较少直接采用式（9.2）中拉氏物量指数 L_q 和式（9.3）中帕氏价格指数 P_p 的计算公式，因为其通常需要丰富的基础数据信息和较为庞大的计算量。比如，如果要对如下包含 n 期的定基拉氏指数序列 $\frac{\sum p_0q_1}{\sum p_0q_0}$，$\frac{\sum p_0q_2}{\sum p_0q_0}$，…，$\frac{\sum p_0q_n}{\sum p_0q_0}$ 进行计算，则需要搜集每一种商品在各个时期的物量信息，并将其与固定基期的商品价格相乘后加总，再除以基期所有商品价值额之和，工作量不可谓不大。在实际中，主要采用如下加权平均指数的形式：

$$L_q = \sum \frac{q_1}{q_0} \times \frac{p_0q_0}{\sum p_0q_0} \qquad P_p = \frac{\sum p_1q_1}{\sum \left(\frac{1}{p_1/q_0}\right) p_1q_1} \tag{9.4}$$

那么，该如何理解式（9.4）中公式的经济意义呢？实际上，其内涵即为以基期或者报告期的价值总量为权重，针对个体指数加权的加权平均数。以拉氏物量指数 L_q 为例，其实质为以基期价值额 $\frac{p_0q_0}{\sum p_0q_0}$ 为权重，对个体物量指数 $\frac{q_1}{q_0}$ 的加权平均。类似地，帕氏价格指数 P_p 表现的是以报告期价值额为权重，对个体指数的调和平均数。

仍然回到上文中的举例，如果利用式（9.4）中的公式计算包含 n 期的定基拉氏指数序列 $\left(\sum \frac{q_1}{q_0} \times \frac{p_0q_0}{\sum p_0q_0}, \sum \frac{q_2}{q_0} \times \frac{p_0q_0}{\sum p_0q_0}, \cdots, \sum \frac{q_n}{q_0} \times \frac{p_0q_0}{\sum p_0q_0}\right)$，则在获得固定基期各商品价值额信息的情况下，只需得到各期商品的个体物量指数即可，这无疑会大大减少数据搜集难度与指数计算工作量。相比而言，帕氏价格指数由于以报告期的价值额为权重，在动态比较过程中在每一期都需要更新权重信息，数据搜集的挑战性更高，指数计算工作也更加繁重。因此，在实际操作中，编制价格指数在很多情况下可能并非采用帕氏指数，而是以拉氏指数代之。

另外，针对拉氏指数和帕氏指数存在的缺陷，统计学家还开发构建了其他形式的指数，以对二者的偏差进行调和。其中，比较具有代表性的是美国统计学家费舍（Fisher）提出的式（9.5）中的“理想指数”：

$$\text{理想物量指数}\ F_q = \sqrt{L_q \cdot P_q} \qquad \text{理想价格指数}\ F_p = \sqrt{L_p \cdot P_p} \tag{9.5}$$

由式（9.5）可知，理想指数为拉氏指数与帕氏指数的简单几何平均数，可以对拉氏指数与帕氏指数的偏差进行调和。另外，“理想指数”还可以通过时间互换检验和因子转换检验，具备统计指数的优良性。具体而言，时期 t 与时期 0 相比的“理想指数”是时期 0 与时期 t 相比的指数的倒数，说明“理想指数”满足时间互换检验的要求。同时，对于“理想指数”来说，物量指数与价格指数的乘积等于两个时期价值额之比，此为因子转换检验之要求。然而，拉氏指数和帕氏指数都不能通过以上两个检验。

尽管“理想指数”在理论上具有诸多优势，但是由于其计算需要以拉氏指数和帕氏指数为基础，数据资料不易获取、编制难度更高。同时，“理想指数”在经济意义上也不如拉氏指数和帕氏指数那样直观明了。因此，在实际操作中，拉氏指数和帕氏指数往往得到更加广泛的应用。

9.3 GDP 物量指数与不变价核算

在介绍物量指数和价格指数编制方法的基础上，本部分将首先讨论在国民经济核算中处于核心地位的 GDP 不变价核算方法与 GDP 物量指数的构建，然后再扩展到全社会固定资产投资等指标的不变价核算。

9.3.1 可比价 GDP

如前文所讨论的，如果要计算 2021 年的中国 GDP 增长率，是不能通过按照当年价格计价的 2021 年 GDP 与 2020 年 GDP 直接对比得到的。因为价值额由价格和物量两方面因素决定，若将其直接对比则不能有效考察物量变化。那么，在 GDP 的动态比较中，是否可以构建与基期可比的报告期的物量值呢？答案是肯定的，这就是可比价 GDP（constant price GDP）。可比价 GDP，又称为不变价 GDP，是以基期价格计算的报告期的 GDP。如果借用公式直观描述，则可以将可比价 GDP 表达为 $\sum p_0q_1$ 。回顾前文介绍的内容，不难发现它实际上就是拉氏物量指数的分子。因此，可比价 GDP 的实质即为可以与基期相比较的报告期物量值。

通过前面章节的学习，我们知道 GDP 核算有生产法、收入法和支出法三种方法。其中，生产法和支出法能够直接与货物和服务相联系，可分解出物量和价格两个元素。收入法则是要素报酬的加总，其构成项目难以直接分解为物量因素和价格因素（如生产税净额）。因此，可比价 GDP 核算主要包括生产法和支出法，其基本公式分别为

$$\begin{aligned}\text{可比价 GDP} &= \sum \text{各产业可比价增加值} \\ &= \sum \text{各产业可比价总产出} - \sum \text{各产业可比价中间投入}\end{aligned} \tag{9.6}$$

$$\begin{aligned}\text{可比价 GDP} = &\ \text{可比价居民消费支出} + \text{可比价政府消费支出} \\ &+ \text{可比价固定资本形成总额} + \text{可比价存货增加} \\ &+ \text{可比价货物与服务出口} - \text{可比价货物与服务进口}\end{aligned} \tag{9.7}$$

可以发现，生产法和支出法情况下的可比价 GDP，都是通过对各个可比价分项指标加总所得出的。因此，如何计算各个可比价分项指标是可比价 GDP 核算的核心工作。

那么，从方法角度该怎么获得可比价 GDP 这样一个物量值呢？即如何得到对应 $\sum p_0q_0$ 的 $\sum p_0q_1$ ？在不变价 GDP 核算中，主要涉及物量指数外推法和价格指数缩减法两种思路。

物量指数外推法是利用 GDP 核算中各分项指标在基期的价值额和相应的物量指数，外推报告期物量值的方法。具体计算方法如式（9.8）所示：

$$\sum p_0q_1 = \sum p_0q_0 \times \frac{\sum p_0q_1}{\sum p_0q_0} \tag{9.8}$$

在式（9.8）中，各分项指标在报告期的物量值 $\sum p_0q_1$ ，由基期的价值额 $\sum p_0q_0$ 与物量指数 $\sum p_0q_1/\sum p_0q_0$ 的乘积计算得出。

价格指数缩减法则是借助GDP核算各分项指标在报告期的价值额及其对应的价格指数，计算得到报告期物量值的方法。具体计算方法如式（9.9）所示：

$$\sum p_0q_1 = \sum p_1q_1 \Big/ \left[\frac{\sum p_1q_1}{\sum p_0q_1} \right] \tag{9.9}$$

式中，各分项指标在报告期的物量值 $\sum p_0q_1$，由报告期的价值额 $\sum p_1q_1$ 除以价格指数 $\sum p_1q_1 / \sum p_0q_1$ 计算得出。

值得说明的是，在我国可比价 GDP 核算的实践中，无论是生产法还是支出法，都并非只单一使用物量指数外推法或者价格指数缩减法。而是根据 GDP 核算各分项指标基础数据的具体情况，选择物量指数外推法或价格指数缩减法计算得出相应的可比价分项指标，最后加总得到可比价 GDP 这一总量指标。同时，相较于物量指数外推法来说，价格指数缩减法得到了更加广泛的应用，这主要是由于我国 GDP 核算中相关分项指标所对应价格指数的统计更加完备。关于中国不变价生产法和支出法 GDP 核算的计算方法及所采用的物量指数和价格指数的详细情况，可进一步参阅许宪春（2015）。

9.3.2 GDP 物量指数

在核算可比价 GDP 的基础上，就可以计算出 GDP 物量指数。GDP 物量指数，又简称为 GDP 指数，为报告期可比价 GDP 与基期 GDP 的比值 $\left(\sum p_0q_1 / \sum p_0q_0\right)$：

$$\text{GDP 物量指数} = \frac{\text{报告期可比价 GDP}}{\text{基期 GDP}} \tag{9.10}$$

可以看到，GDP 指数反映的是剔除价格变动影响后，不同时期内 GDP 的实际变化，可以真实地反映出一个经济体所有最终货物和服务物量的动态状况。

在长期动态分析中，根据对比基期的不同，还可以将 GDP 指数区分为定基指数和环比指数。GDP 定基指数是以某固定时期的价格为基准，通过各时期可比价 GDP 与基期 GDP 对比，而计算得到的 GDP 指数。比如，在 1978—2020 年，如果各年份都是以 1978 年价格计算的可比价 GDP，那么将其与 1978 年的 GDP 相除，得到的是以 1978 年为比照对象（通常表示为 1978 年＝100）的 GDP 定基指数；GDP 环比指数则是以上一期的价格为基准，利用各时期可比价 GDP 与上一期 GDP 对比，而计算得到的 GDP 指数。比如，在 1978—2020 年，若各年份都是以上一年价格计算的可比价 GDP，那么将其与上一年 GDP 相除，得出的则是以上一年为参照对象（通常表示为上年＝100）的 GDP 环比指数。

另外，在宏观经济形势的分析中，相比于 GDP 指数，GDP 增长率是应用更加广泛的统计指标。那么 GDP 增长率又是如何计算的呢？实际上，GDP 增长率正是通过 GDP 指数而计算得到的，二者之间关系为

$$\text{GDP 增长率} = \frac{\text{报告期可比价 GDP} - \text{基期 GDP}}{\text{基期 GDP}} = \text{GDP 指数} - 1 \tag{9.11}$$

根据《中国统计年鉴 2021》第三章“国民经济核算”中的“3－4 国内生产总值指数”（上年＝100），可绘制图 9.1 中 1978—2020 年中国 GDP 的年度增长率。由图 9.1 可知，

自 1978 年以来，中国 GDP 总体上保持了快速而稳定的增长。同时，《中国统计年鉴 2021》第三章“国民经济核算”中的“3－5 国内生产总值指数”（1978 年＝100）的数据显示，2020 年中国 GDP 指数达到 4 015.4，这说明以 1978 年价格计算的 2020 年中国可比价 GDP 是 1978 年 GDP 的 40.154（4 015.4/100）倍。基于此，可计算得到 1978—2020 年中国 GDP 的年平均实际增速高达 9.2%，反映出 1978 年实施改革开放政策以来的 40 多年间我国经济发展取得了巨大成就。

但与此同时，从图 9.1 还可以看出中国 GDP 增长率在不同时期和不同年份中也呈现出一定波动性，这与国内重要经济政策的实施、国外重大经济事件的冲击以及经济增长的客观规律等密切关联。那么，你是否能够对 1978—2020 年中国年度 GDP 增速变化背后的经济学故事进行解读呢？

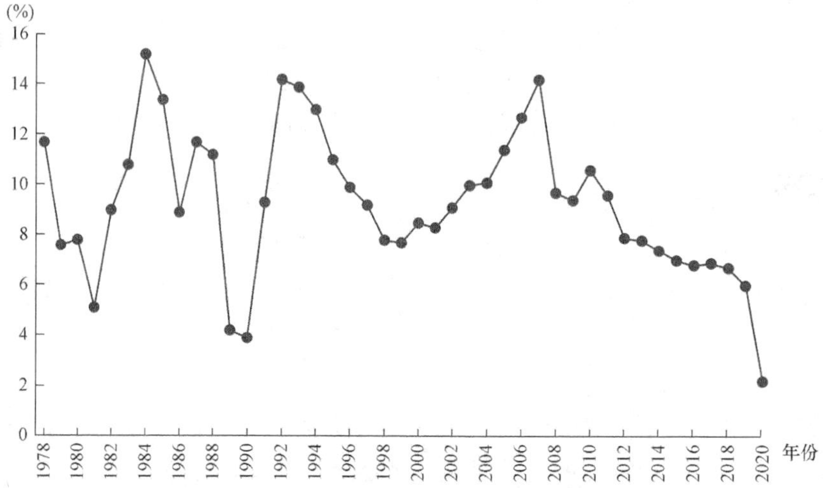

图 9.1　1978—2020 年中国 GDP 增长率

在生产法和支出法下可比价 GDP 核算的基础上，还可以进一步得到不同产业增加值物量指数以及最终消费、资本形成和货物与服务净出口及其构成项目的物量指数。由此，可从供给和需求角度对经济增长率进行分解，进而全面把握影响经济增长的主要因素。

9.3.3　不变价核算

在国民经济的长期动态分析以及涉及时间序列数据的经济计量分析中，为了使经济指标具有动态可比性，通常需要将指标的各期价值额调整为与固定基期可比的物量值。比如，要利用 1990—2020 年的时间序列数据对中国的资本产出弹性进行估计①，则在计量模型分析之前，一般将体现资本投入和产出的经济指标调整为 1990 年为不变价的实际值。再如，在全球经济增速放缓、国内经济发展进入“新常态”以及部分工业行业产能过剩等因素的综合影响下，近年来中国的投资增速明显放缓。那么，从 2012 以来的统计数据来看，中国投资增速究竟呈现出怎么样的变化特征？通常而言，资本形成总额是体

① 资本产出弹性体现的是因资本投入变动而引起产出的相应变动率。即资本投入每变动百分之一，引起产出变化的百分点。

现投资水平的重要指标，但是我国并未公开发布资本形成物量指数，许多研究对此借助全社会固定资产投资额的实际增长速度来考察投资的发展态势。在实际增速的计算中，同样需要将全社会固定资产投资额进行不变价处理。

对于前文讨论的针对 GDP 不变价核算采取物量指数外推法和价格指数缩减法的思路，同样也适用于其他经济指标的不变价核算。具体而言，对于某个包含 n 期观测值的经济指标，若要得到以固定基期第 0 期价格计算的各期指标的物量值，即 $\sum p_0q_1$，$\sum p_0q_2$，…，$\sum p_0q_n$，则可以根据该指标对应的物量指数和价格指数的可得性，进行不变价核算。对于指标在第 i 期的价值额而言，在能够获取物量指数的情况下，可以利用该指标在第 0 期的价值额与第 i 期定基物量指数的乘积计算得到可比价物量值。即 $\sum p_0q_i=\sum p_0q_0\times\left(\sum p_0q_i/\sum p_0q_0\right)$。其中，第 i 期的定基物量指数可以通过第 1 期至第 i 期的环比物量指数连乘计算得出；对于指标在第 i 期的价值额而言，在物量指数无法获取但能够得到价格指数的情形下，可以利用该指标在第 i 期的价值额除以第 i 期的定基价格指数计算得出，即 $\sum p_0q_i=\sum p_iq_i\div\left(\sum p_iq_i/\sum p_0q_i\right)$。类似地，第 i 期的定基价格指数可以由第 1 期至第 i 期的环比价格指数连乘计算得到。

本章首先以 1990—2020 年中国的 GDP 数据为例，讨论如何利用物量指数外推法得到以 1990 年为不变价的实际值。就 GDP 而言，由于我们可以从《中国统计年鉴 2021》中获取 GDP 指数，结合 1990 年的中国 GDP，即可借助物量指数外推法得到以 1990 年为不变价的中国 GDP 的实际值。以 1990 年为不变价的 1991 年 GDP 为例，通过 1990 年的 GDP 18 872.9 亿元，乘以 1990 年为基期的 1991 年 GDP 定基指数 109.3/100（此时，GDP 环比指数等于 GDP 定基指数），计算得到该数值为 20 628.1 亿元。若计算以 1990 年为不变价的 1992 年 GDP，则通过 1990 年 GDP 值 18 872.9 亿元，乘以 1990 年为基期的 1992 年 GDP 定基指数 124.8/100（由 1991 年的 GDP 环比指数 109.3/100 乘以 1992 年的 GDP 环比指数 114.2/100 计算得到），得出 1992 年的 GDP 实际值为 23 557.3 亿元。采取类似的方法，可计算以 1990 年为不变价，1990—2020 年中国各年 GDP 的实际值如图 9.2 所示。可以发现，除 1990 年之外，经过不变价调整之后的 GDP 实际值在其他年份均低于以当年价格计价的 GDP 名义值，并且二者间的差异随着时间推移愈加明显。

本章进一步以 2012—2019 年中国全社会固定资产投资额的数据为例，讨论如何利用价格指数缩减法，将其调整为以 2012 年为不变价的实际值。对于全社会固定资产投资来说，目前无法获取该指标的物量指数，但是《中国统计年鉴 2021》发布了其对应的价格指数——固定资产投资价格指数，故可采用价格指数缩减法进行不变价核算。以 2012 年为不变价的 2013 年全社会固定资产投资额为例，通过 2013 年的全社会固定资产投资额 329 318 亿元（按当年价格计价），除以 2012 年为基期的 2013 年定基指数 100.3/100（此时，定基与环比形式的价格指数相等），计算得到该数值为 328 333 亿元。如果计算以 2012 年为不变价的 2014 年全社会固定资产投资，则通过 2014 年的全社会固定资产投资额 373 637 亿元（按当年价格计价），除以 2012 年为不变价的 2014 年定基指数 100.8/100（由 2013 年的固定资产投资价格环比指数 100.3/100 乘以 2014 年的固定资产投资价格环比指数 100.5/100 计算得到），得出 2014 年全社会固定资产投资的实际值为 370 666 亿元。类似地，可计算以 2012 年为不变价，2012—2019 年中国各年全社会固定资产投资的实际值。在此基础上，还可进一步计算该时期全社会固定资产投资额的实际增速。

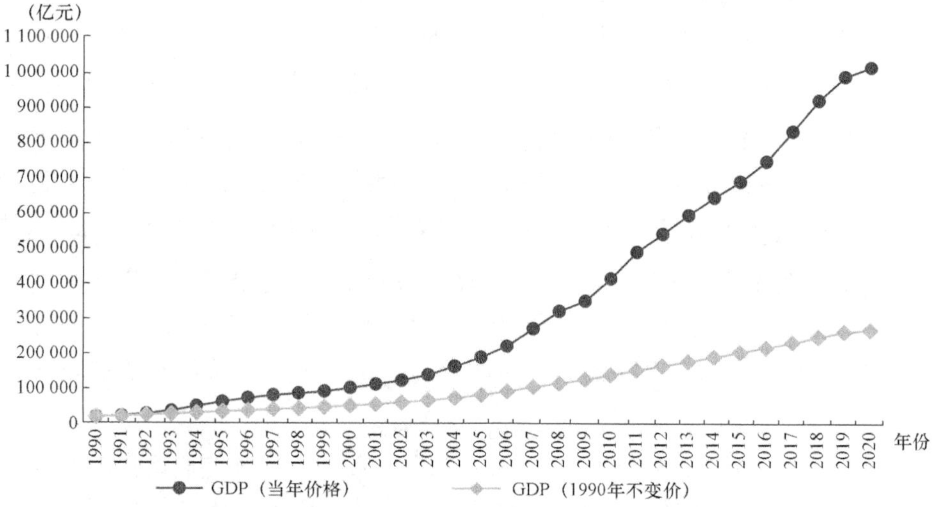

图 9.2　按当年价格以及 1990 年不变价计算的中国 GDP

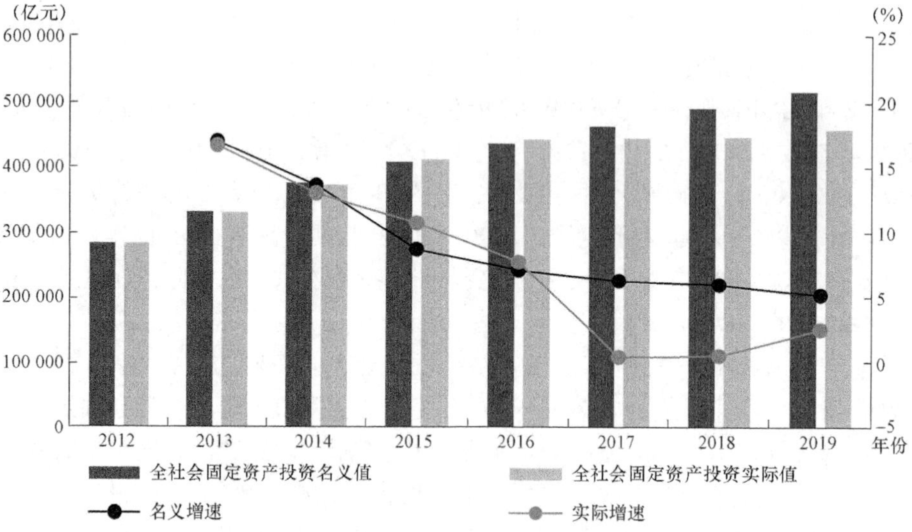

图 9.3　按当年价格以及 2012 年不变价计算的全社会固定资产投资额与增速

由图 9.3 可知，无论是从全社会固定资产投资额还是增长速度来看，以当年价格和以 2012 年为不变价格所得到的计算结果均存在较大差异。另外还可以看到，我国全社会固定资产投资实际增速近年来出现了明显放缓的趋势，自 2016 年以来保持个位数增长，而 2017 年和 2018 年全社会固定资产投资额仅实际增长 0.4%和 0.5%。

9.4　主要价格指数及其应用

价格指数在国民经济动态统计中扮演着重要角色。一方面，如前文所讨论的，如若利用价格指数缩减法对经济指标进行不变价核算，则需要以该指标所对应的价格指数为基础。另一方面，价格指数本身反映的就是特定类别物价在不同时期的变动状况，是监测国民经济运行情况特别是通货膨胀水平的重要指标。本部分首先以居民消费价格指数（Consumer Price Index，CPI）为例介绍价格指数的编制方法，然后讨论反映通货膨胀水平的主要价格指数及其应用。

9.4.1　价格指数的编制方法

在经济活动中，存在各种各样的价格指数。其中，涉及 GDP 可比价核算的主要价格指数为生产者价格指数与购买者价格指数。生产者价格指数是生产环节的价格指数，包括农产品生产价格指数和工业生产者出厂价格指数等。购买者价格指数是关于使用者购买产品的价格指数，包括居民消费价格指数、固定资产投资价格指数等。尽管不同类别价格指数编制过程中，所对应的商品差异甚大，但是编制方法具有一定的一致性。

前文中提到，一般认为借助帕氏指数编制价格指数较为合适，但是实际中出于工作量等方面考虑往往使用拉氏指数。另外，在价格指数的编制中，通常也不直接采用帕氏指数或拉氏指数的标准形式，而采用的是对个体价格指数进行加权的计算方式。那么，在现实中，面对成千上万种商品，该如何编制价格指数呢？下面以我国 CPI 为例，介绍价格指数的主要编制步骤。

（1）确定调查内容。从理论上说，居民消费价格的调查内容应当包括居民日常生活消费全部的商品和服务。但是，这无疑会耗费大量的人力、物力和财力。因此，我国现行的 CPI 编制方案根据用途将消费商品和服务分为食品烟酒、衣着、居住、生活用品及服务、交通通信、教育文化娱乐、医疗保健、其他用品及服务八大类。在此基础上，进一步将八大类商品和服务细化为 268 个基本分类。每个基本分类下设置一定数量的代表规格品，作为经常性调查项目。

（2）确定价格调查点。在各省（区、市）中，通过兼顾大中小以及地区合理分布原则，采用分层抽样的方法抽选出要调查的约 500 个市（县）。然后，从各种类型的商场（店）、超市、农贸市场、服务网点和互联网电商抽选出近 10 万家价格调查点。

（3）价格采集。在各调查县市中，采用“三定”（定点、定时和定人）原则直接派人到调查网点或从互联网采集原始价格，以保证价格资料的稳定性、可比性和连续性。

（4）计算价格指数。首先计算代表规格品的价格指数，然后逐次计算基本分类价格指数、大类价格指数和总指数。其中，在大类价格指数和总指数的计算过程中，采取的是加权算术平均公式。权重通过各类别商品或服务在居民消费商品和服务总支出中所占的比重确定。

9.4.2 通货膨胀的测度与分析

通货膨胀是宏观经济学的重要研究主题，针对通货膨胀的测度与分析也是宏观经济统计研究中关注的重要话题。由于通货膨胀最为直接的表现就是物价上涨，因此价格指数是测度通货膨胀水平的不二之选。通货膨胀率的计算方法一般可以表现为通货膨胀率＝价格指数－100%。

通常而言，CPI、GDP 价格指数和工业生产者出厂价格指数（Producer Price Index for Industrial Products，PPI）是通货膨胀水平测度与分析中经常使用的 3 个价格指数。那么，这些价格指数的主要内涵与特点是什么？该如何对其进行正确解读和科学运用？这是本节将要讨论的内容。

1. CPI

CPI 反映的是消费领域货物和服务价格的综合变动，是衡量通货膨胀水平最为流行的价格指数。这主要是因为 CPI 与人们的生活息息相关，反映了最终消费品的物价变化状况。同时，CPI 具有数据发布频率高、时效性强的特点，能够较好地满足实时监测的需要。例如，中国国家统计局在发布年度 CPI 数据的同时，还在每个月发布月度 CPI 数据。当然，CPI 在测度通货膨胀中也存在一些缺陷。比如，从核算范围来看，CPI 只能体现居民消费领域的通货膨胀，而不能反映整个经济体范围内的通货膨胀。

目前，中国国家统计局发布年度和月度两种不同频率的 CPI。其中，月度 CPI 还包括同比指数和环比指数两种不同形式，其对比基期分别为上年同月和上月。比如，国家统计局的数据显示，2021 年 12 月我国 CPI 同比上涨 1.5%，环比下降 0.3%。这意味着与 2020 年 12 月相比，2021 年 12 月我国居民消费价格平均上涨了 1.5%。与 2021 年 11 月相比，2021 年 12 月居民消费价格平均下降了 0.3%。

在 CPI 数据的分析中，经常存在一些误解和误用的情况。针对中国 CPI 数据的解读、分析和应用，有如下几个方面的问题值得关注。

第一，从指数口径来看，CPI 反映的是与居民生活有关的商品和服务价格水平的变动情况，不包括奢侈品、投资品的价格水平变动，也不反映工业品出厂价格的变动。由于 CPI 的编制并不针对投资品，故而在我国 CPI 的构成中，是不包含商品房销售价格的，但是居住类价格需要考虑在内。

第二，从适用范围来看，CPI 是综合反映消费商品和服务价格变动情况的平均数，其并不针对具体的商品或服务。若要了解某种具体商品或服务价格的变动情况，则要分析具体的分类指数。比如，如果关心猪肉价格的变化状况，则应考察猪肉价格指数，而不应直接基于 CPI 进行分析。

第三，从对比基期来看，如前文所讨论的，CPI 同比指数与环比指数的比照对象大相径庭，在数据解读与分析中需要认真把握二者的区别。通常来说，相比于对比上年同月商品和服务价格变动的体会而言，人们对于与上个月价格变化的感受更为深刻。对于两种指数形式内涵理解的偏差，也经常让人们觉得 CPI 数据与实际感受并不完全一致。比如，在广东省发布 2009 年 7 月 CPI 同比下降 4.2%的数据之后，许多当地民众表示该数据与自身体会不符，因为他们觉察到当月许多商品的价格都在上涨。实际上，人们体会的价格上涨主要源自 2009 年 7 月消费领域商品和服务价格与当年 6 月价格的比较（环比变化），而非与 2008 年 7 月的价格对比。事实上，从环比数据来看，广东省 2009 年 7 月 CPI 环比上涨 0.5%，涨幅比上月扩大 0.4 个百分点，这与公众的感受相吻合[①]。

第四，从影响同比价格指数的因素来看，包括翘尾因素和新涨价因素两个方面。在同比价格指数中，将上年价格变动对本年价格指数的滞后影响部分，称为翘尾因素。在同比价格指数扣除翘尾影响后的剩余部分，则称为新涨价因素。比如，假如 2020 年某地区前 8 个月的水价都是 3 元/吨，从 9 月起水价调整至 6 元/吨，到 2021 年 9 月价格一直未变，仍为 6 元/吨。但是，如果计算 2021 年前 9 个月中各月水价的同比指数，则均为 200%。即该地区水价同比上涨了 100%。不难发现，由于 2021 年水价未发生变化，水价 100%的同比涨幅均由上年价格上涨的滞后影响而带来。即在水价 100%的同比涨幅中，翘尾因素为 100%，新涨价因素为 0。正确认识翘尾因素和新涨价因素对于深入理解 CPI 变化以及科学研判宏观经济形势具有重要意义。举例来说，受 2008 年国际金融危机冲击下国内外需求明显下降的影响，2008 年中国 GDP 增长 9.7%，相比于 2007 年 14.2%的增速，大幅下降了 4.5 个百分点。但是，2008 年中国的 CPI 为 105.9（2007 年为 100），说明居民消费价格比 2007 年上涨了近 6%，并且涨幅还比 2007 年扩大了 1.1 个百分点。这些数据似乎说明 2008 年的市场需求相比于 2007 年要更加旺盛。事实上，从图 9.4 中所展示的 2007—2008 年中国月度 CPI 的同比变化来看，2008 年中国居民消费价格的涨幅在逐月回落。同时，与 2008 年下半年相比，上半年 CPI 的涨幅明显更高，各月上涨幅度均在 7%以上，这在较大程度上与 2007 年下半年以来 CPI 快速上涨所带来的滞后影响有关。

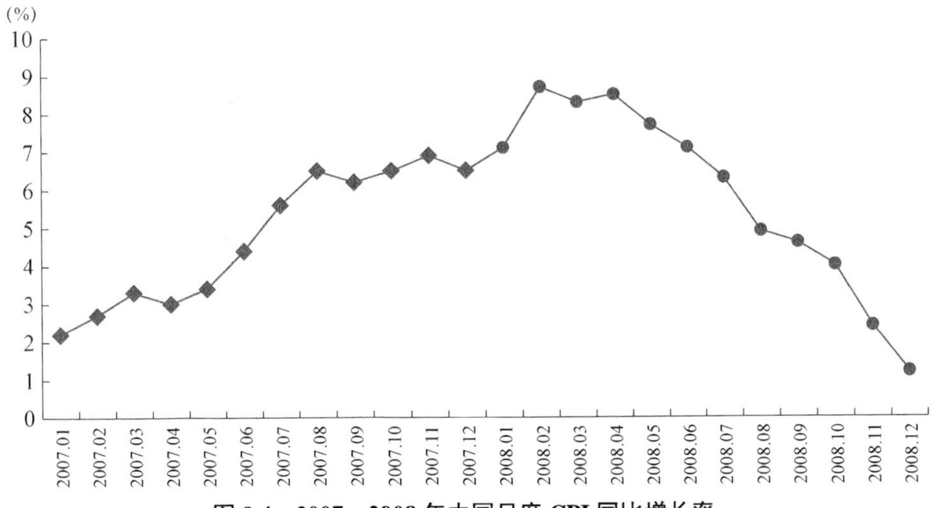

图 9.4 2007—2008 年中国月度 CPI 同比增长率

2. GDP 价格指数

GDP 价格指数，又称为 GDP 平减指数或者 GDP 缩减指数，在通货膨胀和宏观经济分析中也得到了广泛应用。那么，GDP 价格指数是如何计算得出的？从本质上看，GDP

① 详见网页：http://www.hinews.cn/news/system/2009/08/12/010536288.shtml。

价格指数是以 GDP 包含的物量为同度量因素，借助帕氏指数的形式，计算价格从基期到报告期的变化。因此，其表现为以报告期当期价格计算的现价 GDP 与以基期价格计算的报告期不变价 GDP 的比值 $\left(\sum p_1q_1/\sum p_0q_1\right)$，即

$$\text{GDP 价格指数} = \frac{\text{报告期现价 GDP}}{\text{报告期不变价 GDP}} \tag{9.12}$$

相比于 CPI 来说，GDP 价格指数测度通货膨胀的主要优势在于其反映的是一个经济体所有最终货物和服务价格的总变化，弥补了 CPI 仅限于描述消费领域货物和服务价格变动的不足。那么，为什么在通货膨胀的分析中，CPI 是更为常用的价格指数呢？这主要是由于 GDP 价格指数并不是独立编制的，要通过可比价 GDP 核算计算得出，因此编制周期相对较长（多数国家一年才编制一次），难以满足短期经济监测和管理的需要。同时，由于 GDP 核算包括了大量的非市场性经济活动，使得 GDP 价格指数也包含了许多与市场无关的因素，这也削弱了其与通货膨胀的关联。

从图 9.5 展示的 1985—2020 年的中国 CPI 和 GDP 价格指数的变化情况来看，二者的走势总体上具有很高的一致性，但是并非完全一致，在部分年份甚至还存在较大的差别。这与两个价格指数在货物和服务价格覆盖范围上的联系与区别高度关联。另外，你是否可以结合所学习的相关经济学知识和中国经济发展的历程，对图 9.5 中 1985—2020 年中国 CPI 和 GDP 价格指数变化背后的经济学故事进行解读？

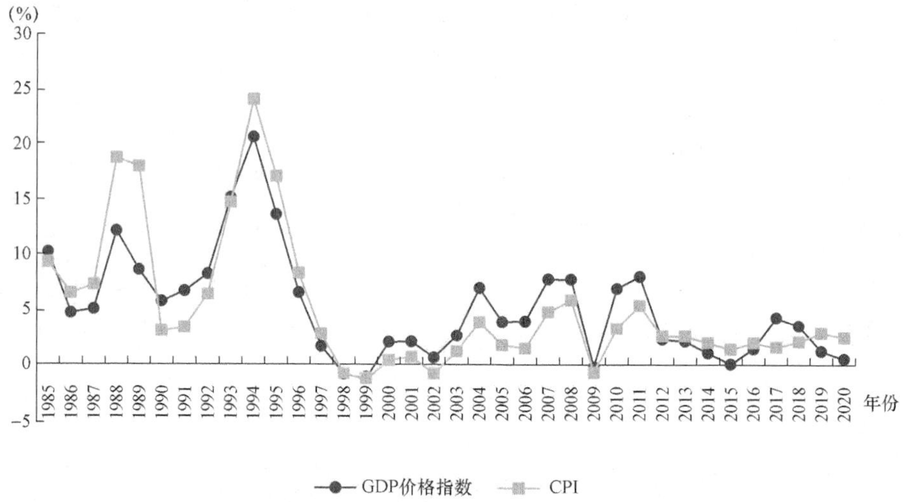

图 9.5　1985—2020 年中国的 GDP 价格指数与 CPI 涨跌幅

注：GDP 价格指数由作者根据历年现价 GDP 与 GDP 指数推算得出。

3. PPI

严格来说，PPI 作为生产者价格指数，理论上应该涵盖所有产业的生产者价格指数。但是，由于工业生产者出厂价格指数是生产者价格指数的重要组成部分，在我国通常把工业生产者出厂价格指数简单称为 PPI。工业生产者出厂价格指数是某个时期内工业企业产品第一次出售时价格变动的相对数，其反映的是全部工业产品出厂价格变化趋势和变

动幅度。

在通货膨胀的分析中，PPI 也是一个常用的指标。特别是，PPI 能够反映商品流通过程初始生产阶段的价格水平及其变化，因此它对经济周期变化较为敏感，通过其计算通货膨胀率便于对通货膨胀做出早期预警。但是，PPI 测定通货膨胀不能很好地反映服务价格水平的变化，因此它不能很好地适应我国经济发展过程中服务活动比重上升的发展趋势。

通常来说，由于 PPI 总体上反映的是上游生产领域的价格，而 CPI 体现的是下游消费领域的价格，传统观点从生产链角度认为 PPI 对 CPI 存在传导机制。然而，由图 9.6 可知，自从 2008 年国际金融危机爆发以后，也就是自 2008 年 1 月至 2021 年 12 月，中国月度 CPI 与月度 PPI（上年同月 = 100）的走势并不完全一致。具体而言，我国月度 CPI 与 PPI 的同比涨跌态势在 2012 年之前基本趋同。但是，自 2012 年以来，我国 CPI 与 PPI 的涨跌情况在很多月份都出现了背离（CPI 基本上都高于 100，而 PPI 在许多月份都低于 100），特别在 2012 年至 2016 年上半年表现尤为明显。在 2016 年下半年至 2019 年上半年居民消费价格与工业品出厂价格双双上涨之后，2019 年下半年至 2020 年又重新呈现出“剪刀差”的态势。近年来中国 CPI 与 PPI 走势分化的现象引起了学术界的广泛关注，既有研究从不同角度针对该现象出现的原因展开了探讨，感兴趣的读者可自行查阅相关文献资料。

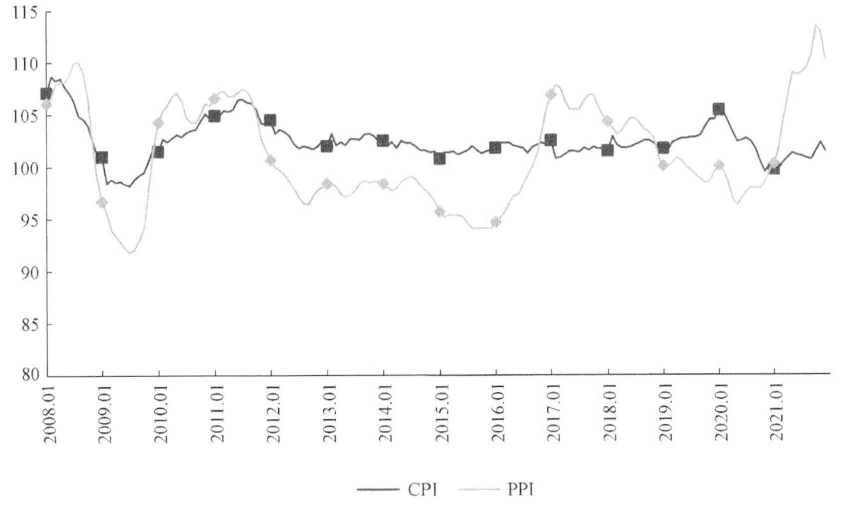

图 9.6　2008—2021 年中国月度 CPI 与 PPI（上年同月 = 100）

综合以上分析可知，CPI、GDP 价格指数以及 PPI 三种价格指数在测度通货膨胀中都有各自的优点和局限性，运用不同指数所得到的分析结果也可能存在一定差异。在实际应用中，研究者应该结合分析目的、研究对象以及数据可获得性等进行综合考虑，做出合理选择。

习　　题

1. 国民经济动态比较包括哪些主要内容？

2. 如何构建物量指数和价格指数？
3. 什么是 GDP 指数？它与 GDP 实际增长率有何关系，与 GDP 价格指数有何区别？
4. 哪些价格指数可以用来反映通货膨胀？这些价格指数各自有何特点？
5. 请计算以 2000 年为不变价的 2000—2020 年中国 GDP 实际值。
6. 请计算以 2000 年为不变价的 2000—2020 年中国全社会固定资产投资实际值。

参 考 文 献

［1］高敏雪，李静萍，许健．国民经济核算原理与中国实践（第 4 版）［M］．北京：中国人民大学出版社，2018．
［2］邱东．国民经济统计学（第二版）［M］．北京：高等教育出版社，2011．
［3］许宪春．中国政府统计问题研究［M］．北京：社会科学文献出版社，2015．
［4］中华人民共和国国家统计局．中国主要统计指标诠释（第二版）［M］．北京：中国统计出版社，2013．

第 10 章　经济水平的国际比较

针对各国发展水平和经济实力的国际比较，是宏观经济分析中的重要议题。众所周知，中国已成为全球经济增长的重要力量。根据世界银行发布的数据，按照汇率法计算，2019 年中国 GDP 为 14.3 万亿美元，约为美国 GDP 的三分之二。按照购买力平价法计算，2019 年中国 GDP 为 23.4 万亿美元，已超越美国成为世界第一大经济体。世界银行为何发布两套 GDP 数据？汇率法与购买力平价法有何区别？该如何理解两种不同国际比较方法下 GDP 数据的差异？这些都是本章将重点讨论的问题。

通过本章内容的学习，预期读者能够掌握两种国际比较方法的基本原理，并且能够正确运用统计数据进行国际经济比较分析。

10.1　GDP 国际比较之汇率法与购买力平价法

第 9 章所介绍的国民经济动态统计在于考察一个国家或地区真实经济活动的动态变化，其做法是将经济指标价值额中的价格变化予以剔除，进而客观反映物量在时间维度上的真实变化。除了动态统计之外，关于不同经济体之间经济指标的横向空间比较也是宏观经济统计的重要内容，而针对反映经济运行状况关键指标 GDP 的跨国比较是其中最为核心的部分。

事实上，展开 GDP 跨国比较的难点或者说从事 GDP 国际比较所要解决的核心技术问题，在于剔除不同国家 GDP 核算中的价格差异，进而得到以物量体现的真实经济活动规模的比较。比如，假定 A、B 两国生产同样品质的产品并且各产品的产量也一样，那么这两个国家的真实经济规模应该是相等的。但是，在实践中，可以直观感受的问题是，这两个国家的 GDP 核算都以本国货币单位计价，在计价单位上可能存在差别。事实上，即便在计价单位上一致，其在 GDP 统计数值上也势必存在差异[①]。这样，就需要构建一个空间层面上的综合价格指数，通过其将 A、B 两国的 GDP 核算数值进行调整，得到其在理论上 1 : 1 的物量比例关系。由此可以看到，GDP 国际比较可以看成是国民经济动态比较向空间比较的推广，其核心内容在于构建国际比较中的综合价格指数。

在国际经济对比中，汇率法是对不同国家 GDP 等经济指标进行比较的一种常用方法。汇率法通过不同国家间的汇率对货币单位进行换算，可解决经济指标的可比性问题。由于美元在国际货币体系中的强势地位，在使用汇率法进行 GDP 国际比较中通常将非美元

---

① 比如，欧元区成员国均以欧元作为本国 GDP 核算的计价单位，但是由于不同国家的商品价格往往存在一定差别，这将对不同国家间 GDP 的比较产生影响。

调整为美元，以美元作为国际比较的基准货币。比如，2019 年中国的 GDP 为 98.7 万亿元人民币，同年人民币对美元的汇率为 6.9：1，使用汇率法调整中国的 GDP 为 14.3 万亿美元。美国同期的 GDP 为 21.4 万亿美元，这样就可以展开中美两个国家经济规模的对比。

使用汇率法进行 GDP 国际比较的理论基础为购买力平价说。购买力平价说认为两国货币的兑换比率（汇率），取决于它们各自在本国所具有的实际购买力，也就说决定于两国的市场物价水平。这也意味着两国物价水平的比率决定着均衡汇率（购买力平价），并且只有在汇率达到均衡状况的情况下，市场上才不存在套利行为。比如说，假定中国和美国都只生产同种类型和品质的钢笔，如果在中国的钢笔价格为 5 元人民币/支，而美国的价格为 0.5 美元/支。依据购买力平价说，两国间的汇率应该为购买力平价，即 10 元人民币/1 美元。当汇率水平不等于 10 元人民币/1 美元时，那么 1 美元在美国可购买 2 支钢笔，但是在中国所能购买的钢笔数量并非 2 支，单位货币在两个国家间购买力的这种差异将引致套利行为的发生。同时，这种套利行为只有 1 美元在两国间购买产品的数量相等，也就是说不存在套利机会的情况下方能停止。在购买力平价说成立的前提下，或者说两国汇率仅由两国产品的价格比唯一决定的情况下，可以将汇率作为空间价格指数，进而实现不同国家 GDP 的比较。这是因为如果上述理论成立，则意味着 1 单位的任何一种货币在两国所能购买的物量必然是相等的，利用汇率法进行货币单位换算即可实现两个国家物量的比较。

借助汇率法进行国际经济比较具有资料获取方便、操作方法简单等优势，但是作为汇率法理论基础的购买力平价说在现实经济活动中却面临不少挑战。比如，购买力平价说以各国之间自由通商、各种货币自由兑换、市场汇率自由浮动等为前提，但是现实中这些条件很难完全满足。同时，购买力平价说认为汇率是由物价水平或者货币购买力唯一决定的，而在实践中汇率受到包括经济因素和非经济因素在内的多方面因素影响，如进出口产品价格、资本转移、利率、外汇管理政策，以及投机活动、突发事件、政治形势变化等。正是由于实际应用中存在诸多缺陷，所以汇率法并不能有效地对各国实际经济水平进行科学评价与比较，这已被许多经验研究证实。在此背景下，需要寻求更为准确评价与分析不同国家 GDP 的理论与方法，购买力平价法也因此应运而生。

购买力平价法是指通过构建并估算出各国间的购买力平价（Purchasing Power Parity，PPP）指数，将各国以本币计价的 GDP 调整为以购买力平价表现的形式，进而实现 GDP 国际可比的方法。事实上，开展 GDP 国际比较的实质在于借助购买力平价实现物量的跨国对比，如果汇率能够保证 1 美元货币在不同国家购买到相同的物量，也就是说汇率与购买力平价水平保持一致，那么利用汇率法可以有效地进行 GDP 国际比较。但正如前文所讨论的，在现实经济活动中，由于汇率的形成与除货币购买力之外的许多因素有关，汇率与购买力平价水平通常并不相等，这就是汇率法在 GDP 国际比较中不能取得很好效果的根源所在。既然借助汇率法开展 GDP 国际比较的初衷是试图通过汇率来反映货币购买力，但是实际效果却不尽理想，那么，是否可以转换思路，在 GDP 国际比较中跳出对汇率的依赖而直接从购买力平价水平着手，通过编制购买力平价指数来实现 GDP 的调整和换算？这就是购买力平价法的基本思想和主要出发点。

以两个国家的 GDP 比较为例，考虑到现实经济活动中一个国家的货物和服务产出是多样的，假定在中国和美国购买相同的代表性产品组合（“一篮子”货物和服务）所需要的支出分别为 500 元人民币和 100 美元，那么可以计算得到购买力平价为 5（500/100）元人民币/美元。也就是说，1 美元货币所能购买的商品数量与 5 元人民币是等量的。显然，如果能够获取以上购买力平价指数，就可以利用其将中国的 GDP 换算为美元的形式。此时，1 美元在中美两国具有同样的购买力，对应相同的实物量，进而实现了两国物量的有效对比。从现实情况来看，我们在日常所观测到的中美汇率水平往往与 5 元人民币/美元的购买力平价指数存在出入，这种背离势必会导致利用汇率法进行 GDP 比较的偏差。当然，从实际操作来讲，与汇率数据可以及时便捷地获取所不同的是，购买力平价指数需要自行构建，并且如何科学编制购买力平价指数本身是一项非常复杂的工作，需要耗费大量的人力、物力和财力进行资料的收集整理和方法的设计研究。同时，正是因为该课题的挑战性，也吸引了众多学者和实际工作者开展该项研究。以下将对购买力平价指数的构建进行介绍。

10.2　购买力平价指数的构建

10.2.1　购买力平价指数构建的基本流程

如前所述，构建购买力平价指数是一项巨大的浩瀚工程，非个人和研究机构之力所能及。对此，联合国、世界银行和美国宾夕法尼亚大学自 20 世纪 60 年代末开始，共同发起了国际比较项目（International Comparison Program，ICP），将购买力平价法付诸实践。目前，ICP 已经完成了九轮全球性国际比较活动，取得了丰硕的国际比较成果。其中，参与 2011 年第八轮 ICP 项目的国家和地区达到了 199 个，具有非常广泛的国际影响力。此处将结合 ICP 的基本工作流程，阐述购买力平价指数的主要构建过程。

（1）确定用于比较的“一篮子”商品。在该项工作中，包括确定 GDP 分类体系和确定代表规格品两项具体工作内容。ICP 项目从支出法角度，将 GDP 划分为居民个人消费支出、为住户服务的非营利机构个人消费支出、政府个人消费支出、政府公共消费支出、固定资本形成总额和净出口 6 个主要项目，并逐步细化为 28 个类别、63 个组、126 个大类、155 个基本类。在对 GDP 支出分类细化到基本类的基础上，进一步从中选取代表性规格品。显然，代表规格品选取的好坏是决定 ICP 成败的重要先决条件。

（2）收集和整理数据资料。在确定“一篮子”货物和服务之后，需要搜集和整理各经济体在所有代表规格品的价格数据和相应基本类的支出额数据，为计算购买力平价指数打下数据基础。在价格资料方面，考虑到同一种产品价格在一个经济体内部的不同地区和不同时间通常存在差别，因而使用各经济体范围内的年平均实际交易价格。

（3）计算购买力平价指数。在获取各经济体价格和支出数据的基础上，可进一步计算购买力平价指数。具体步骤为：首先，计算对比国在每一种商品和服务的价格比率，即每一种规格品的购买力平价指数；然后，在各个基本类内部，根据相应规格品的购买力平价指数计算得到对比国的基本类购买力平价指数；在此基础上，进一步计算对比国之间基本分类以上的购买力平价，最终形成综合购买力平价指数。

在以上构建流程中，核心技术环节为步骤（3）关于购买力平价指数的计算，下文将针对其做具体介绍。另外，依据国际经济比较中涉及比较对象的多少，可将比较内容划分为双边比较（两个经济体 GDP 的比较）和多边比较（三个及以上经济体 GDP 的比较）。虽然国际经济比较中多边比较问题往往更具意义，但是双边比较通常是多边比较的基础，故以下分别从双边比较和多边比较两个维度阐述购买力平价指数的计算方法。

10.2.2 双边比较下的购买力平价指数计算方法

在双边比较情况下，编制购买力平价指数要求满足国家互换检验。国家互换检验的含义是：在对 A 国和 B 国的 GDP 进行比较的过程中，以 A 国为基准和以 B 国为基准所计算的购买力平价指数应该互为倒数。比如，如果以美国为基准，计算得到的购买力平价指数为 5 元人民币/美元。那么，以中国为基准，所得到的购买力平价指数应当为 0.2 美元/人民币。若不能满足国家互换检验，那么通过这样的购买力平价指数进行国际比较是没有意义的。

由于购买力平价指数从本质上说仍属于价格指数，因此其编制原理和方法与一般的价格指数是一致的。只不过购买力平价指数的比较内容是不同国家的价格，而非同一个国家在不同时期的价格。由于单纯使用拉氏指数或者帕氏指数都不能满足国家互换检验的要求，同时如第 9 章所讨论的，单纯使用拉氏指数或帕氏指数也存在一定缺陷，因此双边比较过程中常常使用“理想指数”来编制购买力平价指数，基本公式为

$$PPP_{a,b}=\sqrt{L\times P}=\sqrt{\frac{\sum_{i=1}^{m}P_{ai}Q_{bi}}{\sum_{i=1}^{m}P_{bi}Q_{bi}}\times\frac{\sum_{i=1}^{m}P_{ai}Q_{ai}}{\sum_{i=1}^{m}P_{bi}Q_{ai}}} \qquad (10.1)$$

式中，$PPP_{a,b}$ 表示的是以 b 国为基准国，a 国为对比国，通过“理想指数”计算得出的购买力平价指数；L 和 P 则分别代表的是以拉氏指数和帕氏指数体现的形式；P_{ai} 和 P_{bi} 表示的是基本类 i 在对比国 a 和基准国 b 的平均价格，Q_{ai} 和 Q_{bi} 分别指的是基本类 i 在对比国 a 和基准国 b 的使用量①。

可以证明，式（10.1）中的“理想指数”满足国家互换检验。

10.2.3 多边比较下的购买力平价指数计算方法

在多边比较的情形下，编制购买力平价指数除了要满足双边比较中的国家互换检验外，还必须满足传递性检验。所谓传递性是指任何两个国家之间的购买力平价指数的结果，都应与通过其他任何国家的购买力平价指数间接计算得出的结果相吻合。举例来说，如果日本和美国的购买力平价指数为 100 日元/美元，中国和美国的购买力平价指数为 5

① 由于实践中通常获取的是细类层面的支出数据以及价格数据（由调查得到的代表规格品价格计算得到），而难以直接获得使用量数据。因此，实践中一般对式（10.1）进行简单变形，利用支出数据和价格数据编制拉氏指数与帕氏指数，对此感兴趣的读者可参阅高敏雪等（2018）。

元人民币/美元，那么日本和中国的购买力平价指数应该是 20（100/5）日元/人民币。如果以上传递性不能得到满足，那么不同传递路径下的双边比较结果也必然会存在差别，这将无法达成多边比较的目标。由于理论上已经证明国家互换检验是满足传递性检验的必要条件，因此多边比较中构建购买力平价指数的关键在于是否能够通过传递性检验。事实上，前文所介绍的在双边对比中广泛采用的“理想指数”就由于不能满足传递性，而不适合直接应用于多边比较。以下将对多边比较条件下，三种广泛应用的购买力平价指数构建方法进行简要介绍。

1. EKS 法

这种方法由 Elteto、Köves 和 Szule 三位匈牙利学者于 1964 年提出，并由三人姓氏的首字母合写命名，计算公式为

$$EKS_{j,k}=\left(PPP_{j,k}^{2}\times\prod_{\substack{l=1\\ l\neq j,k}}^{n}\frac{PPP_{j,l}}{PPP_{k,l}}\right)^{\frac{1}{n}} \tag{10.2}$$

式中，$EKS_{j,k}$ 指的是使用 EKS 法计算的 j 国对 k 国的购买力平价指数；n 为参与多边比较的国家个数。不难发现，EKS 法的设计仍然是以“理想指数”为基础的，但是通过适当处理满足了多边比较的传递性检验要求。

事实上，在涉及 n 个国家的多边比较中，EKS 法针对 j 国对 k 国购买力平价指数的计算，在本质上是对两国 n 个购买力平价指数计算结果的几何平均数。归纳来说，关于 j 国对 k 国的购买力平价指数可以有两种计算方法：一种是直接通过双边比较得到，即 $PPP_{j,k}^{2}$（以 j 国对 k 国的购买力平价指数的平方项来体现）；另一种是借助传递性，以除参与比较的 j 国和 k 国之外的某个国家 1 为桥梁间接计算得出，即式（10.2）中的 $\dfrac{PPP_{j,l}}{PPP_{k,l}}$ $\left(根据传递性：PPP_{j,k}=\dfrac{PPP_{j,l}}{PPP_{k,l}}\right)$。显然，通过这种计算方法可以获得 $n-2$ 种比较结果。如果把这两种计算方法进行综合考虑，一共可以得到 $n-1$ 种 j 国对 k 国购买力平价指数的计算结果。

观察式（10.2）不难发现，EKS 法在计算购买力平价指数的过程中，已经将 $n-1$ 种比较结果都纳入考虑。同时，在几何平均数的求解过程中，EKS 法在连乘表达式的设计上，将直接比较的结果以平方项 $PPP_{j,k}^{2}$ 的形式体现，而间接比较的结果均以一次项的方式出现，其所暗含的意义为对直接比较结果赋予的权重是任何一种间接比较结果的 2 倍。这主要是考虑到在双边比较过程中，直接比较的结果应该更为可靠，相应对其赋予更高的权数。实际上，还可将 $PPP_{j,k}^{2}$ 视为传递性计算方法的特殊形式（以 j 国或 k 国自身作为中间桥梁国）。即 $\dfrac{PPP_{j,k}}{PPP_{k,k}}=\dfrac{PPP_{j,k}}{1}=PPP_{j,k}$，$\dfrac{PPP_{j,j}}{PPP_{k,j}}=\dfrac{1}{PPP_{k,j}}=PPP_{j,k}$，从而有 $\left(\dfrac{PPP_{j,k}}{PPP_{k,k}}\right)\times\left(\dfrac{PPP_{j,j}}{PPP_{k,j}}\right)=PPP_{j,k}^{2}$。在 EKS 法的应用中，需要以任意两个国家以“理想指数”形式计算

的双边购买力平价指数为基础，因此可以将其视为一种对双边比较结果修正的多边比较方法。

2. CPD 法

CPD 法即国家产品虚设法（country product dummy method），是一种应用于国际比较中代表规格品价格数据存在缺失的情况下，估计基本类购买力平价指数的方法。在多边比较情况下，代表规格品的价格缺失现象是普遍存在的。比如说，某个基本类中含有 100 种规格品，但是在 A 国中有 30 种规格品没有价格数据，B 国有 20 种没有价格数据，那么将无法获取 A 国和 B 国所有规格品的价格比。然而，在基本类层面构建购买力平价指数，通常需要两国在该基本类下所有规格品价格比的信息。显然，在这种规格品价格数据存在缺失的情况下，通过传统方法将无法得到该基本类的购买力平价指数，由此也将影响到综合购买力平价指数的编制。针对以上实际问题的困扰，CPD 法作为一种估算基本类购买力平价指数的方法而备受推崇。

CPD 法通过虚拟变量回归方法对基本类购买力平价指数进行估计，其基本假设为：一个基本类中某种规格品的价格比主要由该基本类综合价格比（基本类购买力平价指数）决定，此外还将受一些次要因素的影响，使其实际取值围绕基本类购买力平价指数波动，而这些次要因素可通过随机误差项加以综合。利用公式可将该基本假设表示为

$$\frac{P_{i,j}}{P_{i,k}}=PPP_{j,k}\times E_i^{jk} \tag{10.3}$$

式中，$P_{i,j}$ 为 j 国在某基本类中第 i 种规格品的价格；$PPP_{j,k}$ 为 j 国对 k 国在某基本类的购买力平价指数；E_i^{jk} 为随机误差项，假定服从对数正态分布，即对其取对数后服从正态分布。

在式（10.3）的基础上，假设有 n 个国家参与多边比较，某基本类下包括 h 种规格品，则可得到实际用于估计基本类购买力平价指数的回归模型为

$$\ln P_{i,j}=\beta_1 X_{i,1}+\beta_2 X_{i,2}+\cdots+\beta_{n-1}X_{i,n-1}+\gamma_1 Z_{1,j}+\gamma_2 Z_{2,j}+\cdots+\gamma_h Z_{h,j}+\mu \tag{10.4}$$

式中，X_1 至 X_{n-1} 为国家虚拟变量，Z_1 到 Z_h 为规格品虚拟变量。在国家虚拟变量的设置上，需要对 $n-1$ 个国家建立虚拟变量，只有基准国（不妨设为国家 n）不进行设定。针对 β_j 取指数，可将其解释为国家 j 对基准国 n 在该基本类的购买力平价指数。由于式（10.4）中被解释变量的数据很容易获取，解释变量作为虚拟变量可以自行设定得到，因此利用各国在某基本类各种规格品的相应数据为样本进行回归分析，即可得到各回归系数的估计值。相应地，也完成了基本类购买力平价指数的估计。

3. G－K 法

即 Geary－Khamis 计算公式，其解决的是如何将基本类购买力平价指数汇总为 GDP 总量购买力平价指数的多边比较方法。G－K 法的出发点是以本币衡量的支出与以国际价格衡量的支出之比体现购买力平价，通过求解联立方程组得到各国相对于国际价格的购买力平价指数。

G－K 法在应用中涉及两个核心方程，首先是购买力平价指数方程：

$$PPP_j = \frac{\sum_{i=1}^{m} P_{ij} Q_{ij}}{\sum_{i=1}^{m} \pi_i Q_{ij}} \tag{10.5}$$

式中，π_i 指的是第 i 个基本类商品的国际价格；PPP_j 代表的是 j 国使用本国货币购买一组产品的支出与按国际价格购买相同产品的支出的比率，反映了 j 国相对于使用国际价格的虚拟国家的购买力平价指数。但值得注意的是，π_i 是未知参数，利用式（10.5）无法求出 PPP_j。

对此，G－K 法进一步建立了关于国际价格 π_i 的方程：

$$\pi_i = \sum_{i=1}^{m} \frac{P_{ij}}{PPP_j} \left(\frac{Q_{ij}}{\sum_{j=1}^{n} Q_{ij}} \right) \tag{10.6}$$

式（10.6）的含义为第 i 个基本类商品的国际价格，是所有 n 个国家在第 i 个基本类上通过购买力平价对本国货币计算的价格进行调整后 $\left(\frac{P_{ij}}{PPP_j} \right)$ 的加权平均数，而权重为各国第 i 个基本类的使用量占全部 n 个国家在该基本类使用量的比重 $\left(\frac{Q_{ij}}{\sum_{j=1}^{n} Q_{ij}} \right)$。

通过联立式（10.5）和式（10.6）所组成的线性方程组，可求得国际价格和购买力平价指数。在求得各国对国际价格购买力平价指数的基础上，可以借助传递性得到任何两个国家的购买力平价。例如，若利用 G－K 法计算得到 A 国和 B 国的购买力平价指数分别为 PPP_a 和 PPP_b，那么 $\frac{PPP_a}{PPP_b}$ 即为 A 国对 B 国的购买力平价。

10.3　汇率法与购买力平价法计算结果的比较与分析

前文已对汇率法和购买力平价法两种主要的 GDP 国际比较方法进行了介绍。那么，从统计实践来看利用这两种方法计算得到的各国 GDP 数据会存在怎样的差别？又该如何理解这种结果差异？

根据世界银行发布的数据，按照汇率法计算的 2019 年全球 GDP 总量为 87.608 万亿美元，而基于购买力平价法计算的数值达到 135.284 万亿美元，由后者计算的世界 GDP 规模是前者的 1.54 倍。从国家层面看，由表 10.1 报告的结果可知，全球主要国家通过两种不同方法计算的 GDP 都存在一定差别，并且大多数国家由购买力平价法计算的 GDP 比汇率法更大。其中，二者间的差别在印度尤为明显，其偏差指数（购买力平价法 GDP/

汇率法 GDP）高达 3.33。换句话说，2019 年印度按购买力平价法计算的 GDP 是根据汇率法计算 GDP 的 3.33 倍。中国的偏差指数也达到 1.64，如果按照购买力平价法计算，2019 年中国的 GDP 已达到美国的 1.09 倍，经济规模跻身全球首位。另外，通过观察不难发现，表中绝大多数经济发达国家的偏差指数都在 1.5 以下（澳大利亚和瑞士甚至还小于 1），而经济发展相对落后国家的偏差指数基本上都大于 2，在很大程度上反映出汇率法低估了发展中国家的实际经济规模。

表 10.1　　2019 年主要国家按汇率法和购买力平价法计算的 GDP 及偏差指数

国家名称	按汇率法计算的 GDP（10 亿美元）	按 PPP 法计算的 GDP（10 亿美元）	偏差指数（PPP/汇率）
澳大利亚	1 396.57	1 324.17	0.95
巴西	1 877.81	3 247.68	1.73
加拿大	1 741.58	1 904.50	1.09
瑞士	731.47	626.98	0.86
中国	14 279.94	23 443.65	1.64
德国	3 861.12	4 644.17	1.20
西班牙	1 393.49	1 988.36	1.43
法国	2 715.52	3 320.56	1.22
英国	2 830.81	3 242.46	1.15
印度尼西亚	1 119.09	3 331.81	2.98
印度	2 870.50	9 562.01	3.33
意大利	2 004.91	2 678.90	1.34
日本	5 064.87	5 328.03	1.05
韩国	1 646.74	2 209.42	1.34
墨西哥	1 268.87	2 608.65	2.06
荷兰	907.05	1 031.48	1.14
俄罗斯	1 687.45	4 283.89	2.54
沙特阿拉伯	792.97	1 677.38	2.12
土耳其	761.43	2 279.17	2.99
美国	21 433.22	21 433.22	1.00

数据来源：世界银行数据库。

实际上，如果进一步按照经济发展水平分类，分别利用汇率法和购买力平价法分析世界经济的发展格局，可以发现两种方法下的分析结果也存在较大差异。从图 10.1 可以看到：在利用汇率法计算 GDP 的情况下，低收入国家、中低等收入国家和中高等收入国家 GDP 占全球 GDP 的比重分别为 0.6%、8.9%和 27.5%，高收入国家 GDP 占比则高达 63.0%。如果基于购买力平价法计算 GDP，那么低收入国家、中低等收入国家和中高等收入国家 GDP 占世界 GDP 的比例将分别上升至 1.2%、18.1%和 33.7%，而高收入国家 GDP 占比则大幅下降到 47.0%。以上对比分析对汇率法低估发展中国家购买力的现实状况做出了进一步的佐证。

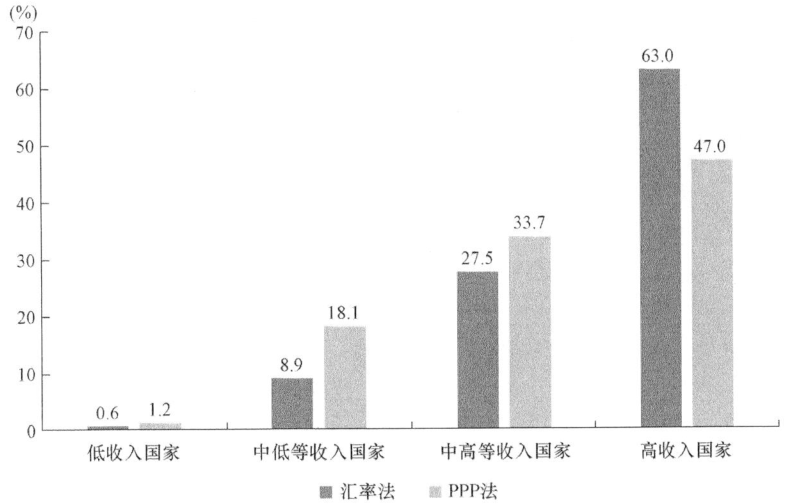

图 10.1　2019 年汇率法和购买力平价法下不同经济发展水平国家 GDP 占比

那么，使用汇率法和购买力平价法进行 GDP 换算为何存在这么大的差异，特别是在发展中国家中表现如此明显？这主要是由于汇率在实际过程中往往会与购买力平价偏离，并且这种偏离程度通常与一国市场化水平、对外开放水平、价格或者汇率管理制度等因素高度相关。一般来说，发达国家市场经济更为完善、国际化水平更高、价格管制更少，汇率偏差也相应更小。与之相对，发展中国家的汇率偏差程度通常要明显更大。

最后值得说明的是，虽然使用汇率法换算 GDP 的理论基础在现实中难以完全满足，但购买力平价法在实际应用中也同样面临着诸多问题与挑战。比如，规格品选取的代表性、商品质量的异质性、一国特别是大国内部各地区商品价格的差异性、购买力平价指数计算方法本身的不足与缺陷等理论和现实问题的存在，都会对购买力平价法进行国际比较的准确性产生影响。

习　题

1. 开展 GDP 国际比较的主要难点是什么？

2. 使用汇率法和购买力平价法进行 GDP 国际比较的优点和缺点分别是什么？

3. 购买力平价指数构建的基本流程是什么？在对不同国家进行双边和多边比较中，购买力平价指数应当满足哪些检验？常见的比较方法有哪些？

4. 为什么使用汇率法和购买力平价法得到的各国 GDP 结果存在差别？特别是在发展中国家中表现得尤为明显？

参考文献

[1] 高敏雪，李静萍，许健. 国民经济核算原理与中国实践（第 4 版）[M]. 北京：中国人民大学出版社，2018.
[2] 宋旭光等. 看懂中国 GDP [M]. 北京：北京大学出版社，2015.
[3] 许宪春，刘婉琪. 中国参加国际比较项目面临的若干问题 [J]. 统计与信息论坛，2021，36（2）：3-11.

第 11 章　经济景气指数分析

2022 年 7 月我国制造业采购经理指数（PMI）为 49.0%，比上月下降 1.2 个百分点。49.0%说明我国制造业景气程度如何？PMI 是如何采集数据的？每月的 PMI 是如何反映我国制造业景气程度的？

11.1　经济景气分析与景气调查概述

11.1.1　经济景气概述

宏观经济是由行业经济所组成的，在宏观经济由繁荣到衰退周期性地发生背景下，在行业层面会表现出相应的线索和规律。经济总量波动通过产业关联和供求关系在行业景气层面进行传导，行业景气的强弱波动及其共振与扩散，形成了宏观经济的复苏、繁荣、衰退与萧条。经济景气分析最早可以追溯到 19 世纪末。1888 年巴黎统计学大会上，法国经济学家开始用黑、灰、淡红和大红几种颜色测定法国 1877—1881 年的经济波动。1903 年英国用“国家波动图”描述宏观经济波动。1909 年美国巴布森统计公司发布了巴布森经济活动指数。1911 年美国布鲁克迈尔经济研究所编制并发布了涉及股票市场、商品市场和货币市场等的景气指标。1917 年哈佛大学编制了“经济晴雨表”和“哈佛指数”。1920 年英国伦敦与剑桥经济研究所编制了英国商业循环指数。1922 年瑞典经济统计学家编制了瑞典商情指数。1925 年德国景气研究所发布了德国一般商情指数。1950 年 NBER 经济统计学家建立了新的景气监测体系，采用了扩散指数。1961 年起宏观经济景气监测预警系统从民间研究走入官方实际应用阶段，景气监测预警系统在指标构成和体系构造方面取得了迅速发展，出现了合成指数、预警信号指数，季节调整方法日趋成熟。20 世纪 70 年代起经济景气监测预警系统初步定型，并出现国际化趋势。1979 年美国建立了国际经济指标系统，欧共体也开始研究成员国景气状况监测系统。1984 年日本开始研究区域景气变动。20 世纪 80 年代中期起更多的亚洲国家开始建立经济景气监测预警系统。

11.1.2　景气调查概述

景气调查也称商情调查，是运用抽样调查的方法，以固定问卷形式，并依据一定时间频度向活跃于生产、经营、消费和其他经济活动一线的企业家、消费者提问，要求答卷者在几种简单明了的答案中进行选择回答。问卷主要包括诸如企业总体状况、企业策略和变化方向、资金可能投向、生产要素供给状况、市场需求状况、资本状况、成本效益状况及对经济形势与未来发展的评价和判断等方面的问题。通过调查信息来把握企业经营者对本企业基本经营活动状况的判断和对未来发展的预期，再运用特定的汇总、分析模式，对当前形势进行快速判断和分析，对未来经济的变化趋势进行预测。

景气调查是第二次世界大战以后欧美国家首先发起的，到 20 世纪 50 年代中叶，世界各国已广泛推广。由于景气调查是一种较快了解经济情况的便捷途径，因此也称为晴雨表系统。目前在国际上有许多进行景气调查的著名机构，如德国的慕尼黑经济研究所、英国产业联盟（Confederation of British Industry）、美国商务部以及日本银行等。调查数据以定性数据为主，也有部分调查机构涉及包括企业财务活动等方面的定量数据调查。

景气调查主要有三种类型：景气动向调查、设备投资意向调查和消费调查。景气动向调查的目的是了解宏观经济总体运行的状态和趋势，主要面向各国大中型企业，这些大中型企业数量不多，但是在整个国民经济中所占的比重却相当大，一定程度上可以代表国民经济走势。设备投资意向调查的目的是把握企业未来投资的基本动向。由于投资活动是引起宏观经济波动的重要因素，所以这种调查对政府掌握景气动向、进行宏观调控是十分必要的。消费调查主要是了解消费者的消费态度、购买意向等消费动向。无论哪个国家，居民消费特别是耐用品消费需求的循环变动都对经济波动有着很大的影响，所以这也是政府进行宏观调控时所关注的重要问题。

如果说景气统计分析是根据经济发展的以往规律，通过已经发生的经济活动的统计数据来评价和预测未来经济发展的情况，那么景气调查则是根据对企业和个人的抽样调查，根据被调查对象的客观和超前的主观定性判断而得出定量的结论，二者可以相互补充、相互印证。此外，国民经济核算数据存在着一定的滞后性，景气调查数据的发布往往领先于国民经济核算数据的发布，据其可以更快地了解经济情况。

11.2　经济景气指数的编制

经济时间序列数据一般可分解为四个因素：趋势因素（T_t）、循环因素（C_t）、季节因素（S_t）和随机因素（I_t），四种因素的组合和相互作用构成了特定的时间序列模型。为了显示数据中存在的周期循环，需要按照一定的时间序列模型构成的假定，采用季节指数、X－13 等方法剔除其中的季节因素。季节调整是处理季度、月度数据的重要步骤，目前大多统计软件都有季节因素分析的功能，比如 Eviews 就加载有最新的 Census X13 季节调整模块。关于季节模型分析的详细内容可参见时间序列分析教材的相关部分。接下来的内容我们不再考虑未经季节调整和去除不规则效应的数据。

经济的周期波动是通过系列经济变量的活动来传递和扩散的。任何一个经济变量本身的波动都不足以代表宏观经济的整体波动，要反映宏观经济整体波动过程必须综合考虑各个变量的波动，景气指数的编制为解决这个问题提供了有效的工具。一方面，它能够如实刻画现实经济波动的轨迹，反映当前宏观经济波动所处的位置；另一方面，还能够预测未来经济波动的峰谷。根据编制方法的不同，分为扩散指数（DI）和综合指数（CI）。

11.2.1　景气统计分析的综合指标——扩散指数

扩散指数是以上升和即将上升的指标个数占全部选用指标个数的百分比来表示经济扩张或者经济萧条，反映经济循环变动的周期和转折日期的方法。由于它能表明总体活动的景气扩张之渗透程度，故得此名。

综合的扩散指数一般根据敏感性指标数列计算，即将敏感性指标上升的赋值为 1，持平的赋值为 0.5，下降的赋值为 0。计算公式为

$$\text{综合的扩散指数}(\mathrm{DI}_t)=\frac{\text{上升的敏感性指标数目}\times 1+\text{持平的敏感性指标数目}\times 0.5}{\text{敏感性指标总数}} \tag{11.1}$$

式中，DI_t为 t 时刻综合的扩散指数。

扩散指数以 50%作分界线。在经济萧条时期，扩散指数达到 50%时，标志着经济景气已经复苏，是经济景气开始扩张的转折日期；在经济高涨时期，扩散指数跌到 50%时，标志着经济景气已经开始衰退，是经济开始萧条的转折日期。在经济上升到高峰的转折点的基准日期之前，扩散指数有下降的倾向，表明经济开始收缩；在经济下降到谷底的转折点的基准日期之前，扩散指数有开始上升的趋势，表明经济开始复苏。

扩散指数曲线图具有两个特点：① 扩散指数曲线对景气转折点基准日有领先的转折；② 扩散指数曲线在基准日期或其附近 50%左右平分。也就是说 DI 曲线具有如此运动的特征趋势。

11.2.2　景气统计分析的综合指标——综合指数

扩散指数法虽然可以大体表明经济循环的阶段和转折时间，但不能详细显示景气变动的具体幅度。也就是说，它只能表明景气变动的方向，而不能反映景气变动的大小。因此，国外主要采用综合指数的方法。

综合指数是以一致指标系列、领先指标系列和滞后指标系列分别进行计算的。一致指标也叫同步指标。一致指标峰与谷出现的时间与总体经济运行峰与谷出现的时间一致，可以综合地描述总体经济所处的状态，如工业总产值、社会消费品零售总额等。一致指标的波动也称为基准循环。领先指标也叫先行指标。利用领先指标可以事先预测总体经济运行的峰和谷，如机械产品订货、股票指数、广义货币 M2（美国）等。滞后指标是对总体经济运行中已经出现的峰和谷的一种确认，如利息率、库存等。有些指标是逆指标，通过指标的逆转计算，也可以得到很好的领先指标效果。由一致指标、领先指标、滞后指标共同构成了景气指标体系。值得注意的是，上述三种指标的划分是相对的，由于经济波动的循环反复，某些经济指标既可以作为领先指标，也可能成为滞后指标。而滞后指标也并不总是从属指标，在某些情况下，又会转化为领先指标，例如企业间未清偿债务过多，会形成“三角债”，严重影响企业生产经营的正常进行，同时也会冲击银行信贷计划的执行，导致货币流通和经济运行不畅。我国 20 世纪 90 年代初即发生过这样的状况。国家统计局中国经济景气监测中心（CEMAC）的经验也表明，各项贷款这一滞后政策变量经过逆转，往往成为很好的领先指标。图 11.1 中的 3 个指数变动反映了它

们之间的时滞关系。

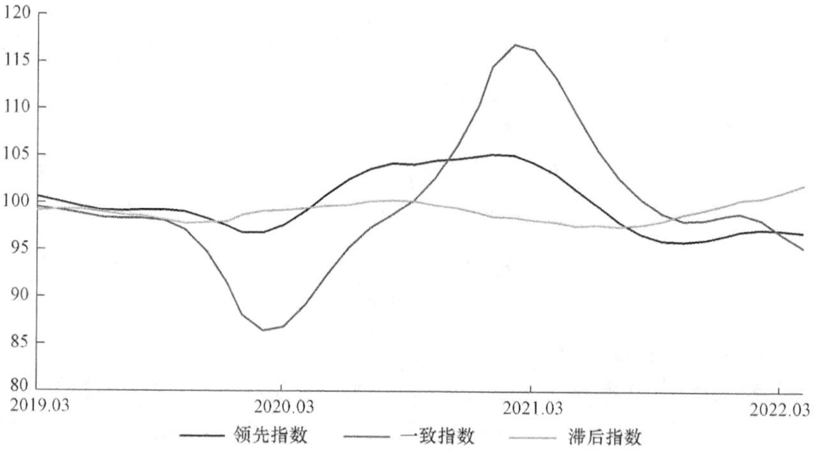

图 11.1　2019 年 3 月—2022 年 4 月领先指数、一致指数和滞后指数的变动情况

景气循环分析指标有效实现时差分类的前提是选择合理的基准循环，确定科学的分类标准以及分类前对数据做预处理。这些工作完成之后，就可以以基准日期为参照系进行指标分类。以多大时差作为分类的标准，应根据国情来决定，美国以超前（落后）于基准循环半年以上来判断指标的领先（滞后），而我国现阶段是以一个季度（三个月）为限。被选中的周期指标无论属于哪类，都应满足以下三个条件：

（1）该指标各个循环的峰值相对于基准循环峰值的时差关系相对稳定。

（2）该指标观测期中的全体循环有三分之二以上运行正常且与基准指标对应循环保持相对稳定。

（3）指标经济含义与基准循环有着确定的、比较明确的领先（一致或滞后）关系。

根据以上三个条件，下面的一些统计方法经常被采用：时差相关分析法、K－L 信息量、马场法（马场正雄提出的基准循环分段平均法）、峰谷法、主成分法、循环聚类法、谱分解法等。由于时差相关分析法有简洁直观的定义和计算过程，下面简要说明该方法。设 $y=\{y_1, y_2, L, y_n\}$ 为基准指标，$x=\{x_1, x_2, L, x_n\}$ 为被选择指标，r 为时差相关系数，则

$$r_l=\frac{\sum_{t=1}^{n_l}(x_{t-l}-\overline{x})(y_{t-l}-\overline{y})}{\sqrt{\sum_{t=1}^{n_l}(x_{t-l}-\overline{x})^2\sum_{t=1}^{n_l}(y_{t-l}-\overline{y})^2}}, l=0,\pm1,\pm2,\pm3,\cdots,\pm L \tag{11.2}$$

式中，l 表示超前、滞后期，l 取负数时表示超前，取正数表示滞后，l 称为时差或延迟数；L 是最大延迟数；n_l 是数据取齐后的数据个数。在选择景气指标时，一般计算若干个不同延迟数的时差相关系数。然后进行比较，其中最大的时差相关系数 $r_{l^*}=\max_{-L<l<L} r_l$ 认为反映了被选指标与基准指标的时差相关系数，相应的延迟数 l^* 表示超前期和滞后期。

综合指数 CI 比扩散指数 DI 更为优越，它不仅能显示循环波动的方向，准确说明循环周期中每一阶段的波幅和总波幅，还能显示每一周期的时间长度和每一发展阶段的时

间长度，便于进行预测。

编制景气指数最主要的目的就是预测经济周期波动的转折点，如果领先指数走出谷底，出现回升，预示着一致指数在若干个月后也会回升，也就是总体经济将出现复苏，而滞后指数则是对一致指数的确认，也就是再过几个月以后滞后指数也会出现回升。

国外编制景气动向指数一般都采用综合指数的方法，其主要差别在于景气循环分析方法的不同。

11.3　我国宏观经济景气统计分析实践

11.3.1　我国经济景气统计分析的发展历史

自改革开放以来，经济景气统计分析在我国经济运行的预警和监测领域发挥着巨大的作用。1987 年，国家信息中心经济信息部和吉林大学商学院系统工程与管理研究所合作研发了国家宏观经济监测预警系统。1988 年，国家信息中心申请了有关中国景气统计分析的国家社科基金课题，开始组织人力投入宏观经济景气统计分析的研究开发，国家宏观经济监测预警系统进入试运行阶段。1991 年，在全国宏观经济水平研究经验的基础上，该监测预警体系在国家经济信息系统试点推广。1999 年，国家统计局成立了中国经济景气监测中心，其主要职能是为公众提供经济和社会景气监测研究报告及信息咨询服务。至此，中国经济景气指标体系的研究、景气监测预警系统的改进和不断更新以及景气调查工作的开展进入了新的阶段。该中心的主要任务涵盖了宏观经济景气统计分析工作的各个方面：监测中国宏观经济景气的走向，为政府和社会各界提供宏观经济景气监测信息及分析报告；组织消费者信心专题调查以及国民经济主要行业的景气监测研究，处理、分析调查数据并向社会提供信息服务；组织经济景气监测领域的学术研讨会、报告会和国际学术交流活动，加强和促进国内外景气监测领域的交流合作；依托国家统计局有关宏观经济、区域经济、行业经济的丰富数据资源，建立中国统计咨询数据库，为工商界提供数据咨询服务和市场调查；定期出版《中国统计月报》《中国经济景气月报》，每月提供反映中国国情国力的基本统计数据，包括宏观数据、地区数据和行业数据等。目前，国家统计局编制的经济景气指数包括中国宏观经济景气指数、行业企业景气指数、消费者信心指数等，景气监测中心同时也对重要行业的景气信息提供及时的报告。这些工作的开展为国民经济的健康运行和良好发展提供了监测与预警基础。

11.3.2　我国景气统计分析指数编制

我国对经济景气循环的研究是改革开放以后才逐步开展起来的，因此中国宏观经济景气指标体系的研究、景气循环监测和预警系统构建经过了 30 年的发展历程。自 1984 年以来，国内许多研究机构，如吉林大学商学院系统工程与管理研究所、中国经济体制改革研究所、国家统计局统计科学研究所、国家信息中心，以及一些地区和部门的研究机构，对于国民经济监测预警体系进行了全面、系统的研究。20 世纪 80 年代，吉林大学商学院系统工程与管理研究所通过对 1976—1986 年基准循环的研究，确立了 10 年期历次峰谷日期及相应的领先指标、一致指标、滞后指标体系。同时期国家统计局统计科学研究所也构建了由 35 项指标组成的监测指标体系。到 1999 年国家统计局中国经济景气监测中心成立时，我国已经在景气统计分析领域做了大量的工作，产生了一系列研究成果。步入新世纪以后，中国经济有了较大的发展，景气统计分析的研究也步入了新的阶段。2004 年 11 月，景气监测中心开始了与高盛（亚洲）公司的合作，宣布联合开发并出版经济指标数据，以便更全面透彻地监测中国经济的发展。中国宏观经济景气指标体系的研究和实践也因此进入了国际化阶段。对早期的一些指标进行了改进，部分指标的制作采用了发达国家通用的方法并以国际标准选择新指标体系。

11.3.3 我国景气统计调查实践——采购经理指数

采购经理调查是对企业采购（或供应）经理进行月度问卷调查，并根据调查结果编制采购经理指数、撰写月度分析报告的一项统计调查活动。采购经理指数由于简单易行、科学合理，目前已被全球 30 多个国家和地区采用，且各国各地区的调查方法、计算方法基本相同。

从国际上看，采购经理指数是一套按月发布的综合性经济领先指标体系，通常包括制造业采购经理指数（PMI）、非制造业采购经理指数、服务业采购经理指数，有的国家还编制了建筑业采购经理指数。

2001—2004 年，中国先后开展采购经理调查研究，进行试点调查，最终在借鉴国际经验基础上结合中国实际情况建立了中国采购经理调查制度。自 2005 年 1 月起中国在全国范围内开展制造业采购经理调查，同年 7 月正式对外发布制造业采购经理指数；自 2007 年 1 月起，在全国范围内开展非制造业采购经理调查，2008 年 1 月正式对外发布非制造业采购经理指数。

制造业采购经理指数是通过对制造业企业采购经理的月度调查结果统计汇总编制而成的指数，它能够反映企业采购、生产、流通等各个环节的情况，是国际上通用的监测宏观经济走势的领先性指数。非制造业采购经理指数是通过对非制造业企业采购经理或主管企业运营的负责人的月度调查结果统计汇总编制而成的一套指数，反映企业商务活动不同环节的情况。下面仅以制造业采购经理指数的编制为例说明景气调查的过程。

1. 基础数据搜集

根据国家统计局制定的《采购经理调查制度》，各级国家调查队承担基础数据催报和审核工作，调查工作流程如下：

（1）布置调查任务。各级国家调查队按照国家统计局统一规定的调查内容，将调查任务布置到其辖区内的所有调查企业，并对各企业的采购经理或主管企业运营的负责人进行培训。

（2）填写问卷。企业的采购经理或主管企业运营的负责人按照国家统计局统一制定的调查问卷要求，在每月 22—25 日，将本企业的相关情况填入问卷中。

（3）数据审核。各级国家调查队对本辖区内的统计数据进行催报、审核。

（4）数据报送。在企业自身审核和各级国家调查队审核通过后，企业的采购经理